U0043138

DIALECTICS BETWEEN

AFFECT and REASON

The May Fourth Counter-Enlightenment

唯情與理性的辯證

五四的反啟蒙

彭小妍

By

Peng Hsiao-yen

哈爾登（Haldane）君《科學與將來》一書，詳述人類將來如何可利用科學上之發明以促進其幸福，其所述指未來景象誠足動人心目。予對於哈君之逆料極願表示同意，惟予歷久自政府及政治家所得之經驗，使予不能不對之稍有懷疑。予深懼科學將為人用以促進統轄者之勢力，而不用以促進人之幸福也。第達拉斯（Daedalus）授其子易卡剌斯（Icarus）飛行之術，而其子以魯莽而致死。現代科學家亦正授人以飛行之術，予深懼人類將蹈易卡剌斯之覆轍。（參考第三章：「東方化？西方化？」）

——羅素著，吳獻書譯，《科學之將來》，1931

—— Bertrand Russell, *Icarus; or, the Future of Science*, 1924

Je sens, donc je suis（I feel, therefore I am; 我感故我在）.（參考導言）

—— Daniel Mornet, "Le Romantisme avant les romantiques"
（Romanticism Before the Romanticists）［浪漫派之前的浪漫主義］，1929

倫理學之有唯理唯情二宗，猶知識論之有觀念感覺二派矣。知識不能有觀念而無感覺，亦不能有感覺而無觀念；道德不能有理性而無情感，亦不能有情感而無理性。知識論既有調和觀念感覺兩派之說矣；倫理學亦有融通唯理唯情兩宗而調和於其間者，則自我實現說（The thory of self-realization）是矣。（參考第五章：「司馬長風、黃建中」）

——黃建中，《比較倫理學》，[1944] 1965

在思想世界裡，一切『唯』字號的思想，不管是唯心論，唯物論，唯生論，都是唯我獨尊的霸道意思［……］不過唯情論不是什麼政治上的主義，只是一種人生態度［……］偉大的唯情論者必須攀上善和美的高峰。（參考第五章：「司馬長風、黃建中」）

——司馬長風，《唯情論者的獨語》，1979

序

　　情感與理性是否不相為謀，甚至水火不容？我們做決定之時，是否應該頭腦冷靜，亦即，不受情感干擾？神經科醫師達馬西歐（António Damásio）1994年出版專著《笛卡兒的失誤：情感、理性與大腦》（*Descartes' Error: Emotion, Reason, and the Human Brain*），書中描述的神經病理學案例，發人深省。病人艾略特（Patient Elliot）本是個成功的生意人，因腦瘤而性格大變，開刀去除腦瘤後，額葉（frontal lobe）掌控情感的區域受損，結果他徒有完美的理性分析能力，卻無法做適切的判斷、也無法規畫時間，頻頻失業，人生一敗塗地。更令人震驚的是，艾略特在述說自己的人生悲劇時，毫無情感波動，難過的反而是醫師。常識認為情感只會干預理性，達馬西歐的研究證明不然，他的結論是：理性需要情感才能做出正確判斷，而情感奠基於身體的記憶及感受。全書主旨在批判笛卡兒（René Descartes, 1596-1650）的心物、情理二元論[1]。

---

[1] António Damásio, *Descartes' Error: Emotion, Reason, and the Human Brain* (New York: Avon Books, 1994). 若說圍棋比賽電腦可以戰勝人腦，似乎證明，不受情感干擾的理性判斷可以戰勝人，然而電腦只是計算（calculation 或 computing），並非理性判斷（reasoning）。

　　情感與理性的關係，從歐洲啟蒙時代就是知識分子論辯的課題，也是本書所探討的五四啟蒙時代的重要議題。歐洲啟蒙時期有笛卡兒的理性主義，同時也有休姆（David Hume, 1711-1776）與盧梭（Jean-Jacques Rousseau, 1712-1778）的情感主義。中國五四時期梁啟超、蔡元培所領導的人生觀派主張情感啟蒙與唯情論，大力批判科學派的啟蒙理性主義。至1960年代，德國法蘭克福學派重啟情動力（affect）與理性（reason）的探討，人類非理性的層面獲得系統性的關注，如今情動概念已是哲學、社會學、心理學、文學界的核心議題。本書探討五四轟動一時的「科學與玄學論戰」──亦即「科學與人生觀論戰」──旨在說明中國現代知識分子並未在全球情感與理性的永恆辯論中缺席；五四知識分子在認識論層面上承接先儒、啟發後進，與西方古今哲學相互發明，日後新儒家實一脈相承。我們研究五四的精神遺產，不要忘記當年唯情論及情感啟蒙運動對啟蒙理性主義的批判；本書顯示，唯情論與啟蒙理性的辯證共同構成了五四精神的真髓。要強調的是，本書所謂情感啟蒙，不僅牽涉到心理學或神經科學上的情感（feeling或emotion），更是五四唯情論所主張的唯情，牽涉到我與非我、主體與客體的相互關係，與西方的情動力是相通的；唯情論認為「情」是道德觀、人倫觀、社會觀、政治觀、國家觀、宇宙觀的關鍵。

　　二十餘年來筆者從事張競生研究，本書是此漫長學術旅程中的意外收穫。2007年筆者前往母校哈佛大學蒐集資料，面見恩師韓南（Patrick Hanan, 1927-2014）教授，提及研究進度。韓南教授提出一個關鍵問題：「張競生受到的西方影響固然重要，問題是，他與同世代知識分子究竟有何關聯？」此大哉問，開啟了

筆者一系列嶄新的跨文化探討。筆者開始思索：張氏1924、25年兩部烏托邦作品，因何定名為《美的人生觀》與《美的社會組織法》？「美」與「人生觀」究竟有何當代意義，與東西方思潮如何接軌？在探索過程中，發現張競生是在回應「科學與人生觀論戰」。而1923年觸發論戰的張君勱，前一年曾與德國人生哲學家倭伊鏗（Rudolf Eucken, 1846-1926）合著一本德文著作，題為《中國與歐洲的人生問題》（*Das Lebensproblem in China und in Europa, 1922*）。好奇心作祟，筆者花了四年的時間從頭學習德文，讀完此書後茅塞頓開，也開始重啟張競生計畫的研究方向；先前幾近完稿的書稿完全作廢，另起爐灶，本書也發展成為獨立的研究。好老師的作用是提出發人深省的問題；也許他自己並不知道答案，重點是啟發學生挑戰未知。因此，本書謹獻給2014年辭世的韓南教授。

在長期的研究過程中，本書六章中有下列四章曾分別發表，原先專注於思想史及哲學層面，修改時加入大量文學材料並闡發情動力理論。付梓的書稿經大幅修改，已改頭換面。已出版各章如下：

〈「人生觀」與歐亞後啟蒙論述〉，收入彭小妍主編，《文化翻譯與文本脈絡》（臺北：中央研究院中國文哲研究所，2013），頁221-267。

〈「唯情哲學」與科學理性〉，收入彭小妍主編，《跨文化實踐：現代華文文學文化》（臺北：中央研究院中國文哲研究所，2013），頁245-264。

〈民初美育運動的「情感」與「理性」辯證：跨文化觀點〉，收入彭小妍主編，《翻譯與跨文化流動：知識建構‧文本

與文體的傳播》（臺北：中央研究院中國文哲研究所，2015），頁275-299。

〈《創化論》的翻譯：科學理性與「心」的辯證〉，收入彭小妍主編，《跨文化流動的弔詭：從晚清到民國》（臺北：中央研究院中國文哲研究所，2016），頁261-291。

若非特別注明，本書中的外文引文均由筆者翻譯。本書構想與修改過程中，首先感謝中國文哲研究所的同人林維杰、黃冠閔、何乏筆、楊貞德、何進興等研究員，與筆者切磋有關哲學、思想史、佛學等方面的問題。有幸與哲學研究者相濡以沫，哲學概念成為日常無所不在的常識；若非中國文哲研究所跨學科、跨領域的先天組成，筆者身為文學研究者不可能完成本書。感謝倫敦國王學院范可樂教授有關佛學因明學的指點。2015年7月漢堡大學的東亞概念史會議中，筆者討論人生觀與歐亞反啟蒙論述，在座的南京大學孫江教授鼓勵有加，讓筆者對挑戰主流稍具信心。2018年上半年筆者在香港中文大學研究期間，與中文系研究生的討論至為關鍵。同學們陸續提出的疑問與回饋，刺激筆者持續增補修訂原稿。謝謝香港中文大學文化研究中心李歐梵及張歷君兩位教授安排演講，讓筆者有機會面對不同學科的專家、同學，首度完整呈現本書的內容。哈佛大學王德威教授長期關心筆者的工作，他有關現代文學的抒情傳統研究，是本書的靈感泉源。感謝東京大學林少陽教授贈與有關章太炎的2018年近作，筆者受到許多啟發。本書接近完稿時，結識香港大學博士候選人歐陽開斌，共同的研究興趣讓我們一見如故，筆者受益良多。德勒茲專家李育霖教授在此時加入中國文哲研究所，不吝耗費時間

與筆者討論德勒茲哲學的中英文翻譯及情動力的理解問題,銘感五內。感謝中央研究院人文講座的助理、助教們協助借還書、影印資料。中國文哲研究所近現代文學研究室的助理黨可菁在研究室及人文講座行政庶務、電腦技術等方面的長期襄助不可或缺,讓筆者減輕許多研究之外的雜務。更感謝生物人類學者王道還,多年來扮演質疑、批判的角色,引導筆者在潛移默化中走上跨學科、跨領域之漫漫長路;他的經常傾聽,更協助筆者由言談中一步步釐清自己的龐雜思緒。

2019年正逢五四運動一百週年,本書此時問世,乃是對五四遺產的重新評價與禮讚。自1936年起,五四啟蒙理性主義引領風騷八十餘年,本書探索長期被主流論述遮蔽的唯情論及情感啟蒙論述,企圖還原一個完整的五四故事。

目次

圖目次

唯情與理性的辯證

五四的反啟蒙

Dialectics Between Affect and Reason

The May Fourth Counter-Enlightenment

導言

唯情與理性的辯證

五四的認識論

　　五四是「啟蒙理性」運動嗎？自1936年共產黨為了「新啟蒙理性」運動而重新詮釋五四運動以來（詳見下文），此為學界主流看法，但近年逐漸有學者提出異議。根據此基礎，本書質疑五四是啟蒙理性運動的常識，深入探討1923年科學與人生觀論戰的來龍去脈，發現梁啟超與蔡元培主導的人生觀運動提出「唯情論」，主張情感啟蒙（Enlightenment sentimentality），挑戰啟蒙理性主義（Enlightenment rationality）及科學主義（scientism）的主導，無論在思想界、文學界與藝術界均引起深刻迴響。人生觀派著書立說、邀請東西方相關哲學家來訪，系統性地連結歐亞的反啟蒙運動，影響深遠，然而學界卻少見這方面的研究。首先要澄清，本書所謂的「反啟蒙」（Counter-Enlightenment）並非反對啟蒙，而是啟蒙的悖反；情感啟蒙論述與啟蒙理性主義並轡齊驅，兩者都是歐洲啟蒙時代以來的產物，是一體的兩面[1]。本書主張，五四的唯情論大力批判啟蒙的科學理性主義，認為情感的

---

[1]　Isaiah Berlin首先提出「反啟蒙」（the Counter-Enlightenment）的說法，認為歐洲反啟蒙思潮與啟蒙運動同時發生："Opposition to the central ideas of the French Enlightenment, and of its allies and disciples in other European countries, is as old as the movement itself,"（p. 1). Cf. Isaiah Berlin, "The Counter-Enlightenment," in *Against the Current: Essays in the History of Ideas*（Princeton and Oxford: Princeton University Press, [1955] 2013), second edition, pp. 1-32。晚近學者Anthony Pagden仍然指出，一般人對歐洲啟蒙運動的認識只有理性主義掛帥，而不知主情主義在其中所扮演的重要角色："The familiar and often unquestioned claim that the Enlightenment was a movement concerned exclusively with enthroning reason over the passions and all other forms of human feeling or attachments is, however, simply false"（p. xv). Cf. Anthony Pagden, *The Enlightenment and Why It still Matters*（Oxford: Oxford University Press, 2013)。

啟蒙才是解決人生問題的根本。當年人生觀論述與蔡元培的美育運動合流，又與無政府主義者如李石岑、吳稚暉相互支援，與創造社作家如郭沫若相濡以沫[2]。人生觀派串連了古今中外相關學說，從跨文化觀點深入唯情與理性的認識論辯證，主要論點是：人對自我、他人及宇宙的認識，究竟是透過情，還是透過理性？換句話說，要追求真理，究竟必須透過情，還是理性？人與他人及宇宙萬物的聯繫何在？人生觀派的知識分子呼應柏格森（Henri Bergson, 1859-1941）與倭伊鏗（Rudolf Eucken, 1846-1926）的人生哲學（Lebensphilosophie; philosophy of life；日文為「生命哲學」），認為哲學探討應脫離認識論純理性的知識探討；應從生命出發，探討人之所以為生的問題——也就是情。

唯情論對唯心論、唯物論的批判

科學與人生觀論爭雖在1923年才爆發，事實上從1910年代初，在梁啟超及蔡元培領導下，人生觀論述就已經醞釀了（詳見本書第一章至第四章）。「唯心論」與「唯物論」二元對立乃眾

2　李石岑是美育運動的關鍵人物，第四章有詳細說明。吳稚暉1923年發表的兩篇文章，請見第五章。吳稚暉，〈箴洋八股化之理學〉及〈一個新信仰的宇宙觀及人生觀〉，《科學與人生觀》（上海：亞東圖書館，［1923］1924），再版，下冊，頁1-11及1-166。此版本每篇文章均各自編頁碼。本書引用汪孟鄒主編，《科學與人生觀之論戰》（香港：香港中文大學近代史料出版組，1973），頁443-453及489-653。身為無政府主義者，吳稚暉既相信科學，又主張人生價值，與方東美一樣，主張科哲融合。有關無政府主義者與人生哲學，請參考第六章。有關人生觀派與創造社作家，請看第二章及第五章。

所周知，五四時期的「唯情論」批判兩者，主張心物合一，卻少有人注意。對人生觀派而言，無論唯心、唯物，都偏重理智（reason），淪為理性主義，蒙蔽了真理；唯情論以直覺（intuition）出發，才能求得真理。人生觀派的理論基礎是1918年張東蓀翻譯的柏格森《創化論》（1907），直覺就是柏格森的主張。柏格森此書一方面批判知識論脫離生命而走向唯心論，一方面反對斯賓塞（Herbert Spencer, 1820-1903）的生物學走向唯物論；五四的唯情論顯然承接了柏格森「創化論」對唯心與唯物的批判，但進一步以「唯情」來解決心物的二分。就西方現代哲學的發展而言，達爾文（Charles Darwin, 1809-1882）「性擇說」（sexual selection）的出現，使愛慾的本能成為探討心物合一的關鍵[3]，於是笛卡兒的心物二元論成為被批判的對象，現代哲學家如柏格森、杜威（John Dewey, 1859-1952）等均主張精神與物質的合一[4]；人生觀派的唯情論主張心物合一，並非特立獨行。由於達爾文主義的影響，杜威的經驗主義主張，哲學理論必須能夠以科學實證方法驗證；但他反對科學主義或理智主義，認為情感、想像、價值才是哲學的源頭，而非理智、科學或事實。他反對的是「由上而下」的傳統形而上學，主張哲學應該「由下而上」，從生活或人生發展出價值判斷的內在標準。亦即，杜威經驗主義哲學的目的是由生命（life）本身探討「內在超越」（參考第五章「牟宗三、胡適與杜威」一節）。由「外在超越」到「內在超越」

3　參考彭小妍，〈以美為尊：張競生「新女性中心」論與達爾文「性擇」說〉，《中國文哲研究集刊》44期（2014年3月），頁57-77。

4　請參考本書第二章的柏格森《創化論》研究、第五章的杜威哲學討論、第六章的方東美研究。

的轉折，也就是體認到「形而上」存在於「形而下」之中，這是
現代哲學的特質。不僅是朱謙之（1889-1972）與袁家驊（1903-
1980）的唯情論，戰後新儒家的研究亦如此，如徐復觀（1903-
1982）〈心的文化〉（1979）、杜維明〈超越而內在──儒家精神
方向的特色〉（1989）、余英時《論天人之際：中國古代思想起
源試探》的〈結局：內向超越〉（參考第二章「徐復觀〈心的文
化〉」一節）。

　　唯情論亦批判康德（Immanuel Kant, 1724-1804）的主客分
離，主張「情」連結了人生與宇宙、心與物、我與非我、精神與
身體，打破主觀與客觀的界線；認為理智只是情之一部分，不能
取而代之；情透過直覺，能直探真理，要靠理智追求真理，無乃
緣木求魚。此處要強調的是，論戰爆發前後所浮現的唯情論，
並非僅止於一般意義上的情感（feeling）或情緒（emotion），
而是斯賓諾莎（Baruch Spinoza, 1632-1677）、尼采（Friedrich
Nietzsche, 1844-1900）、德勒茲（Gilles Deleuze, 1925-1995）等
所關注，具有感受力（to be affected）與回應力（to affect）的情
感動能，即「情動力」（affect）[5]；亦是中國傳統概念中源自《易
經》的「情」──即充沛流動於天地萬物、形體與形體、形與神
之間，相互作用、相互感應的情；如同朱謙之所說，「宇宙進化
都成立於這一感一應的關係上」，變化不已（詳見第五章、第六
章）。斯賓諾莎、尼采、德勒茲學說的連接點是柏格森；五四的
唯情論一方面是對柏格森的響應與批判，一方面以柏格森創化論

5　現行的德勒茲翻譯多半將to affect and to be affected譯為「影響與被影響」。
　　筆者的翻譯參考五四唯情論者的概念：情的「一感一應」。

的角度重新檢視傳統學術（包括儒釋道）。亦即，五四唯情論的
主要來源是柏格森與傳統中國學術，與西方的情動力理論異曲同
工。

　　唯情論的創發，證明了傳統學術與西方理論互相發明的可
能；當前新儒家以跨文化實踐自許[6]，其實五四的唯情論早已先
行。本書由朱謙之與袁家驊的唯情論來對照西方的情動力理論，
顯示朱、袁等人充分掌握傳統中文，以傳統學術為資源，在闡發
西方理論時方不致佶屈聱牙、捉襟見肘，更彰顯傳統學術因西方
學術的介入而轉化；唯情論的創發就是跨文化實踐的最佳展示。
唯情論在五四時期有性博士張競生的呼應，其提倡的「唯美主
義」就是對唯情論的修正；唯情論以「情」為宇宙人生的最高價
值，張則以「美」為「一切人生行為的根源」。雖因長期被主流
論述掩蓋，唯情論幾已消失在知識界，但是二戰後移居港臺的
文學及哲學研究者，仍有提起唯情論的，例如《中國新文學史》
（1979）的作者司馬長風、《比較倫理學》（［1944］1965）的作者
黃建中，及繼承司馬長風抒情傳統的陳國球。由於陳國球的持續
努力，新世紀以來，在大陸也逐漸有文學研究者使用唯情論的概

6　請參考黃冠閔主編，《跨文化哲學中的當代儒學：政治哲學》（臺北：中央研
　　究院中國文哲研究所，2014）；林維杰、黃雅嫻主編，《跨文化哲學中的當代
　　儒學：工夫論與內在超越性》（臺北：中央研究院中國文哲研究所，2014）；
　　陳瑋芬、廖欽彬主編，《跨文化哲學中的當代儒學：與京都學派哲學的對話》
　　（臺北：中央研究院中國文哲研究所，2015）；林維杰、黃冠閔、林宗澤主
　　編，《跨文化哲學中的當代儒學：工夫、方法與政治》（臺北：中央研究院中
　　國文哲研究所，2016）；何乏筆主編，《跨文化漩渦中的莊子》（臺北：國立
　　臺灣大學人文社會高等研究院東亞儒學研究中心，2017）。

念討論司馬長風,甚至湯顯祖(請參閱第六章)。

科學與人生觀論戰研究

本書研究科學與人生觀論戰(又稱「科學與玄學論戰」),認為人生觀派的唯情論影響深遠,不僅涉及思想界,更深入文學界、藝術界;若說現代中國的思想史必須重寫,亦不為過。2013年王汎森指出人生觀的關懷在五四時期深入民間;王從思想受眾的角度,討論人生觀概念如何進入日常生活而「問題化」,展現思想史研究進入民眾日常的企圖[7]。這闡明了李澤厚1987年在《中國現代思想史論》中的觀點:「不是宇宙論,不是認識論,不是科學的本質、內容、範圍,也不是真正的形而上學,而是具體的人生觀成了時代的焦慮、學術的主題,成了人們(特別是青年一代)尋找追尋以便確定或引導自己的生活道路的現實指針」(頁56)[8]。1924年豐子愷與魯迅不約而同地翻譯了廚川白村(1880-1923)的文藝理論《苦悶的象徵》(1921)[9]。這正說明,「時代的

---

7 王汎森,〈「煩悶」的本質是什麼──主義與中國近代私人領域的政治化〉,《思想史》1期(2013年9月),頁86-136。

8 李澤厚,《中國現代思想史論》(臺北:三民書店,[1987] 2009)。西方學界討論哲學生活化的專著,請參考 Pierre Hadot, *Philosophy as a Way of Life: Spiritual Exercises from Socrates to Foucault*, trans. Michael Chase(Malden, Mass.: Blackwell, 1995);Alexander Nehamas, *The Art of Living: Socratic Reflections from Plato to Foucault*(Berkeley, Calif.: University of California Press, 1998).

9 1924年10月1日起,魯迅翻譯的《苦悶的象徵》在《晨報副刊》上連載了一整個月,1925年出版單行本,為《未名叢刊》之一種。無獨有偶,1924年6月豐子愷已經翻譯了《苦悶的象徵》中的〈藝術的創作與鑑賞〉,由浙江上虞

焦慮」及精神的危機成了「學術的主題」。晚清到五四的劃時代
精神危機中，知識分子、青年男女的自殺事件成為嚴重的社會問
題，是許多學者關注的議題 [10]（請參考第三章）。

　　科學與人生觀研究從哲學角度切入的，有 2002 年黃玉順的
《超越知識與價值的緊張：「科學與玄學論戰」的哲學問題》。黃
反對李澤厚的看法，認為「這場科玄論戰，其哲學史或者人類思
維史的意義大於其思想史的意義 [……] 科玄論戰提出的哲學層
面的問題，其實正是我們今天面對的全球性的、人類共通性的一
些問題。科玄論戰不僅具有中國思想史的意義，尤其具有世界思
想史的意義」（頁 10-11）[11]。本書基本上同意此觀點，並認為思想
史研究如能結合哲學探討，必能進一步理解五四知識分子連結古
今中外學術、參與認識論的努力。但黃認為科玄論戰中玄學派採
取「二元對立思維模式」，「把認知與意向、理智與意志對立起
來」（頁 220），卻忽略了唯情論在此次論戰中的關鍵概念──連
結知情意、打破二元對立思維。值得注意的是，黃在同書次頁引
用了張君勱在科玄論戰後四十年發表的回顧文章〈人生觀論戰之
回顧──四十年來西方哲學界之思想家〉（1963），其中說明懷
特海（Alfred North Whitehead, 1861-1947）對生機主義的分析：

　　春暉中學的校刊《春暉》第 32 期刊載；次年由上海商務印書館出版單行本。
　　參考工藤貴正，《廚川白村現象在中國與臺灣》（臺北：秀威經典，2017），
　　頁 104-106。

10 參考海青，《「自殺時代」的來臨？二十世紀早期中國知識群體的激烈行為和
　　價值選擇》（北京：中國人民大學出版社，2010）。

11 黃玉順，《超越知識與價值的緊張：「科學與玄學論戰」的哲學問題》（成
　　都：四川人民出版社，2002）。

　　懷氏認為此項二分論［The theory of the bifurcation of Nature］，產生所謂第一性第二性乃至現象與本體之隔斷。於是起而矯之，乃創生機主義說，以為世界之最後實在只有一種，名曰「感」（Feeling）。然此西文之感字，視之為最後實在，不應視同感情之感，而應譯為感應子（如蘭勃尼子［萊布尼茲］──之單子）。此感應子之名，由我讀程伊川書：「天地之間，只有一個感與應而已，更有甚事」，伊川語氣中「只有」與「更有甚事」云，豈不與懷氏最終實在云云有相冥合之處乎。（頁221）[12]

　　張君勱1963年此段回顧文字，雖離論戰已經四十年，但充分顯示其理解到懷特海所謂的「感」不只是感情（feeling），而是程頤所說的「感應」，也就是「世界的最後實在」。此段引文至關重要，說明了當年唯情論連結現象與本體的思維；此處的「感」及「感應」，就是朱謙之、袁家驊根據程頤思想及柏格森哲學所提出的「宇宙進化都成立於這一感一應的關係上」；對唯情論而言，「情」就是宇宙的真理。本書第五章、第六章進一步將「一感一應」與情動力概念連結。可惜黃玉順雖引出此段，卻毫不以為意，輕輕放下，錯失了人生觀派以情打破理智、意志二元論的命題。原因是黃玉順如同大多數論者，只重視收入「科學與人生觀論戰」選集中的文字，輕忽了人生觀派在論戰選集外的

---

12 原文請參考張君勱，〈人生觀論戰之回顧──四十年來西方哲學界之思想家〉（1963），收入程文熙編，《中西印哲學文集》下冊（臺北：臺灣學生書局，1971），頁1041-1087。

重要著作。這些著作在理論上相互呼應、相互發明，全面檢視才能發掘其整體的意義。

　　若從1936年起發展的「五四啟蒙理性」主流論述看來（詳見下文），情的論述完全是不值得注意的末流，但卻是本書探討的重點。筆者心有戚戚焉的是蒙培元的《情感與理性》（2002），蒙氏認為儒家哲學「將情感視為生命中最重要的問題」，兩千年來持續不斷的討論使得情感「成為整個儒學的核心議題」（頁1）[13]。該書第十五章討論科玄論戰中的情感問題，指出梁啟超主張情感是「生活的原動力」，並且主張「情感顯然是與審美價值相聯繫的」、「關於情感方面的事項，絕對的超科學」（頁400）。蒙氏談論的是梁啟超於1923年發表的文章〈人生觀與科學——對於張丁論戰的批評（其一）〉，本書第一章對梁啟超此文有進一步的分析。梁啟超所說「情感顯然是與審美價值相聯繫的」，正是指涉當年蔡元培的美育運動所提倡的審美價值。

　　本書以跨文化研究為方法，突破哲學、思想史、歷史、文學及語言的學科限制，連結德國、法國、日本、中國的人生觀運動，將梁啟超、蔡元培領導的人生觀派及美育運動置於二戰前後歐亞「反理性主義」（要注意，並非「反理性」）語境中，說明中國的人生觀運動為歐亞人生哲學的一環。梁啟超與蔡元培串連歐亞人生哲學的故事，也就是五四知識分子以唯情論及情感啟蒙挑戰啟蒙理性主義的故事；如同本書結論指出，本書旨在「還原一個完整的『五四故事』」。

---

13 蒙培元，《情感與理性》（北京：中國社會科學出版社，2002）。

五四啟蒙理性的檢討

　　近年對五四啟蒙理性主義的反省，首先是 1970 年格里德（Jerome B. Grieder）的《胡適與中國文藝復興》。格里德指出，胡適雖以八不主義反古典文學、提倡白話文學，其實他一向將其提倡的文學革命及新文化運動類比為歐洲的文藝復興，目的是讓傳統得到新生；胡適是個自由主義者，從未主張徹底打倒傳統[14]。奠基於此，1999 年余英時的〈文藝復興乎？啟蒙運動乎？──一個史學家對五四運動的反思〉，重申胡適的文藝復興理想。余英時指出，後代認為胡適提倡革命啟蒙運動、主張徹底打倒傳統，其實並非如此。這種說法，完全出自 1930 年代共產黨的重新詮釋。緊接 1935 年一二九學生示威運動之後，1936 年共產黨員陳伯達與艾思奇將五四運動詮釋為革命啟蒙運動，以便利用五四遺產來合法化共產黨本身的「新啟蒙運動」與「新理性主義運動」[15]。共產黨雖在 1938 年前後突然中止新啟蒙運動，其五四啟蒙理性主張逐漸成為後代的主流論述，到 1970 年代末四人幫垮臺後，啟蒙理性主義又浮現。余英時的研究提醒我們，五四的啟蒙論述應重新檢驗。

　　臺灣出版的《五四新論：既非文藝復興，亦非啟蒙運動》一書重新評價五四的啟蒙論述，對本書的研究具有重要參考價值。

---

14 Jerome B. Grieder, *Hu Shih and the Chinese Renaissance* (Cambridge, Mass.: Harvard University Press, 1970).

15 余英時，〈文藝復興乎？啟蒙運動乎？──一個史學家對五四運動的反思〉，收入余英時等，《五四新論：既非文藝復興‧亦非啟蒙運動》（臺北：中央研究院、聯經出版，1999），頁 1-31。

除了上述余英時的文章，其中張灝的〈重訪五四：論五四思想的
兩歧性〉指出，雖然五四的理性主義最顯而易見，但我們必須正
視五四浪漫主義的比重。張灝連結五四浪漫精神和烏托邦思想，
認為1921年郭沫若的詩集《女神》將浪漫精神轉化為烏托邦思
想，表現「生命奮進的宇宙觀，熱情奔放的人生觀，而歸結到一
個烏托邦主義的信念」。其文章總結：「在理性主義與浪漫主義
的雙重影響下，五四思想對理性與情感的平衡發展是有相當的自
覺」（頁65）[16]。本書透過人生觀論述的跨歐亞連結，引導出五四
的唯情與理性辯證，與張灝此文的結論不謀而合。本書顯示，創
造社作家的浪漫主義與五四的唯情論者，在理念上是互通聲氣的。

　　在文學研究方面，現代文學的抒情概念來源有二，一是陳
世驤（1912-1971）的〈中國的抒情傳統〉（1971），探討中國從
古以來，《詩經》、《楚辭》的抒情傳統；一是捷克學者普實克
（Jaroslav Průšek, 1906-1980）的《抒情的與史詩的：現代中國文
學研究》（1980）[17]。晚近王德威的中英文專著《現代抒情傳統四

16　張灝，〈重訪五四：論五四思想的兩歧性〉，收入余英時等，《五四新論：既
　　非文藝復興‧亦非啟蒙運動》，頁33-65。許紀霖的《啟蒙如何起死回生》同
　　意五四啟蒙有「內在複雜性」（頁357），認為「浪漫主義本身也是啟蒙的一
　　部分」（頁358）；改革開放以後啟蒙又「起死回生」，「1980年代是『啟蒙時
　　代』，1990年代是一個『啟蒙後時代』，所謂"later enlightenment"，而2000
　　年以來則是一個『後啟蒙時代』，這個『後』是"post enlightenment"的意思」
　　（頁353）。參考許紀霖，《啟蒙如何起死回生：現代中國知識分子的思想困
　　境》（北京：北京大學出版社，2011）。

17　Chen Shih-hsiang, "On Chinese Lyrical Tradition: Opening Address to Panel on
　　Comparative Literature," AAS Meeting, 1971, *Tamkang Review* 2.2 & 3.1（Oct.
　　1971 & April 1972）: 17-24；本文翻譯請見陳世驤著，楊銘塗譯，〈中國的

論》（2011）及 *The Lyrical in Epic Time: Modern Chinese Intellectuals and Artists Through the 1949 Crisis*（史詩時代的抒情聲音：一九四九年危機中的現代知識分子及藝術家，2015），討論抒情概念在現代語境中的意義[18]。王企圖在革命啟蒙之外，以「抒情」建構中國文學現代性的面向。所謂現代的抒情傳統，與五四的唯情論及情感啟蒙論述是息息相關的。無獨有偶，陳國球的《結構中國文學傳統》（2011）也探討中國現代文學的「抒情精神」與「抒情傳統論」[19]。本書說明，此「抒情傳統」不僅是文學、藝術界超越啟蒙理性主義的不絕如縷潮流，更印證了思想界的唯情論與啟蒙理性主義的辯證。

　　有關五四啟蒙理性的專著有如汗牛充棟，基本的看法不出大陸思想史學者許紀霖2011年《當代中國的啟蒙與反啟蒙》的意見：五四時期的啟蒙運動與1990年代以來中國的新啟蒙運動一樣，均以「拿來主義」的方式吸收外來思想，照單全收、沒有真正理解，更沒有進入認識論層面[20]。這個論點，林毓生的《中國意識的危機：五四時期激烈的反傳統主義》早在1979年即已提出，其所主張的五四「全盤西化」、「徹底打倒傳統」，學界也是

抒情傳統〉，《陳世驤文存》（臺北：志文出版社，[1972] 1975），第2版，頁31-37；Jaroslav Průšek, *The Lyrical and the Epic: Studies of Modern Chinese Literatutre*（Bloomington: Indiana University Press, 1980）.

18　王德威，《現代抒情傳統四論》（臺北：國立臺灣大學出版中心，2011）；David Der-wei Wang, *The Lyrical in Epic Time: Modern Chinese Intellectuals and Artists Through the 1949 Crisis*（New York: Columbia University Press, 2015）.

19　陳國球，《結構中國文學傳統》（武漢：華中師範大學出版社，2011）。

20　許紀霖，《當代中國的啟蒙與反啟蒙》（北京：社會科學文獻出版社，2011）。

耳熟能詳的；雖然林在《中國傳統的創造性轉化》（1988）中修正了這個看法，此書的影響力遠不如前者[21]。以余英時、張灝等對五四啟蒙理性主義的質疑為基礎，本書重申，五四知識分子並非徹底打倒傳統，而是受到外來思想刺激而重新評價傳統，亦即透過「他者」來重新建立「自我」，進而創新傳統。而且，有別於許紀霖的「拿來主義」說法，本書顯示，五四時期的唯情論及情感啟蒙論述正是從認識論層面批判啟蒙理性主義。許紀霖所謂的「反啟蒙」是對「保守主義」者的批判，認為保守主義者對抗啟蒙理性主義，是逆勢而行的失敗者。本書則認為反啟蒙論述主張唯情論及情感啟蒙，對主智的啟蒙理性主義提出質疑。唯情論者從認識論探討人之所以為人的本質，深究哲學的目的究竟是探討人生問題，還是專注偏向理性主義的論理層次——對人生觀派而言，從笛卡兒的「我思故我在」到康德以自我來給予世界秩序，哲學逐漸走上了認知科學的道路，失去了古希臘哲學對人生的關注。

　　五四時期的啟蒙與反啟蒙論述，毋庸贅言，延續了晚清維新主義者康有為、譚嗣同、章太炎等在思想上所展現的現代性與傳統的緊張關係。根據林少陽的研究，魯迅在日本留學期間受到章太炎及尼采的影響，其早期作品發表於《河南》月刊，如〈人之歷史〉（1907）、〈科學史教篇〉（1907）、〈摩羅詩力說〉（1908）、〈科學史教篇〉（1908）、〈文化偏至論〉（1908）、

---

21 Lin Yu-sheng, *The Crisis of Chinese Consciousness: Radical Antitraditionalism in the May Foruth Era*（Madison: University of Wisconsin Press, 1979）；林毓生，《中國傳統的創造性轉化》（北京：生活・讀書・新知三聯書店，[1988] 1992）。

〈破惡聲論〉（1908），透露對啟蒙理性主義及進步主義的懷疑，「有著明顯的反啟蒙主義色彩」（頁390）[22]。魯迅批判「以科學為主義者」（頁387），〈破惡聲論〉認為啟蒙主義者「精神窒塞，惟膚薄之功利是尚，軀殼雖存，靈覺且失」（頁388）。魯迅致力探討非理性的力量，例如佛教、道教等宗教信仰，認為「迷信可存」，而其宗教概念指的是「哲學上形而上的思考」（頁393）。受到歐洲浪漫派影響，魯迅稱許「藝文思理」（意指藝文的美及感性能崇大「人的思理」，見下文），並推崇受帝國主義壓迫的民族之「情愫」（頁411）。如仔細閱讀〈摩羅詩力說〉[23]，尤能見魯迅對人文力量之推崇與對歐洲浪漫主義之鍾情，文中曰：「蓋人文之遺留後世者，最有力莫如心聲」（頁63）；「凡詩宗詞客，能宣彼妙音，傳其靈覺，以美善吾人之性情，以崇大吾人之思理者，果幾何人？」（頁69）；「蓋世界大文，無不能啟人生之閟機，而直語其事實法則，為科學所不能言者。所謂閟機，即人生之誠理是已」（頁71-72）。也就是說，只有文學才能直觀事理的法則，開啟人生的奧祕，科學則有所不逮。魯迅稱許浪漫派詩人裴倫（即拜倫［Lord Byron, 1788-1824］）以「全心全情感全意志，與多量之精神而成詩」（頁82），氣魄軒昂，不囿於凡夫俗

---

22 林少陽，《鼎革以文：清季革命與章太炎「復古」的新文化運動》（上海：上海人民出版社，2018），頁381-431。林少陽指出，章太炎認為「所謂『文明』只不過是物質文明而已」，並「批判包括日本啟蒙主義者在內的啟蒙主義者」及其信奉的進步主義；而日本最著名的啟蒙主義者是福澤諭吉（1835-1901），最著名的反啟蒙主義者是中江兆民（1847-1901）（頁388）。

23 魯迅，〈摩羅詩力說〉（1908），《魯迅全集》卷1（北京：人民文學出版社，［1981］1989），頁63-115。

輩的批評。清末反啟蒙思潮的湧現，是值得探究的題目。

　　本書探討的範圍主要涵蓋1910年代的美育運動及1920年代
「科學與人生觀論戰」，此階段參與唯情論及情感啟蒙的知識分
子都是人生觀派。他們不但中國傳統學術根柢深厚，對西方哲學
傳統更是如數家珍，領導人物如蔡元培、梁啟超、張東蓀、張君
勱等均曾旅居或留學日本，對日本學術相當熟悉。人生觀派在東
西方哲學的跨文化批判上，做過系統性的努力；透過唯情論，人
生觀派連結了西方與中國傳統中的反理性主義思想。然而，由於
五四啟蒙理性研究一向為學界主流，當年許多有關情感啟蒙論述
的出版品都被遺忘了。如果只以科學與人生觀論戰期間報刊刊載
的論爭文字做探討材料，實難以超越目前的主流研究。本書則
挖掘並爬梳當時有關唯情論及情感啟蒙論述的罕見期刊如《美
育》，及被忽略的論著如《唯情哲學》等，還原當時的唯情與理
性辯證，目的為展現五四時期反啟蒙論述的跨歐亞連結，並深化
五四啟蒙論述的複雜性。

反啟蒙思潮

　　反啟蒙思潮對理性主義的批判，周而復始，早在歐洲啟蒙時
期即已出現。眾所周知，笛卡兒1637年的「我思故我在」名言，
為啟蒙理性做了典範性的注腳。到了休姆於1739至1740年出版
的《人性論》（*A Treatise of Human Nature*）則強調情感（passions）
的力量，認為「理性（reason）充其量只不過是情感的奴隸」[24]。

24　David Hume, *A Treatise of Human Nature,* vol. 2 (Bristol: Thoemmes Press,

1750年盧梭的〈論科學與藝術〉（Discours sur les sciences et les arts）認為藝術與科學皆為腐蝕道德的人為規範，應遵從良知與自然的呼喚[25]；盧梭主張的情感教育，對後世影響重大[26]。五四的唯情與理性辯證，不僅回溯歐洲啟蒙時期的情感啟蒙論述，亦呼應古希臘「形上學」（五四時期亦譯為「玄學」）以生命為本的倫理態度。人生觀派知識分子十分關注法國哲學家柏格森的直覺說，從中國傳統中尋找對應的思想來理解並批判之，認為明代陳白沙的「明」與「覺」的工夫以及王陽明的「良知」（即真情、直覺），是一元的，與陸王心學派的「心即理」哲學命題相通；而柏格森認為「直覺」無法取代「理智」，落入二元思考的架構[27]。事實上，從歐洲啟蒙時期以來，反啟蒙理性思潮不絕如縷。十八世紀有烏托邦社會主義者聖西蒙（Henri de Saint-Simon, 1760-1825）與傅立葉（Charles Fourier, 1772-1837），一戰前後有對五四時期影響深遠的柏格森與倭伊鏗，二戰後法蘭克福學派以非理性對抗啟蒙理性。德勒茲的情動力理論在今天國際學界更是如日中天。在《千高原》（A Thousand Plateaus）中，德勒茲從斯賓諾莎發展出情動力的概念，認為相較於理性，情動力才是連結、推動、轉變、塑造生命的力量[28]，人生哲學儼然又重新獲得

[1739-1740] 2001), p. 248.原文為：" Reason is, and ought only to be the slave of the passions."

25　Jean-Jacques Rousseau, *Discours sur les sciences et les arts*（Paris: Le Livre de Poche, [1750] 2004）.

26　Cf. Hina Nazar, *Enlightened Sentiments: Judgment and Autonomy in the Age of Sensibility*（New York: Fordham University Press, 2012）.

27　請參考本書第五章。

28　請參考本書第六章有關《千高原》的討論。

關注。晚近李澤厚發展「情本體」論[29]，也是典型的例證。五四時期的人生觀派雖然一直被視為維護傳統的保守派，但他們連結跨歐亞的反啟蒙論述，企圖為傳統尋找現世意義的努力，更貼近今天以非理性為首的西方學術流派。李澤厚雖未深入探討，但曾在《中國現代思想史論》的一個簡短段落中明確指出：

> 如果純從學術角度看，玄學派所提出的問題和所作的某些（只是某些）基本論斷，例如認為科學並不能解決人生的問題，價值判斷與事實判斷有根本區別，心理、生物特別是歷史、社會領域與無機世界的因果領域有性質的不同，以及對非理性因素的重視和強調等等，比起科學派雖樂觀卻簡單的決定論的論點論證要遠為深刻，它更符合於二十世紀的思潮。（頁58）[30]

---

29 李澤厚本人對「情本體」的界定，參考李澤厚、劉緒源，《該中國哲學登場了：李澤厚2010年談話錄》（上海：上海譯文出版社，2011）：「這個『情本體』本來就『在倫常日用之中』[……]這個形而上學即沒有形而上學，它的『形而上』即在『形而下』之中。……『情本體』之所以名之為『本體』，不過是指它即人生的真諦、存在的真實、最後的意義，如此而已」（頁75）；李澤厚，《中國哲學如何登場：李澤厚2011年談話錄》（上海：上海譯文出版社，2011）：「人在這個神面前是非常非常渺小的。它給予你的，其實是一種情懷、心境，一種人生態度，一種超越人世凡俗的超脫感。所以這是一種宗教情感，是『情本體』的最高形式」（頁69）；李澤厚、劉悅笛，〈關於「情本體」的中國哲學對話錄〉，《文史哲》2014年第3期，頁18-29：「『情本體』不一定要一個信仰，它追求信仰是沒有問題的，問題是信仰不一定是信仰上帝呀！本身在人世間，也可以有一個信仰呀」（頁20）。有關情本體的研究，參考陳來，〈論李澤厚的情本體哲學〉，《復旦學報》，2014年第3期，頁1-10。

30 李澤厚，《中國現代思想史論》。

　　人生觀派發動的唯情與理性的辯證，對當時及後來學界均影響深遠，例如在文學上「創造社」等浪漫派對情感的謳歌，以及思想界新儒家的成立。對啟蒙理性主義的不信任，是西方批判理論哲學家的特色，如勞思光說：「你們都知道critical theory〔批判理論〕所批判的是啟蒙運動。啟蒙運動的特色之一就是特別強調理性思考。不管早年的〔阿多諾〕或者是後來在法蘭克福學派以外的那些批判啟蒙運動的人，像德里達（Derrida）[31]、傅科（Foucault），他們都有一共同點，就是對理性的不信任（mistrust in Reason）」（頁xviii-xix）[32]。由李明輝的研究可一窺新儒家與五四人生觀派的關聯：「當代新儒家並不反對科學，但一貫批判科學主義」（scientism），從梁漱溟（1893-1988）、熊十力、科玄論戰中的張君勱，及稍後的牟宗三均如此（頁18）[33]。李也指出在西方哲學，繼韋伯之後，「法蘭克福學派繼續深入批判西方世界中的科學主義及西方工業社會底意識形態」（頁19）。李並認為「近代西方社會之『理性化』原係孕育於西方啟蒙運動中的理性精神，其結果卻成了理性之否定」，指的是霍克海默（Marx Horkheimer, 1895-1973）及阿多諾（Theodor W. Adorno, 1903-1969）的合著《啟蒙的辯證》（*Dialectic of Enlightenment*, 1947）以及馬庫色（Herbert Marcuse, 1898-1979）的《單向度的人》（*One-Dimensional Man*, 1964），他們認為現代西方工業社會過度強調「技術合理性」，結果造成了「單向度的哲學」與「單向度

31　編注，臺灣譯作德希達。

32　勞思光，《文化哲學講演錄》（香港：中文大學出版社，2002）。

33　李明輝，《當代儒學之自我轉化》（臺北：中央研究院中國文哲研究所，1994）。

的社會」（頁20）。本書顯示，五四人生觀派在批判啟蒙理性主義的同時，提出唯情論及情感啟蒙；這是五四研究界及思想史、哲學界較少關注的課題。

跨文化語彙的方法論

跨文化研究是對比較研究、區域研究、多元文化研究及後殖民研究的反省。比較文學以不同國家或語言的比較或影響為主，然而在全球化流動的時代，傳統國家、語言疆界及認同觀念，已經不足以回應此類疆界逐漸模糊的事實。區域研究如東亞研究，顯然無法與非東亞地區做切割，因為人員、文本、概念、資訊、物質、商品的全球流動，是不受歐、美、亞等洲際疆界限制的。有別於多元文化概念，跨文化研究的重點不在討論差異、認同與溝通，而是關注各文化的混雜本質、各文化間的相互連結，進一步體認他者文化的不斷滲透，如何成為自我不可分割的部分，進而促成自我的轉化與創新。不同於後殖民研究，跨文化研究關心的並非強勢文化的霸權與弱勢文化的抗拒，而是在權力不均等關係中，弱勢文化如何在全球化趨勢中找到立足點，創新傳統、面向未來。本書追索人生觀論述的跨文化連結，彰顯思潮、概念、事件等等跨越國家、語言、文化的全球化流動，挑戰強勢／弱勢、中心／邊緣、激進／保守等標籤式的二元劃分思考模式，主張地球任何一隅都可以是中心。

同時，跨文化作為一個研究範式，必須面對一個難解的弔詭：數世紀來在全球化的趨勢之下，一方面物質文化與精神文化的全球流動成為無法否認的事實，我們不得不承認傳統國家疆界

及認同觀念早已受到與日俱增的衝擊；另一方面根深蒂固的種族
觀念、血統觀念及國家主義、本質主義仍然揮之不去，因此而發
動的大大小小戰爭更成為諸多地區的夢魘。我們以為傳統的本土
觀似乎已是過時的知識概念，但是跨文化的前沿研究在面對現
實面根深蒂固的本土觀時，卻難以化解其中癥結。如同Stephen
Greenblatt在〈文化的流動〉一文中指出，在全球化流動的時
代，我們必須重新思考有關文化命運的種種基本假設，必須充分
理解文化的屹立不搖（persistence）與變異（change）並存的矛
盾[34]。跨文化現象與民粹主義並存，是永恆的弔詭。

　　本書以「跨文化語彙」作為方法，透過追溯「跨文化語彙」
在歐亞出現的脈絡，串聯起思想概念的跨文化流動。所謂「跨
文化語彙」，意指具有跨文化意涵的關鍵語彙，多半由歐美的源
頭先引介入日本，翻譯成漢字語彙後，中國知識分子又直接挪
用，例如本書所深入探討的「人生觀」、「美育」、「理智」、「創
造」、「進化」等語彙[35]。從事比較文學或比較哲學的研究者，不
能忽略翻譯在中國現代文學及哲學所扮演的關鍵角色。本書的研
究得力於翻譯研究對外來辭語的關注，但筆者認為辭語的翻譯研
究不應只限於辭語、概念的轉換及嶄新意義的生成上，應該提升

---

34 Stephen Greenblatt, "Cultural Mobility: An Introduction," in Stephen Greenblatt
　　ed., *Cultural Mobility: A Manifesto*（Cambridge: Cambridge University Press,
　　2010）, pp. 1-23. 作者指出：" There is an urgent need to rethink fundamental
　　assumptions about the fate of culture in an age of global mobility, a need to
　　formulate, both for scholars and for the larger public, new ways to understand the
　　vitally important dialectic of cultural persistence and change"（pp. 1-2）.

35 參見本書第一章、第二章、第五章。

到方法論的層次，於是提出「跨文化語彙」的概念，主要理由如
下：

（1）：自馬西尼（Federico Masini）的中國辭語研究（1993）[36]
起，歷經劉禾的《跨語際實踐》（1995）[37] 及孫江與劉建輝領導的
長年大型研究之出版品《亞洲概念史研究》（2013）[38]，二十餘年
來關鍵詞研究成為顯學，但多半仍然專注於辭語、概念的轉換歷
史。劉禾強調後殖民主義的「對抗」（resistance）模式、「主方
語言和客方語言之間不可化約的差異」，以及「這些對抗紀錄了
一種意義生成的歷史」（頁32）[39]。筆者所說的跨文化語彙強調的
並非對抗、差異或意義的生成歷史，而是不同文化在哲學概念上
的實際連結與殊途同歸。東西方的交會除了對抗，更有意義的問
題是，為什麼在對抗中仍要交流？本書提醒大家注意的是，東西
方交會時彼此的鏡像關係：在他者文化中看見自我的身影，看見
對方的長處、自己的不足；也可能從對方眼中的自我身影中，看
見自己傳統的長處，進而借助他者的眼光來創新自己的傳統。一

---

36 Federico Masini, *The Formation of Modern Chinese Lexicon and Its Evolution Toward a National Language: The Period from 1840 to 1898* (Berkeley: University of California, Project on Linguistic Analysis, 1993).

37 Lydia H. Liu, *Translingual Practice: Literature, National Culture, and Translated Modernity, 1900-1937* (Stanford, Calif.: Stanford University Press, 1995).

38 孫江、劉建輝主編，《亞洲概念史研究・第一輯》（北京：生活・讀書・新知三聯書店，2013）。此大型計畫方興未艾，2018年3月24至25日曾在南京大學舉辦「概念史的亞洲轉向學術研討會」。

39 劉禾著，宋偉杰等譯，《跨語際實踐：文學，民族文化與被譯介的現代性（中國，1900-1937）》（北京：生活・讀書・新知三聯書店，2002），頁44-45。

個跨文化語彙的引介，代表一個概念由他者文化進入在地文化，往往引起在地文化對自身傳統、現狀的重新評價，進而促成自我的創造性轉化[40]。

（2）：如果不能辨認出跨文化語彙，會以為這些語彙原本就是中文，可能忽略這些語彙所代表的跨文化意涵，誤以為這些概念所涉及的文化事件只局限於中國本土。跨文化語彙的辨認，讓我們明白，任何新的概念──例如「人生觀」──在中國本土的出現，可能都與中國以外的他者文化產生關聯；透過追溯跨文化語彙從歐美源頭、取徑日本、繼而進入中國的軌跡，可以串聯起文化思潮跨越歐亞的流動網絡。跨文化語彙的探索，讓我們體認，在全球化的概念形成之前，全球化的事實早已發生；中國早已是全球社群的一員。

（3）：透過跨文化語彙的研究方法，認識自身在某個文化事件上的跨文化連結是必要的，因為唯其如此，我們才能避免落入自我中心主義的陷阱，重新認識自我的混雜性：自我乃因他者的滲透而轉化，自我與他者的交融正是自我創造性轉化的契機。要真正的認識自我，必須體認自我當中無數的他者，以及在歷史關鍵時刻無數他者促成自我轉化的軌跡。沒有所謂「純粹的

---

40 李明輝指出，「一個半世紀以來，儒家思想面臨前所未有的挑戰」，但在挑戰中完成了徹底的「自我轉化」；這不僅是「對外在挑戰的被動因應」，也是「自覺的抉擇和定位」。在此自我轉化的過程中，佛學及西方思想均是思想資源，包括佛學對於熊十力與梁漱溟、牟宗三、唐君毅，馮友蘭之於新實在論，牟宗三之於康德哲學，張君勱之於德國生命哲學等；柏拉圖、柏格森、存在哲學，乃至馬克思主義，均影響了當代儒學之發展。李明輝，《當代儒學之自我轉化》，頁iv。

中國」、純粹的美國或歐洲；在民粹主義推波助瀾之下妄想追求「純粹」的某種人或某國人，是扭曲歷史發展事實的。這正是跨文化研究的倫理態度。

（4）：跨文化語彙的研究可以挑戰常識，重寫思想史或概念史。如同王德威與陳國球在革命啟蒙之外，企圖建立現代文學抒情論述的典範，現代思想史與哲學史亦可透過跨文化語彙的研究，發掘主流啟蒙理性論述所遮蔽的其他論述，進而重寫五四典範。

本書緣起於2007年之後，當時筆者為了其他研究課題開始探討「人生觀」一詞的來歷，發現「人生觀」是日文翻譯語彙，乃來自於倭伊鏗的德文，於是開啟了本書跨越中、日、德、法的研究，長達十年。透過「人生觀」、「人生哲學」、「創造」等關鍵語彙在中日德法文獻中的追索，筆者確認：兩次大戰的文化危機期間，人生觀運動是跨越歐亞的跨文化事件，絕非現代中國所獨有。在追索過程中，筆者發現「唯情論」及「情感啟蒙」對啟蒙理性主義的系統性挑戰，也發現人生觀派與無政府主義者及創造社作家的相互聲援，於是得以重寫五四。職是之故，「跨文化語彙」應提升為方法論，以突破翻譯研究的現狀，彰顯其重寫現代文學及哲學研究的可能性。

以下說明本書各章的規畫。

本書架構

本書共六章，各章內容如下：

第一章:「人生觀」與歐亞反啟蒙論述

　　民初人生觀派向來被視為保守分子,在五四科學啟蒙時代仍堅持儒釋道傳統,抱殘守缺;事實上人生觀派透過跨歐亞串連,企圖創新傳統。梁啟超流亡日本期間,見證到以西田幾多郎(1870-1945)為首的人生觀論述(日本又稱為「生命主義」或「生命哲學」),並參與井上哲次郎、蟹江義丸的東洋倫理復興運動。之後,梁不僅率領旗下眾青年知識分子赴歐,親自拜訪德國人生哲學家倭伊鏗,擔任通譯的張君勱更留下來與倭氏學習人生哲學。張回國後,於1923年以倭氏學說掀起科學與人生觀論戰。在張與倭氏1922年合撰的德文著作中,倭氏自稱承繼希臘時代的「玄學」(即「形上學」)傳統,反對啟蒙理性主義,不滿康德以來哲學走向認知科學的傾向,認為哲學應該回歸人生。倭氏將自己的人生觀概念與儒家思想做參照,認為儒家思想可糾正歐洲啟蒙時代以來過度重視科學理性的偏頗。日本京都學派的西田幾多郎則以佛教的「有情眾生」概念,反駁科學理性主義。本章強調「人生觀」一詞作為跨文化語彙的重要性。此語彙原為倭伊鏗的Lebensanschauung,安倍能成自創漢字語彙,翻譯為「人生觀」後,由中國人生觀派直接挪用,掀起了五四時期的唯情與理性的辯證。

第二章:張東蓀《創化論》的翻譯──科學理性與「心」

　　科學與人生觀論戰雖是1923年爆發的事件,此事件的醞釀早在1910年代就開始了。在梁啟超心目中,柏格森與倭伊鏗是歐洲當代最偉大的兩位哲學家,1918年他率領子弟兵赴歐拜訪倭氏時,其好友張東蓀也出版了柏氏《創化論》的文言翻譯。

《創化論》所使用的跨文化語彙，如「直覺」、「綿延」（法文la durée，或英譯duration，日譯「連續」）、「玄學」（Metaphysics，原為蔡元培所譯，日譯「純正哲學」）等，奠定了日後人生觀派論述的基礎。日後人生觀派也稱為「玄學派」，此書的翻譯是關鍵。張東蓀不通法文，主要根據Arthur Mitchel的英譯本（1911），並參照金子馬治、桂井當之助的日譯本（1913）。在翻譯理論上，張東蓀一方面闡發嚴復的「信達雅」理論，一方面認為翻譯勢必促成中國文體的歐化。在翻譯語彙上，張認為自創宜少，日譯與漢文訓詁相通方可用，萬不得已時才用音譯，嚴譯則大都「辭艱義晦」。張認為柏格森並不排斥科學，而是排斥心物二元的舊科學。為其作序的湯化龍也指出，柏氏之學說為「精靈一元」，而「所謂宇宙的真本體乃時間之流動，其作用即綿延之創化」，並認為柏氏學說可與《易經》的「天行健自強不息」互相發明。《創化論》對柏氏學說的詮釋引領了人生觀派的論述；自此人生觀派積極從中國傳統學術中尋求與歐洲人生哲學的對應，因此此書至關重要。《創化論》的翻譯，使得「創造」、「直覺」、「綿延」等跨文化語彙，成為現代中國的日常用語，「創造社」的成立是最佳例子。郭沫若1920年2月一封給宗白華的信中，提起曾讀過張東蓀翻譯的《創化論》，認為柏格森「生之哲學」脫胎自歌德（Johann Wolfgang Goethe, 1749-1832）。隨後於1921年，創造社由郭沫若、成仿吾、郁達夫等留日知識分子在東京成立。哲學思想與文學的相互印證，是一個尚待開發的領域。本章結尾以徐復觀為例，探討戰後新儒家與人生觀論述的連結。

第三章：梁漱溟的《東西文化及其哲學》

　　梁漱溟是梁啟超的弟子，1921 年出版《東西文化及其哲學》，目的是比較中國、印度及西方哲學，設法找尋中國文化在現代世界存在的意義。梁漱溟指出孔子是人生哲學家，並將儒家學說與倭伊鏗、柏格森的人生哲學聯繫起來，這符合《創化論》序中貫通東西洋文明的呼籲。然而，梁漱溟對柏格森的理解，與張東蓀有基本的歧義：張東蓀認為柏格森並不排斥科學，只是排斥心物二元的舊科學，梁漱溟卻認為柏格森是反科學的。梁漱溟首先討論「西方化」、「東方化」的問題，指出現在世界的主流是「西方化」，若來不及西方化則淪為西方國家的殖民地，如印度、朝鮮、安南、緬甸等。日本因「西方化」早，所以沒有中國目前被迫西化的壓力。梁問：「東方化」能存在嗎？其實梁漱溟這種二元化思考難以成立；眾所周知，日本所謂西化，並未拋棄傳統，而是融合了東西方的長處。二元化思考是梁漱溟最基本的問題：他認為東西方文化有根本的差異，因此反對杜威、羅素（Bertrand Russell, 1872-1970）、梁啟超所主張的東西方文化應當調和的說法。梁漱溟認為西方文化的根本是理智，因此長於火砲、鐵甲、聲光化電等，但這些與東方文化是不相容的；西方文明成就於科學，東方則為「藝術式」的成就。梁指出，科學長於分析解剖，專事化整為零來進行檢驗，是可以驗證的，只講固定不講變化；藝術則是整體的，直觀的，是傾向於玄學、無法驗證的，因為玄學是「一而變化、變化而一」的。梁漱溟的東西方文化二元式看法，對五四一代影響深遠，後來科學與人生觀論戰基本上就是沿襲科學理性對比玄學直觀的基調；論戰中的爭辯，的確如同許紀霖所說，未達認識論的層次。然而，如果我們除了論

戰中的文字，全面閱讀當時人生觀派的論著，會有不同的認知。
例如，對照張東蓀《創化論》對柏格森學說的詮釋，我們知道人
生觀派最成熟的主張事實上遠超越此二元對立，而是趨向於情理
融合（請見第六章）。這也是本書企圖論證的。由此我們亦可理
解，人生觀派的知識分子雖然懷抱共同的理想，但是並非眾口同
聲、人云亦云，而是彼此切磋琢磨、相互發明也相互批判。本章
探討講學社的成立及活動。1920 年九月蔡元培與旅歐歸來的梁
啟超及張元濟（商務印書館負責人）合作，組織講學社，邀請
國際大思想家如杜威、羅素、杜理舒（倭伊鏗學生 Hans Driesch,
1867-1941）、泰戈爾（Rabindranath Tagore, 1861-1941）等先後
來華訪問，對新文化運動影響深遠。分析講學社所邀請的思想家
之主張，可知人生觀派對人生哲學的系統性引介。

第四章：蔡元培美育運動的情感啟蒙──跨文化觀點

受到德國及日本美育運動的影響，蔡元培早在1912年擔任
第一屆教育部長時就提倡美育運動，獲得全國藝術學校師生的積
極響應。蔡於1912年發表〈世界觀與人生觀〉一文，1917年發
表〈以美育代宗教說〉，登高一呼，促成了1920年《美育》雜誌
的創刊。《美育》主張以藝術教育來建設一個「新人生觀」，以
改革「主智的教育」，認為人生不像啟蒙理性主義者主張的全靠
理智，而是靠著敏銳的感情。《美育》雜誌所強調的情感啟蒙與
啟蒙理性主義的辯證，在人生觀派的理論基礎上具有關鍵意義。
1925年無政府主義者李石岑與蔡元培主編兩本文集《美育之原
理》及《美育實施的方法》，由商務印書館出版，從美學理論進
而步入美育實踐的方法。其中蔡元培所描繪的烏托邦藍圖，涵蓋

了未生的胎教到死後的埋葬。由此可知人生觀派對理論實踐的重
視，美育運動的知識分子主張實踐「美的人生」，這在張競生的
思想中得到進一步的闡發。沈從文在1940年代曾撰文紀念蔡元
培的以美育代宗教，冰心致力於呼籲真善美，都是響應美育運動
的情感啟蒙論述。

第五章：朱謙之與袁家驊的「唯情論」──直覺與理智

　　人生觀派從儒家傳統「天地萬物皆有情」的概念，建立唯情
論，主張「情」是精神的本體，參與歐洲啟蒙時代以來跨越歐亞
的情感與理性辯證。唯情論是1922年朱謙之所提出，確立人生
觀派以情為本體的認識論主張。朱援引《易經》，主張宇宙的真
相為渾一的「真情之流」，變化無間；這顯然呼應張東蓀《創化
論》對柏氏學說的詮釋。1924年袁家驊的《唯情哲學》與朱謙
之的《一個唯情論者的宇宙觀與人生觀》相繼問世。然而，人生
觀派固然認同柏格森的直覺觀，卻並非照單全收，而是批判性地
接受。袁的唯情論，正是透過直覺方法，以情融合自我及宇宙本
體的人生哲學，認為柏格森主張的綿延，是「記憶的堆積」，如
雪的堆積；袁自己所主張的綿延，則是「感情的自然，是生命之
神祕的發動和流行」，如水的流動。袁批判柏格森理智與直覺二
分的二元論，主張理智乃以直覺為本，是為一元論。袁認同也批
判尼采，認為尼采主張的「超人」是「向權力進行的意志」，袁
自己主張的「情人」則是「向本體活動的情感」。袁以「大我」
及「無我」作為「真我」的概念，等於繼承又修正了啟蒙以降的
極端個人主義。袁致力於打破心物二元論，強調情是主客不分、
靈肉合化、沒有物我分別，是渾然一體的。對朱謙之而言，真情

的探求就是人生的實踐。朱認為情是個人的真正主觀，也能符合普遍的主觀；人與人共通的真情就是人類共通的真理。朱主張，要追求真理，就必須從格物做起，情理是相融的。朱贊成陸象山的「宇宙便是吾心，吾心便是宇宙」，主張泛神論，並提倡「東西文化一元論」，批判梁漱溟的東西文化二元論。人生觀派普遍認為儒家屬於形上學及人生哲學，朱謙之則強調儒家人生哲學的系統性，認為儒家在社會政治經濟問題上，也具有系統性的見解，儒家傳統的精神就是大同思想。朱主張天下大同的超國家組織，這與注重實踐的人生觀派主張是符合的。朱謙之唯情論的創發，受到創造社作家郭沫若的啟發，自認其泛神論受到郭沫若詩作《女神》的影響。朱的老師是梁漱溟，但是既受老師啟發，又批判其理論之缺點。朱謙之泛神論的迴響，在日後沈從文的作品中清楚可見，如《鳳子》（1932-1937）、〈虹橋〉（1946）。在思想界，最能呼應唯情論及美育運動主張的，是張競生的著作《美的人生觀》（1924）與《美的社會組織法》（1925）。本章亦探討杜威的「自然主義形而上學」，說明杜威的經驗主義目的在主張「可驗證」的形上學。

第六章：方東美的《科學哲學與人生》——科哲合作，理情交得

　　五四期間有關人生哲學的論著不知凡幾，其中最值得深玩的是1927年的《科學哲學與人生》。方東美被譽為新儒家的起源，書中指出「宇宙人生乃是一種和諧圓融的情理集團，分割不得」，可說為科學與人生觀論戰做了一個總結。方旁徵博引，展現對中西方哲學、文學、藝術的嫻熟修養。全書開宗明義便指出，十七世紀以前哲學統攝一切知識系統，科學與哲學不分。然

而文藝復興以來，知識系統逐漸分化，如今科學萬能當道，哲學遂式微。方認為哲學與科學均起源於神話，兩者的出發點都是認識環境的需求，哲學則進一步到情感的蘊發。對環境的認識是為了明事理，是感覺的親驗與理智的推論；情的蘊發是美化、善化等價值化的態度與活動，更接近於藝術家的精神。方指出，雖然情屬於生命領域，理屬於客觀世界，但是兩者不能截然二分，而是一貫的；「情由理生，理自情出」、「情因色有，色為情生」。生命是有情之天下，其本質是不斷創進的欲望及衝動；宇宙是有法之天下，其結構為條貫的事理與色相。這些思想，融合了儒家、佛家與道家，柏格森的創化論也明顯可見。方東美主張人生哲學，指出人類的求知是為促進生命，知識是人生的利器：「人生，假使沒有你，知識又值得什麼？」。方回顧希臘哲學中「物格化的宇宙觀」及「價值化的唯神論」。為了掙脫唯神論貶抑人性、社會階級化的束縛，從文藝復興以來西方進行了天文學、史地、政教上的革命，爭自由、爭平等，以物質所啟示的因果論及自然律統攝宇宙，達到了令人震驚的科學成就。然而這種唯物論重視物質卻藐視人性，成為西洋民族的不幸。科學當道的結果，使得哲學傾向於認識論，以康德的唯心論集其大成，主張人類的心智、精神本其自身的律令創建世界、征服自然。唯心論一出，物質與心靈二分。方東美的《科學哲學與人生》目的是提倡心物合一，情理不分。本章結語探討人生哲學在五四時代及其後的影響，其中最為重要的是無名氏六卷本的史詩式小說《無名書》（寫作於 1945-1960）。我們對五四唯情論的理解，仍有許多空間。

小結：我感故我在

五四的啟蒙理性論述向來為研究主流，本書以五四反啟蒙論述為主軸，探討五四唯情論與啟蒙理性主義的辯證，開拓了一個嶄新的視野。本書從跨文化研究的角度追溯人生觀論述的歐亞連結脈絡，展現人生觀派發動的唯情論及情感啟蒙論述，上承歐洲啟蒙時期的情感論述，下接1960年代以來德勒茲發展的情動力概念以及李澤厚的「情本體」論。本研究以唯情與理性的辯證，重新定義五四的知識論體系（episteme）。歷來主流論述以「全盤西化」、「拿來主義」描述五四一代，本書爬梳一般忽略的文獻資料，顯示五四知識分子在知識論上的跨文化串連，連通古今中西，打破了傳統／現代、中國／西方的二元論。重新認識五四知識界的唯情與理性辯證，目的是使現有的五四啟蒙理性論述複雜化，開展五四唯情論及情感啟蒙論述的知識論可能，更彰顯人生觀派知識分子與二戰前後新儒家興起的關聯。

1929年法國的盧梭研究專家摩爾內（Daniel Mornet, 1878-1954）創造了一句法文名言，「我感故我在」（Je sens, donc je suis, p. 64）[41]，

---

41 Daniel Mornet, "Le Romantisme avant les romantiques," [Romanticism Before the Romanticists], in Société des amis de l'Université de Paris ed., *Le Romantisme et les lettres* [Romanticism and Literature] (Paris: Édition Montaigne, 1929), pp. 43-68. 感謝哈佛大學 Widener 圖書館透過國際圖書館合作，提供藏書。有關盧梭的主情主義與理性主義的研究，有如汗牛充棟，最近的研究例如 Anthony Pagden, *The Enlightenment and Why It still Matters* (2013)；Frank M. Turner, *European Intellectual History from Rousseau to Nietzsche* (New Haven, CT.: Yale University Press, 2014)；Anthony Gottlieb, *The Dream of Enlightenment: The Rise of Modern Philosophy* (New York: Liveright Publishing Co., 2016).

對應笛卡兒的拉丁文諺語「我思故我在」（Je pense, donc je suis; Cogito, ergo sum）。「我感故我在」徹底說明了自歐洲啟蒙時代起，盧梭以降的反啟蒙潮流以情感啟蒙論述對抗啟蒙理性主義。代表理性主義的《百科全書》（*Encyclopedie*, 1751-1772）逐年出版時，盧梭批判科學主義的著作《科學與藝術》（1750）早已問世；啟蒙與反啟蒙是同時並行的。五四的唯情論即是歐洲啟蒙時代以來，跨越歐亞的反啟蒙潮流之一環，因此本書特以「我感故我在」作為書誌。摩爾內的研究發現，革命的導火線，是主情的浪漫主義，並非理性主義。許多論者已經指出，直接導致法國大革命的著作，是盧梭的《民約論》（*Du contrat social*, 1762），而非《百科全書》[42]。創造社1921年的成立，開啟了五四中國浪漫派的年代。成仿吾、郭沫若等1927年從文學革命轉向革命文學，看似突兀，歷來研究者紛紛嘗試解說，其實是有歷史軌跡可循的[43]。此外，如同本書各章指出，人生哲學是主張行動的實踐哲學，美育運動即主張建設「美的人生」（參閱第四章「美的人生」一節）。朱謙之認為「宇宙是無窮的流行，也就是無限的革命［……］同時革命即同時創造」（參閱第五章〈情的「已發」、「未發」［not yet］與無限可能〉一節）。以創造社作家與人生觀派

---

42 有關近年盧梭與法國大革命的研究，請參考Joan McDonald, *Rousseau and the French Revolution, 1762-1791*（London: Bloomsbury Collections, 2013）。

43 成仿吾、郭沫若，〈從文學革命到革命文學〉（上海：創造社出版部，1928）。歷來相關研究眾多，例如鄭學稼，《由文學革命到革文學的命》（香港：亞洲出版社，1953）；侯健，《從文學革命到革命文學》（臺北：中外文學月刊社，1974）；徐改平，《從文學革命到革命文學：以文學觀念和核心領袖的關係變遷為中心》（北京：中國社會科學出版社，2013）。

知識分子的聲氣相投，成仿吾、郭沫若等人自命為「藝術家」、「革命家」，走上革命的道路，實為意料中事（參閱第二章〈《創化論》與創造社〉一節）。

　　1923年2月14日張君勱在清華大學的演講〈人生觀〉，引爆了五四時期的科學與人生觀論戰，這是我們熟知的五四事件。就在十天之前，2月4日在歐洲也發生類似的事件。英國遺傳學家、演化生物學家家哈爾登（John Burdon Sanderson Haldane, 1892-1964）在劍橋大學的演講〈第達拉斯：科學與將來〉，大力推崇科學能帶來人類的幸福。曾於1920年訪問中國的羅素全力反彈，於次年出版《易卡剌斯：科學之將來》一書，警告世人科學的濫用只會帶來禍害（參閱書誌及第三章〈東方化、西方化：羅素〉一節）。兩次大戰前後的全球危機中，科學的進步價值與反求諸己的人文價值，看似截然對立，其實相互辯證；科學與人生觀實為歐洲啟蒙時代以來跨越歐亞的論爭，周而復始。放眼今昔，中國與任何其他國家一樣，從來無法自外於思想、事件、物質文化等的跨文化連動；這種跨文化連動，跨越時空、語際，他我不分，環環相扣。

第一章

「人生觀」與歐亞反啟蒙論述

人生觀之中心點，是曰我。與我對待者，則非我也。

——張君勱

啟蒙哲學問題所在：主客二分

　　1923年中國爆發了科學與人生觀論戰，雙方陣營所牽涉到的知識分子眾多，當年知名人物幾乎都榜上有名。稍識中國現代史的人，沒有不知此論戰的，然而卻很少人注意到「人生觀」這個概念，事實上是串聯了德國、法國、日本及中國的一個跨文化思潮。「人生觀」也許我們認為是中文，其實是現代日文的翻譯，在日文叫做じんせいかん，中文後來直接借用。由於日本殖民的關係，這個詞彙也流傳到韓國，如果詢問韓國人，也會以為這是韓國固有的詞彙。在此意義下，「人生觀」連結了歐亞的文化思潮，可稱為跨文化語彙，原本來自德文的Lebensanschauung[1]，乃德國哲學家倭伊鏗所發展的哲學概念。法

1　Rudolf Eucken, *Die Lebensanschauungen der Grossen Denker: Eine Entwicklungsgeschichte des Lebensproblems der Menschheit von Plato bis zur Gegenwart*（1890）[The Philosophy of Life of the Great Thinkers: A History of the Development of the Problem of Human Life from Plato to the Present]（Leipzig: Verlag von Veit & Co., 7th ed., 1907）.英文翻譯，參考Rudolf Eucken, *The Problem of Human Life: As Viewed by the Great Thinkers From Plato to the Present Time*（7th ed., 1907; 1909）, trans. Williston S. Hough and W. R. Boyce Gibson（London: T. Fisher Unwin, 1910）. 筆者參考Hough及Gibson的翻譯，偶爾稍作修改。此書重新出版時曾由倭伊鏗本人數度修訂。據筆者所知，1922年的德文版修改幅度極大，與前面數版有很大差異。參考Rudolf Eucken, *Die Lebesanschauungen der Grossen Denker: Eine Entwicklungsgeschichte*

國主張創造進化論的柏格森，也被歸屬到人生哲學方面。因此科學與人生觀的討論雖是中國1920年代的一個論戰，事實上是一個跨越歐亞文化的思想運動。

　　學者對人生觀派的評價，一向認為是「傳統保守勢力」對「進步力量」的反撲[2]。然而，透過追溯人生觀思想從德法旅行到日本、中國的歷程，我們會發現，由於世界大戰及殖民主義無限擴張的災難導致了普遍的精神危機，啟蒙主張的科學理性被認為是罪魁禍首，因此觸發了跨越歐亞的人生觀論述。無論是德國、法國、日本、中國，人生觀論述的關鍵概念可由張君勱在〈人生觀〉中的一段話來總括：「人生觀之中心點，是曰我。與我對待者，則非我也。」[3]換言之，人生觀論述所關注的是「我」與「非我」的關係，也就是倭伊鏗所說的Ich與Nicht-Ich的關係；張君勱所提出的這兩個概念，就是從倭伊鏗的德文翻譯來的。探討「我」與「非我」的關係，亦即探討人究竟是要挾科學理性征服自然萬物、以萬物為我所用，還是正視自己與自然相通並存的關

---

des Lebensproblems der Menschheit von Plato bis zur Gegenwart（1922）, in Gesammelte Werke, vol. 12（Complete Works; Hildesheim: Georg Olms Verlag AG, 2007）。本文除非另作聲明，均引用1907年版。

2　例如D. W. Y. Kwok, Scientism in Chinese Thought, 1900-1950（New Haven and London: Yale University Press, 1965）, pp. 140-143.

3　此段落全文如下：「人生觀之中心點，是曰我。與我對待者，則非我也。而此非我之中，有種種區別。就其生育我者言之則為父母；就其與我為配偶者言之，則為夫婦；就我所屬之團體言之，則為社會為國家；就財產支配之方法言之，則有私有財產制公有財產制；就重物質或輕物質言之，則有精神文明與物質文明。」張君勱，〈人生觀〉，《清華週刊》272期（1923年3月），頁3-10。

係，以尋求安身立命之道？

　　在此反啟蒙思潮中，如倭伊鏗、柏格森、西田幾多郎、梁啟超等歐洲及中日思想家，認為啟蒙理性的關鍵問題是以理性的「我」來歸納、掌控世界，導致主體（我）與客體（非我）分離。因此，尋求主客合一的道路，成為這一波歐亞反啟蒙運動的關鍵課題。倭伊鏗提倡希臘傳統的「玄學」（Metaphysik，亦即形上學；民初譯為「玄學」），呼籲哲學脫離認知科學的歧途，回歸人生的探討。西田幾多郎由法國哲學的「心的認知」（la connaissance du coeur）概念，進而發展佛教的「一切有情」及「宗教心」概念，由坐禪來達到與道合一的境界。張君勱等，則在打倒孔家店、科學掛帥的五四啟蒙運動中，致力於連結儒家傳統與歐亞反啟蒙運動，使瀕臨危機的傳統文化展開跨文化的連結，重新開創傳統文化的現世意義。

　　張君勱之所以觸發了科學與人生觀論戰，是因為1922至23年德國生機學學者杜理舒在中國巡迴授課時，張擔任杜氏的翻譯，並發表了掀起科學與人生觀論戰的文章〈人生觀〉。杜氏來華授課，是梁啟超、蔡元培、林長民、張元濟、張東蓀等人於1920年所成立的講學社邀請的[4]。除了杜理舒以外，講學社也曾經邀請杜威（1919-1921）、羅素（1920）、泰戈爾（1924）等來演講，深刻影響了一代中國青年的思想。梁啟超是一個了不起的人物，基本上中國的現代學術，無論任何一個門類的發展，稍微深入地探究，都會發現他扮演了關鍵角色。他在當年是青年導師，

4　李永強，〈梁啟超與講學社〉，《荷澤學院學刊》28卷6期（2006年12月），頁97-100。

張君勱即是他旗下眾多青年學者之一[5]。杜理舒來華所講授的「生機學」，在英文是 vitalism，事實上就是從柏格森的人生哲學所發展出來的概念。杜理舒正是倭伊鏗的學生。

　　張君勱與倭伊鏗合作的淵源，是透過梁啟超的策劃。變法運動失敗後流亡日本的梁啟超，受到日本明治啟蒙的影響，於1903年提倡「新民說」，開啟了「以『西學』反『中學』的啟蒙運動」[6]。身為中國早期啟蒙運動領導者之一的梁啟超，在五四新文化運動期間卻成為反科學理性主義的反啟蒙運動領袖人物，說明了啟蒙與反啟蒙運動的內在聯繫及其複雜性，值得進一步探究。話說1918年梁擔任巴黎和會的非正式觀察員，帶著一批青年學子到巴黎，包括張君勱、蔣百里、劉崇杰、丁文江、徐新六，歷時一年餘。在歐洲他原本計畫訪問倭伊鏗與柏格森，因為他認為此二人是當前世界最偉大的哲學家，結果只見到倭伊鏗，訪問時由張君勱擔任翻譯。如同當年典型的知識分子一樣，張君勱有堅實的國學基礎。他曾於1906至1910年留學日本，後來於1913至15年又留學德國，均主攻政治、經濟學。此次隨著梁啟超拜訪倭伊鏗，與其深談之後，決定在德國留下來追隨他學習哲

5　有關張君勱與梁啟超的交誼，參考楊永乾，《張君勱傳：中華民國憲法之父》（臺北：唐山出版社，1993），頁15-51。有關梁啟超作為報人與知識分子，參考 Natascha Vittinghoff, "Unity vs. Uniformity: Liang Qichao and the Invention of a 'New Journalism' for China," *Late Imperial China* 23.1（June 2002）: 91-143.

6　有關「以『西學』反『中學』的啟蒙運動」，見李澤厚，《中國現代思想史論》，頁4。李指出：「譚嗣同對封建綱常的沉痛攻擊，嚴復於中西文化的尖銳對比，梁啟超所大力提倡的『新民』，就都是用『西學』（西方近代文化）反『中學』（中國傳統文化）的啟蒙運動。」

學。1922年師生兩人用德文合寫了一本書，題為《中國與歐洲的人生問題》（*Das Lebensproblem in China und in Europa*）。此書是現代東方與西方思想界交流的里程碑，始終未有人深入討論，值得我們關注。

倭伊鏗與張君勱，《中國與歐洲的人生問題》

《中國與歐洲的人生問題》全書兩百頁，有關歐洲哲學的部分，從希臘、羅馬、啟蒙到現當代，僅四十餘頁，是倭伊鏗寫的；有關中國哲學從孔、孟、老莊到清代，共七十餘頁，由張君勱主筆。其餘總結批判的部分，則出自倭伊鏗之手，包括中國傳統哲學的倫理學特色及當代意義、人類生命的現況、當今中國知識分子的任務等等[7]。在序中，倭伊鏗說明，由於種種原因他無法接受邀請前往中國，但因「德高望重的中國政治家及學者的啟發」而作此書，目的是作為「中國人的人生教育」（Lebenslehre für Chinesen）；梁啟超等認為中國人目前正經歷嚴重的精神危機，必須與德國理想主義及其個人的實踐主義（Aktivismus）建立緊密的聯繫。倭氏指出，統領全書的哲學思考，出發點是檢視中國及歐洲傳統中，「將人生結構視為整體」（die Gestaltung des Lebens als eines Ganzen）的各種論述。倭氏希望此書成為中德雙方在人文精神上的最佳聯繫，並指出，此書中無論中德雙方，都用各自的語言來表達。其所謂各自的語言，並非中國人用中文、

---

7 Rudolf Eucken and Carsun Chang, *Das Lebensproblem in China und in Europa* [*The Problem of Life in China and Europe*] (Leipzig: Quelle & Meyer, 1922).

德國人用德文，而是用各自的表述方式來談中國哲學與歐洲哲學的問題（iii-v）。

由倭伊鏗的序言可知，在中國正經歷前所未有的精神危機之時，梁啟超及張君勱千里迢迢親自到德國耶拿（Jena）拜訪他，目的是將中國傳統文化與其哲學聯繫起來，以便向國人證明儒家文化的現世價值：儒家的精神是解決當今亂世問題之鑰。然而，表面上看來雖是梁與張登門向倭伊鏗請益，不如說是梁等體認到倭伊鏗哲學與儒家文化的相通之處，因此特意上門拜訪，希望倭氏向中國人指出中國傳統文化的價值。這正是在他者中找尋自我，由他者與自我的共通之處來證明自我的價值。同理，倭伊鏗自己也理解到儒家思想與其哲學體系契合之處；倭氏觀察儒家思想時，事實上是從自己的觀點出發——他認為儒家思想有完美的整體生命結構，而這正是其自身哲學的特色。更重要的是，中國哲學的對照，提供他一個檢討歐洲啟蒙哲學的機會。

倭伊鏗與張君勱合著的書名《中國與歐洲的人生問題》，其中所指的「問題」，究竟是什麼？中國與歐洲的共同人生問題是什麼？1922年正值第一次世界大戰之後。由於第一次大戰的發生，歐洲許多知識分子產生危機意識，使得他們徹底地反省自我，反省的重心是歐洲精神文明與物質文明的問題。對倭伊鏗及許多知識分子而言，物質的追求——也就是機械文明的無盡追求——導致戰爭的可怕災難。科學文明的發達使得戰爭的器械殺傷力更強，整個第一次大戰的傷亡對歐洲而言，是一個慘絕人寰的經驗。其實不只是歐洲，全世界牽連到的國家均感同身受；這是一個全球性的毀滅性戰爭。1918年，史賓格勒（Oswald Spengler）的著作《西方的沒落》稱西方文明為「浮士德式的文

明」（the Faustian civilization），總是挑戰不可能的極限[8]。法國詩人梵樂希（Paul Valéry）在第一次世界大戰結束時，發表了一篇文章 "La crise de l'esprit"（精神的危機，1919）。這篇小文章，影響非常之大，啟發了後來的理論家德希達的著作，名為 *L'autre cap*（*The Other Heading*；另一個方向），全書討論到底所謂歐洲是什麼？我們要如何為歐洲下定義？到二十一世紀的今天，歐洲情勢丕變，為了消解戰爭的威脅，由經濟上統合單一貨幣出發的歐盟已經成立了，然而這個問題仍然歷久彌新。

　　在〈精神的危機〉這篇文章中，梵樂希說，歐戰使歐洲失去了自我（elle cessait de se ressembler）；他哀悼歐洲靈魂的煎熬（l'agonie de l'ame européene, 989）[9]。梵氏重新反省整個歐洲文明的本質，認為科學的無盡發展及不當應用，已經使科學道德破產了。對梵樂希而言，科學的探討失去了其自身的目的，變成權力及征服他國、物質財富的工具，有識之士應該思考個人生命與社會生活的衝突（dans l'individu pensant, la lutte de la vie personnelle avec la vie sociale, 990）。1922年羅素的《中國的問題》（*The Problem of China*）則讚美中國的精神文化優於西方的

8　Oswald Spengler, *Der Untergang des Abendlandes*［The Decline of the West］（Wien und Leipzig: Wilhelm Braumüler, 1918）.後來改寫發表為 *Der Untergang des Abend-landes: Umrisse einer Morphologie der Weltgeschichte*［The Decline of the West: Outlines of the Morphology of World History］（München: Beck, 1922-23）.

9　Paul Valéry, "La crise de l'esprit," *Oeuvres*, vol. 1（Paris: Gallimard, 1957）, pp. 988-1000.英文參考 Paul Valéry, "The Crisis of the Mind," （1919）, *The Outlook for Intelligence*, trans. Denise Folliot and Jackson Mathews（New Jersey: Princeton University Press, 1962）, pp. 23-36. 此處引文為頁24-25。此文首先在一家倫敦雜誌上以英文發表：*The Athenaeum*, April 11 and May 2, 1919。

工業化、科學主義及帝國主義[10]。1924年《易經》在歐洲出現德文翻譯本，譯者魏禮賢（Richard Wilhelm, 1873-1930）為退休傳教士，在兩次大戰期間將《易經》詮釋為東方的智慧，認為值得西方學習[11]。這顯然有別於1882年理雅各（James Legge, 1815-1897）的英文翻譯；理雅各由傳教士轉為牛津教授後的譯本，用意在於新學科的成立，目的是對歐洲人顯示他者文化的存在[12]。倭伊鏗從十九世紀末起所提倡的人生哲學，以及其與張君勱的合著，應置於上述的脈絡下觀察。

倭伊鏗對中國哲學推崇有加。在總結批判的部分，〈中國生命結構的闡釋與評價〉（Beleuchtung and Würdigung der chinesischen Lebensgestaltung）一章中，他由三方面進行分析：一是中國哲學

---

10 Bertrand Russell, *The Problem of China* (London: G. Allen & Unwin Ltd, 1922).

11 魏禮賢的導言指出："Yet we must not overlook the fact that apart from this mechanistic number mysticism, a living stream of deep human wisdom was constantly flowing through the channel of this book into everyday life, giving to China's great civilization that ripeness of wisdom, distilled through the ages, which we wistfully admire in the remnants of this last truly autochthonous culture." Cf. "Introduction to the *I Ching* by Richard Wilhelm," rendered into English by Cary F. Baynes, *HTML*. Edition by Dan Baruth. Online Posting: https://www.iging.com/intro/introduc.htm（accessed on October 30, 2018）. 魏禮賢的翻譯由Cary Baynes 譯成英文，於1950年出版，世稱Wilhelm-Baynes Edition，成為流傳最廣的《易經》翻譯版本。

12 Tze-ki Hon（韓子奇），"Constancy in Change: A Comparison of James Legge's and Richard Wilhelm's Interpretations of the *Yijing*," *Monumenta Serica* 53 (Taylor & Francis, Ltd., 2005), pp. 315-336. 韓指出，理雅各早期的《易經》譯本用意為宣揚基督教文明，手稿失散未曾出版，轉為牛津教授後的譯本，所關注的是學術問題。

的特色，二是中國哲學與歐洲哲學的比較，三是兩者共同的目標。他指出中國北方的孔子思想及南方的老子思想均缺乏系統性；比較而言，前者是理性的，後者是非理性的。然而，即使相對於西方哲學，主導中國人社會生活的孔子學說缺乏系統，他卻認為孔子學說的特色是實際的人生智慧及對人性的理解（eine grosse praktische Lebensweisheit und Menschenkunde；偉大的、實踐的人生智慧與人學，頁123）[13]。他認為，雖然表面上孔子思想如同希臘哲學及啟蒙哲學，均強調理性及個人的道德教育，然而我們不應忽略孔子思想與西方哲學──尤其是啟蒙哲學──的差距。他認為，相對於啟蒙哲學，中國人的人生（哲學）不可能從純粹理性來分析理解（Dieses Leben lässt sich unmöglish aus reiner Vernunft ableiten, 頁131），此處的「純粹理性」顯然是批判康德。

　　倭伊鏗認為，西方思想面向來世的榮耀，現世淪為一個無足輕重的過渡階段，如此汲汲營營地追逐不可知，往往使人心浮躁不安，落得意義全失（wir verfallen einem rastlosen, oft sinnlosen Jagen und Hasten）；相對的，中國儒家思想對不可知的事物──例如鬼神──態度理性，而著重在經營現世，面對世俗，並將過去帶入當下，與過去的傳統聯繫緊密，因此中國人的人生較為平和穩定（er [der Chinese] hat mehr Ruhe und Festigkeit des Lebens, 頁133-134）。倭氏知道現在中國面臨空前危機，問道：在面對此危機，要解決自己危機的時候，中國應該以西方為楷模嗎？答案當然是否定的（頁152-153）。倭氏認為中國的「中庸之道」

13　Rudolf Eucken and Carsun Chang, *Das Lebensproblem in China und in Europa.*

（die"goldene Mitte"）及現世邏輯，都是西方沒有的；對其而言，儒家思想的長處就是「中庸之道」及實踐哲學（Positivismus, 頁136-137；實證主義）[14]。

　　倭伊鏗認為，與西方哲學的「理性」（Vernunft）相對，中國的人生哲學的根本是「道」（Weltvernunft；世界理性）。相對於啟蒙哲學以人的理性掌握社會及世界的秩序，「道」是統領宇宙間萬事萬物的原則，維持理性與實際人生的平衡，將人置於結構緊密的社會關係網絡中而各得其所，並達到人與自然的和諧關係。倭氏指出「道」的遵循，可在形形色色的運作及利益間達到「全然的平衡」（ein volles Gleichgewicht），這也就是「中庸之道」。他認為這是中國的人生哲學的倫理信念，結合了智慧與道德觀（頁147-148）。倭氏觀察歐洲哲學史的脈絡，認為西方問題起源自啟蒙運動的理性思辨，還有它極端的個人主義：人的生命，不只是理性思辨；認知的過程，除了理性思考，事實上是起源於對自然界的直接觀察，然後透過我們的情感作用及判斷。倭氏認為哲學應該從生命出發，啟蒙則是從理性、從思考出發；極端個人主義的發展，往往導致責任感喪失，而任何生命的提升應與責任感相輔相成（Pflichtgedanke und Lebenserhöhung müssen sich gegenseitig unterstützen, 頁170）。倭氏認為相對於中國人與自然的和諧關係，西方對科學及物質文明的追求，無止無盡，目的是要控制自然（頁149）。他指出，中國人雖然在科技方面落後，但是西方最缺的正是中國人這種生活、生命的態度。西方的

---

14 "Positivismus"一般翻譯成實證主義，而倭伊鏗在評論孔子思想時，強調的是儒家的實踐精神。

理性思辨，問題究竟何在？倭氏認為是「我」與「非我」的截然劃分。

　　倭伊鏗認為人之所以超越動物，乃因其語言能力及文化生活，包括藝術、宗教及道德的表現；然而隨著人類生活越來越趨向「精神化」（eine durchgehend Vergeistigung des Lebens），人也越來越脫離與自然的直接感知聯繫（beim Menschen das Leben sich mehr und mehr von der sinnlichen Bindung der Natur ablöst, 頁 160-161）。後來物質文明越趨發達，使得物質世界變成協助人文生活的工具（es [das Sinnliche] wird zu einem Mittel und einer Hilfe für das geistige Leben, 頁 160-161）。於是物質世界成為可以分門別類的物質組合，而人文力量就統合控制了大自然中的萬物芻狗。理性思辨這種統合分析的力量，使我們的感知經驗提升到一個新的境界：將我們的感知印象整理出一個秩序，將現實世界建構為概念的系統（ein System von Begriffen, 頁 162）。倭氏認為在這種趨勢中，最重大的改變是主體與客體的分離（das Auseinandertreten von Subjekt und Objekt）。倭伊鏗以「物質存有」或「感知存有」（das sinnliche Dasein）與「理性思辨」（das Denken）相對，指出問題所在：

　　　感知存有顯示了印象的直接觸動，形成一股源源不絕的事件流動。相對的，理性思辨則傾向於將我與非我截然劃分；嚴重的問題是，這導致生命的顯然矛盾。因為如此一來，生命過程中的某些東西被視為非我，然而此非我卻應該是一直存在於我之中的。

　　（Das sinnliche Dasein zeigt eine unmittelbare Berührung der

Eindrücke; es bildet einen fortlaufenden Strom des Geschehens. Das Denken hingegen vermag zwischen dem Ich und dem Nicht-Ich deutlich zu scheiden; es enthält ein grosses Problem, indem es das Leben mit einem scheinbaren Widerspruch behaftet. Denn einmal wird etwas im Lebensprozess als Nicht-Ich herausgestellt, andererseits aber soll dieses Nicht-Ich dem Ich gegenwärtig bleiben.）（頁162）

對倭伊鏗而言，當今世界的問題起源於我與非我的截然劃分；然而，一方面我們固然要化解這種劃分，一方面還是必須把握它，因為唯有這種劃分才可能得到真相——真相唯有在我與非我既分又合的狀態中才能獲得。在倭氏心目中，我與非我的截然劃分是混亂的禍源，要克服這種劃分，我們必須從內在來擴大及改變生命；精神生活必須與宇宙秩序建立一個完整的內在統合，才能與自然既競爭又並存。倭伊鏗認為人的考驗和偉大，表現在兩種層次的生活上：一是人屬於自然的物質世界，與自然有無法分割的聯繫；其次透過與自然的共存，人可以提升精神生活，使自我達到更高的境界。倭氏指出：

> 不可否認的，我們既是物質世界也是精神世界的一部分；然而，我們必須決定，究竟是精神主導物質，還是物質主導精神。
>
> （Dass wir sowohl an der sinnlichen als an einer geistigen Welt teilnehmen, das ist nicht zu verkennen; das fordert jedoch eine Entscheidung, ob das Geistige das Sinnliche oder das Sinnliche

das Geistige beherrscht.）（頁 164）[15]

　　倭伊鏗認為只有從事精神生活，真、善、美才能從自然萬物中昇華；然而精神的理想化不能與物質成就分開，因為偉大精神生活的創造必須奠基於整體生命的作用（Das Schaffen von geistigen Grössen setzt immer ein Wirken des Gesamtlebens voraus，頁 165），否則一切追求真相的努力都將成幻影。倭伊鏗指出，人的特質是從經驗的階段出發，進而到創造的階段（von der Stufe der Erfahrung zu der des Schaffens），並指出精神生活的基礎是「玄學」（Metaphysik）。倭氏所謂玄學，並非什麼飽學之士的迂腐學派，而是生命從本身源頭所出，並持續創新生命（welche das Leben auf seine eigenen Ursprünge führt und aus ihm neues macht）。他將玄學與思辨哲學（Die spekulative Philosophie）做區隔，認為玄學是所有創造及倫理的起源，此處的倫理並非僅指社會倫理或人際倫理，而是一種使人的自我精神能不斷新生的倫理，以便面對變動中的自然與社會；只有如此，人才能一方面既是世界的一部分，另一方面本身又是一個獨立的生命能量（der Mensch erscheint damit als ein Weltwesen, als eine selbständige Lebesenergie，頁 167-168）。中國當年的科學與人生觀論戰，又稱為科學與玄學論戰，原因即在此；人生觀派認同的，是倭伊鏗的主張：玄學是創造生命的泉源。

　　對倭伊鏗而言，人的任務是發揮這種奮鬥向上的基本精神本

15　"Sinnlich" 是「感知」或「覺知」之意，也就是透過身體感官而覺知，強調人的身體的物質性：人是物質世界的一部分。

質；由於精神的本質是奮鬥向上的，所以它會爭取自由，企圖擺
脫自然的限制。然而，要平衡生命爭取無限擴張的趨勢，就必須
要有責任感。倭氏說道：

> 責任感及不斷向上的生命活動必須相輔相成。生命不斷向
> 上的活動如果缺乏責任感，會沉淪為單純的自然本能，然而
> 如果只有責任感而沒有向上的生命活動，就失去樂趣而變成
> 規範，毫無活力。在新的秩序中，向上的生命力及責任感是
> 彼此的支柱；唯有兩者結合，才能成為生命及努力的堅實基
> 礎，唯有兩者並行，才是超越自然的保證。

> （Pflichtgedanke und Lebenserhöhung müssen sich gegenseitig
> unterstützen. Eine Lebenserhöhung ohne Anerkennung der
> Pflicht sinkt leicht zu dem blossen Naturtrieb zurück, eine
> Pflicht aber ohne Lebenserhöhung entbehrt der Freudligkeit und
> kann zu einem geistlosen Regulieren werden. Lebenserhöhung
> und Pflichtgedanke sind miteinander die Pfeiler einer neuen
> Ordnung, nur sie geben dem Leben und Streben eine feste
> Grundlage, nur sie sind sichere Zeugen einer Überlegenheit
> gegen die Nature.）（頁 170-171）

倭伊鏗召喚責任感，以平衡人的無限擴張的本能，與梵樂希
的修辭性問題異曲同工：「知識與責任，你們難道彼此排斥？」
（Savoir et Devoir, vous êtes donc suspects?）[16]。倭伊鏗認為這就是

---

16 Paul Valéry, "La crise de l'esprit," p. 990; "The Crisis of the Mind," p. 24.

中國的道德傳統值得西方學習的地方。對他而言，西方文化致力
於無盡的知識及科技發展，使得道德沉淪，精神無法創新。但
是他相信「全球運動中的整體生命力量」（das Gesamtleben in der
Weltbewegung）可確保人類的向上。其所謂「全球運動」包括領
導性思想的揭示、精神的再教育、偉大人物的出現等等，如此才
能保證整體人類生活走上正確的方向；否則，必然走向災難，世
界大戰就是例子。倭氏認為，自己的思想具有超越性格（unsere
Begriffe behalten einen transzendenten Charakter），而「生命是所
有公理的公理，也是科學的公理」（das Axiom aller Axiome, auch
für die Wissenschaft, 頁 174）[17]。

倭伊鏗的《大思想家的人生觀》

　　要進一步理解倭伊鏗的哲學，我們必須探討其 1890 年的著
作《大思想家的人生觀：柏拉圖以降人生問題的發展史》（*Die
Lebensanschauungen der grossen Denker: Eine Entwicklungsgeschichte
des Lebensproblems der Menschheit von Plato bis zur Gegenwart*）。
此書如與其和張君勱的合著一起閱讀，可更清楚闡釋其關鍵概
念。在此書中，倭氏綜覽西方哲學從柏拉圖到當今的世界觀及
人生哲學。指出啟蒙哲學融合了世俗化、布爾喬亞工作倫理及
個人主義，是希臘哲學的整體人生觀傳統的沒落。副標題「十
八世紀對啟蒙的反彈」（Die Rückschläge gegen die Aufklärung im
18. Jahrhundert）一節中，倭氏指出休姆對人類情感及非理性的

17　Rudolf Eucken and Carsun Chang, *Das Lebensproblem in China und in Europa*.

推崇，盧梭對情感教育的提倡，都是對啟蒙理性及主智主義的反動（頁389-391）。此外，由歌德集大成的德國文學黃金時期，對人生及世界懷抱獨特的看法，基本上也是反對及企圖超越啟蒙的強大運動（eine kräftige Abweisung und gründliche Überwindung der Aufklärung, 頁422）。最能說明倭伊鏗理念的，是其對康德的看法：康德所發展的主體性概念，將自我看成是世界的中心──自我賦予世界秩序及意義。倭伊鏗認為，康德的成就是德國理想主義傳統的結果，是人的認知理論的突破。倭氏特別強調康德的知識系統中道德的角色：真知與真正的道德並不相互牴觸，反而是相輔相成、彼此需要（bei der neuen Fassung rechte Wissen und rechte Moral einander nicht mehr stören, sondern sich gegenseitig fördern und fördern）[18]。倭氏指出，比起前行的哲學家，康德更能明確闡釋感性（sinnlichkeit）、悟性（Verstand）、理性（Vernunft）與真（Wahres）、善（Gutes）、美（Schönes）的意義[19]。中國五四時期對真善美的歌頌，康德的理論是主要來源之一。

　　然而，對倭伊鏗而言，康德有其限制。康德認為我們的認知受限於經驗（Erfahrung）及理性，但倭氏認為，儘管人的認知

---

18 此句引文不見於1904年版，乃出自1907年版，最後三個字是 "fördern und fördern"。Hough 及 Gibson 翻譯為 "each required the assistance of the other"。1922年版把 "fördern und fördern" 修訂為 "ergänzen und fördern"。Cf. Rudolf Eucken, *Die Lebensanschauungen der Grossen Denker* (1907), p. 403; *Complete Works* (2007), vol. 12, p. 416; Hough and Gibson trans., *The Problem of Human Life: As Viewed by the Great Thinkers from Plato to the Present Time*, p. 436.

19 Rudolf Eucken, *Die Lebensanschauungen der Grossen Denker* (1907), p. 408.

基礎是經驗，經驗並不能局限我們的思想（頁406）。倭氏認為
康德的認知體系無法回答有關神、心靈及宇宙等問題，而這些對
人而言是最根本的問題：「我們自古以來所謂的真理，從此永遠
被排除在我們之外」（von aller Wahrheit im alten Sinne werden wir
nunmehr ausgescholossen, ausgeschlossen für immer, 頁408）。要修
正這個缺憾，倭氏認為必須探討其他思想家的看法，並指出，康
德所主張的藝術性人生，主要是更新了柏拉圖的心靈與世界合一
的概念（vor allem der Platonismus mit seiner Verbindung von Seele
und Welt, 頁429）。倭伊鏗認為藝術（art）與幻想（fantasy）可
以超越啟蒙以來的功利主義及布爾喬亞的現世工作倫理；應透
過藝術與幻想來開創新的現實，開展充實的內在教化，開拓具
有更清楚結構及更強烈美感的世界（zu einer neuen Wirklichkeit,
einem Reiche innerer Bildung, einer Welt von reinen Gestalten und
lauterer Schönheit, 頁422）[20]。倭伊鏗指出，浪漫主義運動的成就
及陷阱值得我們重視：被藝術提升到超越一切的自我，強調了
心靈的內在及悸動（seelischer Innerlichkeit und Beweglichkeit）；
然而不可否認地，浪漫主義所標榜的自由流動的情緒（die
freischwebende Stimmung）、無限自由的主體（die "unendlich freie
Subjektivität"）、徒然的自戀（die eitle Selbstbespieglung）及對道
德的慣常蔑視（die...bliche Geringachtung der Moral, 頁442），是
無法真正啟發生命的。總體而言倭伊鏗認為，如果不論其中極端
面相，浪漫主義運動其實具有極大貢獻：相對於斷然將自然萬物

---

20 Cf. Hough and Gibson trans., *The Problem of Human Life: As Viewed by the Great Thinkers From Plato to the Present Time*, p. 458.

視為自我的對立面，浪漫主義使主體回歸自然，與自然萬物分享深刻的靈通，使萬物亦有生。

倭伊鏗對德國哲學家如費希特（Johann Gottlieb Fichte, 1762-1814）、謝林（Friedrich Wilhelm Joseph Schelling, 1775-1854）、黑格爾（Georg Wilhelm Friedrich Hegel, 1770-1831）等的分析，也是強調他們如何連結人生與世界。費希特認為文化是人企圖擺脫非我的束縛的努力，而且相信「人類強化了健全的生命衝動，成果豐碩」；相對的，謝林則將自然視為一個精神的整體（ein inneres Ganzes）及持續的更新流變（ein immer neues Werden）。倭氏認為，如果費希特主張「行為使人類整體的生存蛻變」（gilt es dort eine Verwandlung des ganzen Daseins in Handeln），謝林則在說：「學習創造自我」（Lerne nur, um selbst zu schaffen, 頁452）。倭氏指出，對後者而言，無意識的流變及成長（ein bewusstloses Werden und Wachsen），超越有意識的行為。謝林將現實視為藝術品，相信藝術為人類展開了現實的終極意義，然而倭氏認為其態度過於玄想被動，可能阻礙了個人的主動性（頁451-452）。黑格爾認為思辨的過程成為一個與世界連結的過程，而這種邏輯舉世皆同，必須將思想從特殊個人性解放出來；惟其如此，我們才能上升到客觀思考的高度，不受任何限制束縛，此刻人的理性即與神合一（die menschliche Vernunft wird mit der göttlichen eins, 頁454-455）。但倭伊鏗認為，黑格爾把思辨過程視為統領一切的系統，有吞噬一切內在生命及直覺的危險，使人成為知識過程中毫無意志的工具（ein willenloses Werkzeug, 頁461）。

倭伊鏗舉出士來馬赫（Friedrich Schleiermacher, 1768-1834），

叔本華（Arthur Schopenhauer, 1788-1860）及尼采對理性理想
主義的反動。士來馬赫認為「情」（Gefühl）──直接的自我
意識（unmittelbares Selbstbewusstsein）──不僅是心靈稟賦
（seelenvermögen）之一，而且是所有生命的根基（頁466）。叔
本華認為現實經驗的系統化是透過「感受」（Empfindungen）的
力量，而現實的核心是一種神祕的生命衝動（in einem dunklen
Lebenstriebe），盲目而焦躁不安地掙扎著，完全不受理性控制
（頁468）[21]。叔本華強調直覺及情在形成世界觀時的重要性，認為
生命出自我們的自由行動（in einer freien Tat），或意志的自我肯
定（in einer Selfstbejahung des Willens, 頁470）。對倭伊鏗而言，
叔本華的缺點是只承認盲目的欲望，而無止盡的幸福渴望就控制
了心靈，最終導致棄絕。尼采同樣將生命整體連結到主體的情及
生命衝動，認為生命中一切都是不斷運行流動的，種種充滿強烈
矛盾的力量從整體分裂，受強烈情感牽動（vom starkem Affekt）
的各種行為時時彼此加乘或箝制（頁513）。倭伊鏗認為，相對
於十九世紀寫實主義文化的平庸，尼采的生命觀是新生解放的力
量，讓人一窺原初真理的狀態。然而，尼采的問題是，儘管其生
命觀渾然天成而富有藝術性，卻無法區別事物的核心及人的實踐
（zwisehen einem Kern der Sache und der menschlichen Ausführung
scheiden），無法達到內在的自足；此外，其思想體系並未充分
發展。因此對倭伊鏗而言，主觀主義（subjektivismus）作為一
個哲學趨勢，無法顯示生命的重要內涵，也無法給予生命一個具

---

21 Hough and Gibson trans., *The Problem of Human Life: As Viewed by the Great Thinkers From Plato to the Present Time*, p. 511.

有啟發性及統合性的意義；生命真相及社會生活的內在凝聚也喪失了。對倭氏而言，主觀主義是一個必須超越的時代現象（eine Zeiterscheinung, 頁515）。

倭伊鏗基本上是一個理想主義者，惋惜哲學已經變成一種認識論的思辨（Reflexion erkenntnistheoretischer Art, 頁518）。他相信當今世界渴望「生命的鞏固及深化」，批判啟蒙理性過於淺薄（eine flachfrohe Aufklärung），並提倡玄學，取代思辨哲學（頁517-518）。倭氏相信德國哲學傳統中的心靈開創（geistiges Schaffen）特性在今天越來越受期待，因此鼓吹轉向玄學（eine Wendung zur Metaphysik），以確保我們的精神自我（unser geistiges Selbst）及其理解真理全面的可能性；人的任務是建立精神生活的堅實基礎。我們今天困頓紛擾的時代顯示，人只能靠自己的行動（nur durch eigenes Tun）才能探索到自身內在深處本質；人既是自我的創造者，也是共同建構宇宙的夥伴（Mitarbeiter am Bau des Alls）；人不是向外尋找支持的力量，而是從自己的內在世界。倭氏結語說，在高度的精神生活中，並非時代創造人，而是人創造時代（nicht die Zeiten die Menschen, sondern die Menschen die Zeiten machen, 頁518-519）。

張君勱與倭伊鏗兩人的邂逅，表面上是梁啟超與張君勱去找倭伊鏗，要去向西方取經，但事實上是他們事先做了選擇，專程與其對談。中國當時主流思潮提倡科學、主張全面西化，打倒孔家店的口號徹底否認傳統的存在價值。梁啟超所帶領的青年知識分子，從倭伊鏗反映的歐洲反啟蒙思想中，找到中國傳統的新生命。另一方面，對倭伊鏗而言，面對梁啟超與張君勱，面對中國文化，正是其反省自我、反省歐洲的一個契機。倭氏談論中國哲

學之時，思考的是歐洲哲學的問題所在；其大力推崇的中國哲學長處，正是其心目中西方思想所欠缺的面向。雙方的邂逅、接觸，顯現了自我與他者之間其實是一個鏡像關係。我們從他者身上看到自我，體認自我的優、缺點。跨文化的意義，在於面對異文化即自我反省的契機，領悟到自我與他者的鏡像關係，看見自我中的他者、他者中的自我。而自我檢討的目的，是開創一個全新的自我。梁啟超與張君勱受到倭伊鏗的啟發，重新肯定傳統中國儒釋道的精神，是保守？無論中西方，往往從過去傳統尋找重新開創自我的泉源，而與他者的接觸經常是觸發探詢自我的媒介。梁啟超等人從儒家思想的日新又新的訓示中，找到倭伊鏗所主張的開創自我精神。

「人生觀」的日譯

　　1918年張君勱會見倭伊鏗之後，回到巴黎，當地的中國留學生希望他能夠做個演講，談談他跟倭伊鏗見面的一手資料。張氏於是做了兩次談話，後來於1921年發表一篇文章，題為〈倭伊鏗精神生活哲學大概〉，稱倭伊鏗的Lebensanschauungen為「生活哲學」、或者「生活觀」，並未直接就用「人生觀」。這個詞也出現過一次，但全篇文章主要是用生活觀，或生活哲學[22]。但1923年的〈人生觀〉，自始至終都用「人生觀」一詞。此語彙事實上是日文翻譯，後來在中國的科學與人生觀論戰期間，

22　張君勱（君勱），〈倭伊鏗精神生活哲學大概〉，《改造》3卷7期（1921年3月），頁1-18。

變成是通用的語彙。1912年日本學者安倍能成（1883-1966），
將倭伊鏗的著作翻譯成《大思想家の人生観》[23]。翻譯倭伊鏗的
"Lebensanschauungen"時，安倍用轉借自中文的日文語彙「人
生」（じんせい），加上「觀念」（かんねん），合起來就變成了
「人生觀」。日文譯本出版時，附上了倭伊鏗序文的德文手稿影
本。倭氏想像，在解決人生問題的共同努力上，東西方串連起來
了：

> 本書的發展，在西方並未完結，仍須繼續研究努力。對我
> 們而言，最有價值的是，東方正積極努力參與此精神運動
> （an der geistigen Bewegung teilnimmt），我們正結合彼此的
> 力量，朝向人類遠大的目標邁進。[24]

　　安倍的翻譯在兩年中出到第五版，影響所及，數十年間無數
日本知識分子開始討論人生觀的問題。此後人生觀、世界觀、
社會觀、宇宙觀等語彙成為日本日常用語。日本積極追求西方
文明、戰爭連連、無限殖民擴張之際，日人普遍苦於精神流離
失所，倭伊鏗對啟蒙進步史觀的批判，對精神生活（Geistleben）
及自我修養的呼籲，顯然大受歡迎。
　　倭伊鏗的人生哲學在日本觸發了一波自我檢討的趨勢；「人

---

23 安倍能成譯，《大思想家の人生観》（東京：東亞堂書房，[1912] 1913，第五
　　版），是根據倭伊鏗原文的第七版（1911）翻譯的，並參考Hough與Gibson於
　　1910年的英文翻譯。參見安倍能成，〈凡例〉，《大思想家の人生観》，頁1。
24 倭伊鏗，〈無題之序〉，收入安倍能成譯，《大思想家の人生観》，正文前，無
　　頁碼。

生觀」一詞引發日人探討自身的精神真理，檢視儒家及道家傳統是否足以解決人生問題？[25]1916年真井覺深發表《弘法大師の人生觀》。弘法大師即平安時代創辦真言宗的空海。真井指出，佛教的中心議題是人生問題；空海從儒學進入佛學的原因，即因其認為後者比前者更能解決人生問題[26]。真井引用空海在797年所寫的《三教指歸》，指出空海早年心心念念追求生之起源、現世及死亡等問題（頁17-18）；留學中國後空海創辦了真言宗，其中心思想也轉為追求「宇宙最高の真理」：「天地同根，萬物一體」（頁36-37）。根據真井，此真理導引至一個概念：「變化」是宇宙的本質；宇宙間沒有任何事物是固定不變的（頁39）。由佛教出發，真井等於演繹了倭伊鏗的生命為整體（unity）的概念：人與世界萬物、宇宙是生命共同體；也演繹了倭伊鏗在分析現代歐陸哲學時所指出的「變化」概念：有變化才有創新，如果僵化、一成不變的話，那就如一潭死水，沒有未來。

　　藤原正於1924年出版《人生觀的基礎》，認為要奠定人生觀時，有三個出發點，一是主觀的，一是客觀的，一是絕對的[27]。所謂主觀的，就是「自他未分」，以自我為世界的中心點；客觀

---

25 有關此主題的書，包括白石喜之助，《基督教の宇宙觀及び人生觀》（東京：教文館，1913）；人生哲學研究會編，《近代人の人生觀》（東京：越三堂，1925）；鈴木重雄，《世界觀・國家觀・人生觀》（東京：第一公論社，1942）。

26 真井覺深，《弘法大師の人生觀》（東京：六大新報社，1916），頁7、13。此書是真井的演講紀錄，於1916年6月15日京都所舉辦的弘法大師1千1百43年冥誕發表。

27 藤原正，〈人生觀の基礎〉，收入北海道林業會編，《野幌林間大學演講集第一輯》（野幌：北海道林業會，1924），頁111-120。

的是「自他分別」，「我」是「我」，「非我」是「非我」，兩者
是隔絕的，也就是倭伊鏗說的西方思想的問題所在；所謂「絕
對」就是「自他圓融」，主體視自我為整體的一部分，呼籲部分
與整體的融合。對藤原而言，絕對的立場整合了主觀與客觀的立
場。雖然他這篇短文並未特別提到那些哲學家，但是他所使用的
語彙，包括人生觀、自意識、真、善、美、知、情、意等等，顯
示他正參與康德以來有關主體性的辯論，而且顯示他贊成倭伊鏗
的概念：自我與世界是一體的。

　　二十世紀前半葉，無論中日，在討論人生觀問題時，均回
歸到儒釋道傳統，並檢視自我與世界的關係。在日本，此趨勢
事實上必須回溯到京都學派的領袖西田幾多郎（1870-1945），其
1911年的《善の研究》是最早思考此類議題的著作，在倭伊鏗
思想傳入日本之際，奠定了討論相關議題的日文語彙。

西田幾多郎：何謂生命？

　　生命とは如何なるものであるか。

　　　　　　　　　　　　　　　　　　　──西田幾多郎

　　最能代表日本對啟蒙理性的批判的，是京都學派哲學，西田
幾多郎的「生命主義」是近年日本學界重要課題[28]。1887或1888

---

28 參考中村雄二郎，〈哲学における生命主義〉，收入鈴木貞美編，《大正生命
　　主義と現代》（東京：河出書房新社，1995），頁2-25；有田和臣，〈生命主
　　義哲学から生命主義文芸論への階梯──生命主義者としての西田幾多郎、
　　その小林秀雄に与えた影響の一側面──〉，《京都語文》18期（2011年11

年間，西田寫信給高中同學山本良吉時，已經提到「精神不朽」
的問題，主張「宗教心是自我的智力所不能及的所在」（宗教心
ハ己ノ智力及ハサル所，3-7）[29]。根據上山春平的說法，西田在這
兩封信中已經表現了他對啟蒙理性的抗拒[30]。他儒學基礎深厚，
西方哲學訓練嚴謹，同時從二十八歲起就幾乎每日坐禪，往往一
次長達兩、三小時，作為自我修養的方法。西田被譽為日本最有
原創力的思想家，事實上是汲取融合了東西方思想的泉源。

　　西田的著作數度提到倭伊鏗，並清楚倭伊鏗與柏格森的淵
源，提到前者時，必定與後者並論。1916年，西田批評倭伊鏗
太急於提倡精神生活，以至於「缺乏縝密深刻的內省」（精細
な深い省を缺いて居る，1: 364）[31]。然而，即使西田不認為倭伊
鏗是深刻的思想家，兩人還是有許多相通的概念。西田這些概
念，若非來自倭伊鏗本人，乃來自於其對柏格森，德國思想家
如叔本華、尼采、謝林、黑格爾，美國思想家如杜威、詹姆士
（William James, 1842-1910）等的理解。

　　西田與倭伊鏗的相似之處，可由西田的閱讀筆記一覽無遺。
這些筆記大約是1905年所記，是研究日本哲學翻譯語彙的最重

月26日），頁153-173。有田和臣指出，西田的生命主義思想主張，理性所
統御的認識活動以生命的原動力為基礎；西田與中井宗太郎、阿部次郎是大
正生命主義的重要推手，主張「藝術作品顯露了人的內在生命，創造了人
格」，成為1910、20年代日本美術批評界的主流。

29　西田幾多郎，《書簡集一》（1887-1937），《西田幾多郎全集》卷18（東京：
　　岩波書店，［1947］1978年第三版）。

30　上山春平編，《西田幾多郎》（東京：中央公論社，1970），頁51-52。

31　西田幾多郎，〈現代の哲學〉（1916），《西田幾多郎全集》卷1，頁334-368。

要資料。其中所思考的許多語彙，日後將發展成為其哲學體系中的關鍵概念，例如「直接經驗」、「純粹經驗」等。在「直接經驗」一欄，注明了德文 "Unmittelbare Erfahrung"，並指出其若干特性，例如「主客同一」。西田認為，一旦牽涉到理性思辨，主體就與客體分離了（思惟となると主と客と離れる，16: 274）[32]。倭伊鏗的相同主張，由前文從《中國與歐洲的人生問題》所引用的文字，即可明確看出：「感知存有 [das sinnliche Dasein] 顯示了感官印象的直接觸動 [eine unmittelbare Berührung der Eindrücke] [……] 相對的，理性思辨 [das Denken] 則傾向於將我與非我截然劃分」。顯然，此處倭伊鏗所謂的 "eine unmittelbare Berührung der Eindrücke"，與西田所謂的 "Unmittelbare Erfahrung"，異曲同工；對兩者而言，「直接經驗」的領域是主客合一的。此外，倭伊鏗認為精神生活有不斷向上提升到更高境界的傾向，西田則認為直接經驗是動態的，而非靜態的。

倭伊鏗籠統地將 "eine unmittelbare Berührung der Eindrücke" 描述為「形成一股源源不絕的事件流動」（es bildet einen fortlaufenden Strom des Geschehens），西田則費心定義與「直接經驗」相關的種種概念。對西田而言，直接經驗的特色是「意識統一」，而且是主動的（能働的），不是被動的（所働的）。它先於思考與判斷，是一種單純的意識或「無意識」（16: 277）。西田也將之與情意、意志（意思）、直覺做區隔，認為：「所有情意是直接經驗的結果」（情意は凡て直接經驗の事實である）；

---

32 西田幾多郎，〈純粹經驗に關する斷章〉（有關純粹經驗的斷片；未發表遺稿），《西田幾多郎全集》卷16，頁267-572。

「直接經驗的結果有別於知覺的直覺，等同於衝動的意志」（衝動的意思）；「直覺是一種能量」（Energie）；「直覺是原文；理性思辨是注釋」（16: 275-276）。更值得注意的，可能是西田在括號中的陳述：「直接經驗背後有無限神祕的祕密」（直接經驗の背後には無限の神祕的祕密がある，16: 275）。這句話充分透露其信念：直接經驗是超越理性分析能力的。

西田1916年的文章〈現代の哲學〉中，對啟蒙理性的態度昭然若揭。他認為「在啟蒙哲學中一切神祕的事物都被排除了」（啟蒙哲學に於て凡ての神祕的なるものは排除せられ），人的理性則成為最高權威：

> 啟蒙哲學的理性充其量只是自然科學的理解力。知性的個人被認為是所有事物的最高權威。要尋求支配我們精神的最終權威，若只從邏輯理解著手，將人視為遵循邏輯理解原則的機器，恐怕反而是大大壓抑了人性。
>
> （啟蒙哲學の理性といふのは自然科學的理解力に過ぎなかつた。悟性的個人 Verständiges Einzelwesen といふものがすべての物の最高權威と認められるにすぎなかつた。我々の精神を支配する最終の權威を單に論理的理解に求め、人間を論理的理解の法則に從ふ機械の如くに見做すのは、却つて人性に對する大なる抑壓ではなかろうか。）（1: 335）[33]

---

33 西田幾多郎，〈現代の哲學〉。對理性及科學的批判，是京都學派的共同趨勢。田邊元的「對理性的絕對批判」（the absolute critique of reason），目的

對西田而言，康德代表啟蒙理性的高峰，康德在哲學上的成就，可比擬哥白尼（Nicolaus Copernicus, 1473-1543）在自然科學上的成就[34]。然而，終其一生，西田以思辨哲學最有效的工具——辯證法——來批判康德的理性思維。這篇文章分析了新康德學派、胡賽爾學派、柏格森，最後呼籲回歸「情的故鄉」（情の故鄉，1: 341）[35]。所謂「情的故鄉」，指涉諾瓦力斯（Julian Schmidt Novallis, 1818-1886）的小說《奧夫特爾丁根》（*Heinrich von Ofterdingen, 1802*）中，抒情詩人所嚮往的境界，以藍色花朵（青の花，1: 368）為象徵。小說1876年版的序言寫道：「直到今天，『藍色花朵』仍是浪漫詩歌的通俗說法」[36]。然而在西田

是「揭露理性的限制及另類力量的能量」；西谷啟治則指出，科學及「科技的思考已經導致外在社會的理性化，包括其運作模式及人際關係，以至於人性從整體圖像中被抹煞了」。參James W. Heisig, *Philosophers of Nothingness: An Esssay on the Kyoto School* (Honolulu: University of Hawai'i Press, 2001), pp. 157-162、238-241.

34 有關日本的康德研究史，參考牧野英二著，廖欽彬譯，〈日本的康德研究史與今日的課題〉及〈日本康德研究的意義與課題〉（1946-2013），收入李明輝編，《康德哲學在東亞》（臺北：國立臺灣大學出版中心，2016），頁85-185。

35 西田幾多郎，〈現代の哲學〉。Heinrich von Ofterdingen是傳說中的十三世紀德國抒情詩人，據說在1260年贏得瓦爾特堡（Wartburg）歌唱大賽。參Julian Schmidt Novallis, *Heinrich von Ofterdingen* (Leipzig: Brockhaus, 1876). 此傳說啟發了許多歐洲藝術家的作品，包括E. T. A. Hoffmann的小說 *Der Kampf der Sänger* (The Singers' Contest, 1819)、Heinrich Heine的諷刺詩 "Elementargeister"（荒野的幽靈；1837）以及華格納的歌劇 *Tannhäuser und der Sängerkrieg auf Wartburg*（唐懷瑟及瓦爾特堡的歌唱大賽；1843）。

36 參Julian Schmidt Novallis, "Preface," *Heinrich von Ofterdingen* (Leipzig: Brockhaus, 1876), pp. v-xxiii: "Noch heute ist die 'blaue Blume' eine populäre Bezeichnung für die romantische Poesie."

心目中，情有更深刻的意義。他指出，對諾瓦力斯而言，「萬物
融於詩中，一切有情（Gemüt）；如光照萬物，顯其顏色，情亦
普照萬物」（1: 340-341）[37]。他詢問：「今天的哲學界，誰會發現
Heinrich的『藍色花朵』？」（1: 368）。對情的故鄉的渴望，無
疑可追溯到盧梭。對西田而言，情的論述與中國哲學當然是相連
結的，1919年1月的日記如此記載：「真理顯現於情之中，Duns
Scotus の sapientia（智慧，西田的拉丁文）並非反理性，而是超
越理性。中國哲學的基礎不正是情嗎？」（17: 361）[38]

西田所謂的「情」，也就是德文的 "Gemüt"，對其而言是一
種「宗教的直觀」或「宗教的感情」（1: 340-341）[39]。西田認為諾
瓦力斯的世界中萬物皆情，而這正與佛教的宇宙觀相同：一切
有情。日文「有情」乃由梵文 "sattva" 翻譯而來；此字亦翻譯為
「眾生」[40]。習於坐禪的西田，順理成章地將諾瓦力斯的浪漫情愫
翻譯成佛教的「一切有情」。西田所謂的「宗教的直觀」，乃從
費希特的「知的直觀」（intellektuelle Anschauung）概念而來。

---

37 西田幾多郎，〈現代の哲學〉。

38 西田幾多郎，《日記》（1897-1945），《西田幾多郎全集》卷17。

39 西田幾多郎，〈現代の哲學〉。西田在此提供德文 "Gemüt"，《全集》誤植為 "Gemüth"。

40 參考慧琳（唐），《一切經音義》，收入《大正新修大藏經》第54冊（臺北：新文豐，1983），頁621：「有情　梵言薩埵薩者此云有埵此言情故言有情言眾生者案本作梵本僕呼膳那此云眾生語名別也。」最近的研究，參考何石彬，《《阿毗達磨俱舍論》研究：以緣起、有情與解脫為中心》（北京：宗教文化出版社，2009），頁114：「佛教所說的有情（sattva，音譯作薩多婆、薩埵縛或薩埵，舊譯作眾生）指一切有情識的生命形式。」感謝我的同事廖肇亨幫助我了解佛教「眾生有情」的概念。

根據西田的說法，費希特此語彙的意義是「主觀與客觀的合一」（主観と客観とが合一，1: 339）[41]。如果我們檢視其如何比較費希特與康德，可以對此概念有進一步的理解。

根據西田的說法，康德擁抱啟蒙理性（啟蒙思潮と同一傾向である），對康德而言，我們的客觀知識是靠「純粹統覺」的綜合而成立的：自然科學的世界透過「純我」的「綜合作用」而成立，而「純我」是「自然的立法者」（頁336）。對康德而言，「我」並非「心理學上的我」（心理的我），亦非「個人性的主觀」（個人的主観），而是「先驗的主觀」；並非「存在的意識」，而是「價值意識」（頁336）。康德認為，經驗的世界，也就是客觀的知識，乃透過純我的綜合而成立，同時，人所無法理解的物自體是不可或缺的前提。西田認為，康德的純我絕非世界的「創造者」（生產者），而僅是世界的「構成者」。對西田而言，康德無法達到純我的深層根基。

相對的，西田認為費希特雖然也如康德主張「純我」，卻摒棄物自體的前提；費希特所提倡的，是浪漫哲學的「純主觀主義」。西田指出，對康德而言，外來的「感覺的內容」由直覺（intuition, or Anschauung）統合後，成為「經驗的直覺」，也就是「知覺」；然後透過理性理解的種種「範疇」，組織成「知識」，亦即「經驗」。因此對康德而言，純我充其量不過是此類「形式的統一」的根基；相對的，對費希特而言，「我」具有「創造的作用」，自身可流變。西田對費希特「自我哲學」[Ich-Philosophie]的分析，令人聯想到傅柯的「自我技藝」（technology of the self）

---

41 西田幾多郎，〈現代の哲學〉。

或「自我對自我的工作」（le travail de soi sur soi）[42]，後者應該是受到費希特的啟發。西田此處是討論費希特的工夫論，即自我修養：「所謂我，是對自我的工作」（我が我に對して働くといふこと），並引用其德文："Der Begriff oder das Denken des Ich besteht in dem auf sich Handeln des Ich selbst"及"das Setzen des Ich durch sich selbst"（透過自我所建立的我，1: 338-339）。亦即，對費希特而言，我既是工作的人，也是工作的產品（Das Ich ist... zugleich das Handelnde, und das Produkt der Handlung, 1: 339）。西田最後認為，根據費希特的我之定義，所謂自我意識（自覺），就是思考者與被思考者合一（自覺に於ては考へるものと、考へられるものとが一であつて），因此費希特所謂的"intellektuelle Anschauung"（知的直觀），就是主觀與客觀合一（1: 339）。

　　然而，要進一步理解"intellektuelle Anschauung"在西田哲學體系中的意義，我們必須探究《善的研究》的第四章，標題正是〈知的直觀〉。西田認為，此語彙意指「直覺」，是超越經驗的，也就是藝術家及宗教家常有的直覺：

　　　　所謂知的直觀，有人認為是一種特別神祕的能力，有人認為是完全超越經驗事實的想像力或幻想（空想）[……]莫札特作曲時，即使是冗長的曲子，他也能憑直覺看到全體，有如看見一幅畫或是一具站立的雕像[……]例如宗教家的

42　參考何乏筆，〈內在超越重探──韋伯論「基督工夫」與資本主義精神的創造轉化〉，收入劉述先、林月惠編，《當代儒家與西方文化（宗教篇）》（臺北：中央研究院中國文哲研究所，2005），頁91-124。傅柯所謂le travail de soi sur soi，何乏筆翻譯為「自我對自我的工作」（頁92）。

直覺，可體會到因愛所生的他我合一的直覺，也就是其極致
境界［……］從直接經驗的觀點而言，想像力與真理的直覺
（真の直覺）是同性質的，只不過其統領的範圍大小有別罷
了。（1: 40-41）[43]

由此可見，對西田而言，直接經驗與直覺是對抗啟蒙理性的
關鍵概念，而必須從藝術與宗教來闡釋這些概念。1899年12月
20日西田寫給山本良吉的信，認為禪宗是達到「思想統一」（思
想ノ統一）的「最捷徑」（18: 51）[44]。至於西田所謂的「思想統
一」，必須從其宗教實踐來觀察。由其日記可得知，從1898年起
西田開始練習打坐，1901年後也稱為靜坐或坐禪。他幾乎日日
為之，有時從晚上九點一直到十二點，連續三小時。坐禪的目的
是冥想宇宙真理，亦即道。1901年2月14日的日記，西田感嘆
欲望往往阻礙其達成冥想道的目標：

　我冥想道的意志薄弱，日復一日不知幾回，由於少許欲
望，由於些許肉慾（些々の肉慾の為め），而使我忘了道
［……］原因之一是我缺乏克己的意志力（余が克己の意力
に乏しきによる，17: 51）。[45]

同年3月23日，西田渴望放棄肉身（此の肉身を放棄せよ，

---

43 西田幾多郎，《善の研究》（1911），《西田幾多郎全集》卷1，頁1-200。
44 西田幾多郎，《書簡集一》（1887-1937），《西田幾多郎全集》卷18。
45 西田幾多郎，《日記》（1897-1945），《西田幾多郎全集》卷17。

17: 53）。1903年1月1日，他終日坐禪，卻因身體不適，又因即將出國、升等為教授等，使其無法集中精神，結果無法達到純一的境界（純一になれぬ，17: 101）。在日記中我們看見，打禪時他往往在欲望與冥想真理之間掙扎，致力於克己、忘我，進而與道合一。對西田而言，禪是自我對自我的工作，1905年2月7日日記如此說明打坐的工夫：「最大的勇氣就是戰勝自己，最大的事業是改善自我」（17: 134）。偶爾成功時，他難掩喜悅。7月19日記：「禪是音樂，禪是美術，禪是運動。除此之外心的慰藉不可求」（17: 148）。坐禪是一種身心合一的工夫，而對西田而言，最大的功課就是忘記身體與自我，使精神與道合一；也就是說，達到主體與客體的合一。

在〈有關純粹經驗的斷片〉中，題為「宗教的修養」的一節，克己的艱難工夫被視為與道合一的途徑：「知道自己的無力並摒棄之，歸依支配自己與宇宙的大威神力，並乘其前行，這就是宗教心」（16: 433）。對西田而言，宗教是心的問題，而無關理性。由於其宗教情感傾向，無怪乎特別喜愛法國哲學家如曼恩・德・比朗（Maine de Biran, 1766-1824），尤其是柏格森。1936年的文章〈有關法國哲學的感想〉，清楚展露其態度。對西田而言，法國哲學與德國或英國哲學不同之處，在於其「訴諸直覺的思考方式」（考え方の直感的なこと）。西田認為，雖然笛卡兒被公認為理性哲學的起始者，但是其思維是直覺式的。他指出法文 sens 這個字，來自 sentir（感覺），sens 不等同於英文的 sense 或德文的 Sinn。雖然字典將這三個字看成是對等的，都是「感覺」或「意指」的意思，然而法文 sens 意指「心的知識」（心によつての知；connaissance par coeur, 或 sens intime），正是

柏格森的 la durée（純粹持續）概念及德・比朗哲學的核心（12: 126-127）[46]。

西田也看重 sens 這個字與日常生活的連結，認為此字一方面可以從內在的意義來考量，一方面也有社會面、常識面的意義，乃是不受概念制約的直覺（概念に制約せられない直感）。西田認為蒙田是不尋常的哲學家，因其以日常語言討論日常課題（日常的題目を日常的に論じた）時，其中的真理遠優於深奧的哲學體系。西田同意蒙田的看法，認為歷史現實的世界就是日常生活的世界；而日常生活是哲學的起點，也是哲學的終點，是希臘字母的第一個字母 α（alpha），亦是最後一個字母 ω（omega）（そこが哲學のアルファでもオメガでもある，12: 127）。

1911 年《善的研究》初版自序指出，即使書前半部討論哲學議題，全書的中心其實是人生問題（人生の問題が中心であり），結論亦如是（1: 4）[47]。對西田而言，人生的問題在於主體與客體的分離，而「意識統一」的最高境界是「主客合一」、「物我一體」，這也是人與神合一的境界（1: 171-172）。西田的哲學生涯始終在探討這個概念。要徹底了解其生命及宗教哲學，我們必須檢驗其晚年最後兩篇文章，分別寫於 1944 年及 1945 年：〈生命〉與〈場所的論理と宗教的世界觀〉（場所的邏輯與宗教

---

46 西田幾多郎，〈フランス哲學についての感想〉，《西田幾多郎全集》卷 12，頁 126-130。西田翻譯 sens 的片假名是サン，表示他認為最後的 s 不發音。但，雖然法文許多字結尾的 s 不發音，sens 乃例外之一。正確的翻譯應該是サンス。

47 西田幾多郎，《善的研究》（1911），《西田幾多郎全集》卷 1。

的世界觀）[48]。

　　〈生命〉一文反省蘇格蘭生理學家哈爾登（John Scott Haldane, 1860-1936）的《哲學的生物學基礎》（1931）[49]。首先，西田表示，雖然物理及化學的定理及公式闡釋了時間、空間、物質及能源的原理，然而在面對生命現象時，這些定理公式的道理並非那麼清楚（生命現象に至ると原理や公理は、どうしてもそれ程明でない，11: 289）[50]。西田指出，雖然生機學被普遍排斥，要理解有機體的生命活動，就必須超越大多數生理學家所主張的、將有機體簡化為「機械裝置」的機械論（11: 290-291）。西田同意哈爾登的意見：「一個有機體的各部分與環境之間的關

48　西田幾多郎，〈生命〉（1944），《西田幾多郎全集》卷11，頁289-370；〈場所の論理と宗教的世界觀〉（場所的邏輯與宗教的世界觀，1945），《西田幾多郎全集》卷11，頁371-464。

49　J. S. Haldane, *The Philosophical Basis of Biology: Donnellan Lectures, University of Dublin, 1930* (London: Hodder and Stoughton Limited, 1931).哈爾登為蘇格蘭生物學家，此書主旨在於說明，探討生命及有意識的行為時，伽利略及其後繼者所發展的物理學是不足的。然而，生物學家及生理學均視物理學為普遍真理，因此限制了生物學與生理學的發展。哈爾登認為有關生育之類的生命活動（vital activity），以及有關遺傳及物種特性的現象，無法以物理化學或機械定理來解釋，因此致力探討「哲學的生物學基礎」。對其而言，生物學是對我們物質存有的生物性詮釋；相對於物理及化學定理，生命的關鍵概念是南非及英國政治家及哲學家 Jan Smuts（1870-1950）所說的「整體化」（holism），也就是「整個個體的動態顯現」（the active manifestation of a persistent whole）。

50　西田此處幾乎是逐字翻譯哈爾登的文本："When, however, we come to the phenomena of life, the principles and axioms appear by no means so clear." Cf. J. S. Haldane, *The Philosophical Basis of Biology*, pp. 7-8.

係，具有此特性——一個正常的個體結構與環境間維持著能働的關係」，而非僅是作用與反作用的關係（11: 292）[51]。西田此處特別強調「能働的維持」的概念；根據哈爾登，這就是生命的特性。西田宣稱自己從「徹底的實證主義立場」，贊成哈爾登的看法：生命可以用生物學的科學定理來解釋；演化論並非機械論。然而，對西田而言，如同所有科學定理，生物學定理仍然不足，因為它排斥了直覺。西田認為生命奠基於生命的自覺（生命は生命の自覺によらなければならない，11: 294）[52]。

西田從1924年起發展的「場所」概念，討論的就是生命的自覺。遊佐美智子為西田這個概念下了一個簡潔的定義：「『場所』事實上是意識運作的空間隱喻」（頁204）[53]，並指出西田此概念與現象學、亞里士多德及柏拉圖的關係（頁202-204）[54]。然

---

51 西田此處的日文直接翻譯哈爾登的文本："We Perceive the relations of the parts and environment of an organism as being of such nature that a normal and specific structure and environment is actively maintained." Cf. J. S. Haldane, *The Philosophical Basis of Biology*, p. 18.

52 對哈爾登而言，生物學處理的，是有機體在生命的能動性維持中，「盲目的」或無意識的行為；牽涉到有意識的行為、直覺、記憶及個性等現象時，我們就進入了另一個科學領域—心理學。參 J. S. Haldane, *The Philosophical Basis of Biology*, pp. 98-103.

53 Michiko Yusa, *Zen & Philosophy: An Intellectual Biography of Nishida Kitarō (Honolulu, HI。: University of Hawai'i Press, 2002)*: "'Basho' is in fact a spatial metaphor for the workings of consciousness." 此書第十六章題為 "The Logic of the Topos," 指出西田從1924年起，開始發展「場所」的概念。

54 遊佐指出，西田的「場所」理論來自於他對現象學方法的批判；「現象學無法完全去除客觀的立場」（頁202），相對地，西田則認為「認知的主體統合了現世的與超越的，普遍的與特定的」（頁202）。遊佐認為，西田的

而，我們如果從西田哲學另一個關鍵概念——矛盾的自己同一
——來思考「場所」的意涵，那麼「場所」就是隨著時間的演
進，由無限「自己否定」及「自己肯定」所組成的自我，最終成
為一個統一的自我的所在。在此所在，不斷對自己工作的自我，
歷經了自我形成、也就是自我創造的過程。從此觀點來看，我們
可以說「場所」不僅是空間的隱喻，也是時間的隱喻，詳見下
文。

　　在討論「矛盾的自己同一」時，西田以數學的集合論來闡
釋[55]，關心個體的全體性關係（一つの全體の關係）：個體之中包
含了無數的形體，這些形體不斷地被比較、被創新成新形體；然
而在自我中有一個中心點，就是「焦點」。西田指出這個焦點的
拉丁文名稱 "punctum saliens"（意為「跳躍的起點」）；這是沿著
直線無限前行的起點，而非固定的定點。更精確地說，這是一個

「無」的理論比亞里士多德的「實體」（substance）概念更進一步：亞里士多
德認為「實體」是文法上沒有任何述語的主語（substance is the grammatical
subject that is not predicated of anything else），西田則認為「實體」（或是文法
上的主語）「必須統合所有的述語」（must unify infinite predicates）。因此她認
為「場所」意指一個不變的空間，在當中存在著所有時時變易的事物；由於
這個不變的空間「並非我們意識的操作所能清楚體會的」，所以可說是「無」。
遊佐並認為西田受到柏拉圖的 *Timaeus* 啟發，其中有關「空間」（place）的意
象，比比皆是：「流變，流變的『所在』，流變被複製與生產的『來源之處』」
（"the becoming, that 'wherein' it becomes, and the source 'wherefrom' the becoming
is copied and produduced"; p. 204). 然而，任何人若非對道家文學完全陌生，
立即可以察覺，西田的「無」生萬物的概念與道家思想有關聯。

55 「集合論的中心難題是無限集合的概念」，引自〈集合論簡介〉，網址：http://
people.linux.org.tw/~cwhuang/pub/math/logic/set.html，2012年12月30日閱覽。

無限前行的「座標的原點」（11: 242-243）[56]。因此在其定義下，所謂「焦點」就是自己定義自身的「自覺點」，有如 Modul（西田提供的德文，意為「整體的基本元素」）；以此基本元素為起點，自我可以進行無限的自我創造（11: 242）。就個體與其他個體的關係而言，「場所」就是無限個體共存（共存的）、互相反映（自己自身を映す）、交互轉換（互に轉換的）的所在。所謂自覺並非一個封閉的個體內部所產生的，而是與其他個體的互動而產生。因此，對西田而言，任何個體只要包涵了「自我表現的要素」，從中就可見所有生命的法則（11: 242-245）。

對西田而言，所謂時間，是「多元自我否定所形成的一」，相對的，空間則是「個體的自我否定所形成的多元」（時間を多くの自己否定的一と云ひ、之に反して空間を一の自己否定的多と云ふ）。因此「場所」在其定義下，即「多元與一形成的自己同一的場所」（多と一との矛盾的自己同一的場所），而如此定義的「自我限定」──或自我定義──就包括了時間及空間的運作（11: 245-246）。在此意義下，我們可以說，對西田而言，「場所」是自覺運作的時間及空間的隱喻。相對於康德將時間看成是先驗的形式，西田認為，時間及空間是「矛盾的自我同一的世界」所運行的兩個方向。因此，不斷在對自我工作的自我，一方面已經生成了，一方面又繼續流變，可以思考任何時空中的事物（作られて作る我々の働く自己によつて何處までも考へられる，11: 247）。

---

56 西田幾多郎，〈數學の哲學的基礎附け〉（1945），《西田幾多郎全集》卷11，頁237-285。

　　最重要的是，在〈場所的邏輯與宗教的世界觀〉中，為了進一步發展「場所」在宗教上的意涵，西田申論「絕對矛盾的自己同一」的概念。此概念是其 1939 年所提出，討論個體與世界的關係[57]。在此「絕對」一詞被賦予宗教意義，而「絕對者」指的是神。西田指出，任何人內心深處都有宗教心，只不過許多人並未自覺到，並認為宗教信仰並非客觀事實；對自我而言，宗教信仰是「絕對的事實」（絕對の事實），也就是其友人鈴木大拙所說的「靈性」（11: 418）[58]。西田認為，在自我的深處，總是有超越自我——應說是超越矛盾的自我——的意志。所謂矛盾的自我，表示自我迷失了，而自我的同一即為「發現真我」（真の自己自身を見出す），於此宗教信仰就成立了。西田認為，宗教信仰就主觀而言是「安心」，就客觀而言是「救濟」。他以主語／述語的二分法來說明：向外就主語而言，自我是欲望的自我；向內就述語而言，自我則是理性的。就心理的層面而言，自我不僅是感官的或意志的，而是此兩方向的「絕對矛盾的自我的同一」。

　　對西田而言，進入宗教信仰代表自我的「絕對的轉換」，也就是「回心」，或心的轉換（11: 418-419）。此處「安心」、「救濟」、「回心」，都是佛教語彙。求「本心」是《楞嚴經》的關

57　西田幾多郎，〈絕對矛盾的自己同一〉（1939），《西田幾多郎全集》卷9，頁147-222。此文的簡介，參考 Michiko Yusa, *Zen & Philosophy*, pp. 296-297. 遊佐指出西田受到萊布尼茲（Leibniz）的單子論（theory of the monad）的影響，對萊布尼茲而言，「單子具有雙重的結構：個體既反映世界，也同時是世界的焦點」（頁296）。

58　西田幾多郎，〈場所的論理と宗教的世界觀〉（1945），《西田幾多郎全集》卷11，頁371-464。

鍵概念：「失我本心。雖身出家，心不入道」[59]。西田藉淨土宗高僧親鸞（1173-1262）的開示，指出心的轉換並非線性的，而是「橫超的」（超越的）、「圓環的」（11: 419；循環的）[60]。西田指出，有別於康德的市民道德，佛教的「悲願」觀是歷史形成的道德觀。他引用鈴木大拙的說法，比較東西文化的差異：「所謂悲願，不存在於西方文化中。這是東西文化的基本差異。」西田認為，「見性」的觀念深植日本人心，而「人的自我即由絕對者（神）的自我否定而形成；所謂絕對者的自我否定，亦即個體的多而形成的自我」（11: 445）。因此「場所」亦即自我與神合一的境界。西田篤信淨土宗，在追尋絕對真理時，關注的是心，而非理性。儘管他是啟蒙理性的產物，卻堅信，心是人的意識及創造力的泉源。

西田幾多郎若非一生以跨文化實踐為務，打破中日及東西疆界，不可能如此成就斐然。根據京都學派的久松真一的說法，西田終身思索人生問題，建立系統性的主體理論，而其貫串東西的深厚學養及直覺洞察力，使其能成就寬廣事功[61]。除了禪的精神及語彙以外，儒道思想亦貫穿西田的思想體系。日本哲學的現

59《新譯楞嚴經》卷1（臺北：三民書局，2003），頁29。

60 就淨土宗佛教而言，「橫超」意指「於彌陀之本願深信不疑，應其願力而修行，一心不亂，於命終後直接往生真實報土」。Tung Lin Kok Yuen Buddhist Door Website Team（2006-2013），*Buddhistdoor Buddhist Dictionary*，網址：http://dictionary.buddhistdoor.com/en/word/65966/橫超（2013年3月29日閱覽）。

61 久松真一，〈我尊會有翼文稿・不成文會有翼生草稿について〉，收入西田幾多郎，《西田幾多郎全集》卷16，頁675-677。

代化與儒家及道家的淵源深厚，從西周（1829-1897）、中江兆民（1847-1901）到西田，一脈相承[62]。有關西田與儒家，可特別注意宋明時期陸象山（1139-1193）及王陽明（1472-1529）心學的影響。陸王尊崇孟子，主張「本心」是道德及主體的中心。到明朝中葉，此學派與禪宗緊密連結[63]，反對朱熹（1130-1200）理學將心與理作區隔。西田1880年代末的日記有其閱讀紀錄，四書、王陽明、老莊都包括在內（17: 22-23, 33）。

　　西田與道家的淵源，可從其少年時期的詩文中驗證。他在第四高等中學校求學時，於1889年5月至1890年7月與朋友組織了文友會，以漢文及日文書寫詩文，彼此切磋。此時期其諸

---

62 從六世紀中期起，道家文本及佛典的中文翻譯就輸入日本。七世紀中期聖德太子以儒釋道語制訂十七條憲法。江戶期間（1603-1867）儒道思想盛行，道家經典的詮釋，僅是徂徠學派就有二十九種，遑論通俗版本。參考徐水生，〈道家思想與日本哲學的近代化──以西周、中江兆民、西田幾多郎為例〉，《鵝湖月刊》379期（2007年1月），頁42-50。研究西田的日文及中文研究，大多強調他與禪宗、而非與道家的聯繫，例如Nishitani Keiji, *Nishida Kitarō,* trans., Yamamoto Seisaku and James W. Heisig（Berkeley and Los Angeles: University of California Press, 1991）；Robert E. Carter, *The Nothingness beyond God: An Introduction to the Philosophy of Nishida Kitarō*（St. Paul, Minnesota: Paragon House, 1997）；以及 Robert J. J. Wargo, *The Logic of Nothingness*（Honolulu: University of Hawai'i Press, 2005）。

63 參考Wu Xiaoming, "'The Heart that Cannot Bear...the Other': Reading Menzi and the Goodness of Human Nature," in P. Santangelo and U. Middendorf ed., *From Skin to Heart: Perceptions of Emotion and Bodily Sensations in Traditional Chinese Culture*（Wiesbaden: Harrassowitz Verlag, 2006), pp. 165-182；陳永革，〈心學流變與晚明佛教復興的經世取向〉，《普門學報》9期（2002年5月），頁53-85。

多作品，道家思想躍然紙上。〈答賓戲〉一文中，西田戲稱，其
筆名「有翼生」來自莊周夢蝶的典故（16: 607-608）[64]。他讚嘆莊
子的智慧不受拘於形體，翱翔穹蒼：「行而不知其所之，止而不
知其所止」（往て往く所を知らず、止て止る所を知らず，16:
607）。以漢文書寫的〈病中述懷〉[65]中，西田稱莊子為真人、天
徒，認為其無欲無求故而能自由出入天地間，與自然合一（16:
627）；這正是莊子所說：「忘己之人是之謂入於天」。西田的哲
學體系中「主客合一」或「物我一體」的概念，也與莊子的「萬
物與我為一」相類。西田所運用的黑格爾辯證法，在老莊的思
辨模式中亦屢見不鮮，如〈天地〉篇中：「道可道非常道」；〈齊
物〉篇中：「天下莫大於秋毫之末，而太山為小」。其「場所」
即為創生萬物的「無」，與道家所說「無名天地之始，有名萬物
之母」，異曲同工。西田所受到的道家影響，值得深究。

1929年《善之研究》中文翻譯出版時，西田的序言充分透
露其哲學體系的中國思想基礎：

> 我們東洋人的哲學，必須為我們生命的表現，必須發揚幾
> 千年來孵化我們祖先的東洋文化。哲學的學問形式，我以為
> 不可不學於西洋，而其內容則必須為我們自身的東西。而且
> 我相信我們宗教藝術哲學的根柢，比諸西洋，內容優越而毫
> 不遜色呢。

---

64 西田幾多郎，〈答賓戲〉（1889-1890），《西田幾多郎全集》卷16，頁607-609。
65 西田幾多郎，〈病中述懷〉（1889-1890），《西田幾多郎全集》卷16，頁627-
628。

　　二十餘年前在東海一隅所作的這本書，由鄰邦——從前我
們祖先仰慕為大唐——的國民閱讀，我引以為榮。[66]

　　西田連結西方邏輯方法與東方儒釋道精神的努力，是哲學史
上的里程碑。中國的人生觀論戰期間，相對於西方科學的物質理
性，儒釋道思想被定義為東方思想，或玄學。1919年五四前後
開啟的啟蒙運動，亦即新文化運動，推崇科學理性；梁啟超等人
則推崇儒釋道的精神，採取了反啟蒙的立場。

　　梁啟超於1898年百日維新失敗後，流亡日本，直至1911年
辛亥革命前夕，才回到中國。雖然尚未有證據顯示他與西田有直
接的來往，但兩人有共同的朋友：著名哲學家井上哲次郎（1856-
1944）及其學生蟹江義丸（1872-1940）。後者和西田一樣，都是
第四高等中學校的學生，後來師事井上，西田稍後也成為井上的
學生[67]。梁旅居日本時，井上與蟹江正在編輯十卷本的《日本倫
理彙編》，目的是復興東洋倫理（東洋倫理の復興）。所謂東洋
倫理，幾乎包括了日本研究中國傳統思想的所有派別，例如陽明
學派、古學派、朱子學派、考證學派、老莊學派、折衷學派、獨
立學派等等（頁390-392）。中村哲夫認為，蟹江將孔子塑造為
具有現代意義的思想家及教育家，西田則設法超越西洋的自我
概念，以禪宗為本而回歸到「前現代日本的情感世界」（頁392-

---

66 魏肇基譯，《善之研究》（上海：開明書店，1929），頁1-2。下村寅太郎指
　　出，他未曾見過此序文的原文。下村寅太郎，〈後記〉，收入西田幾多郎，
　　《西田幾多郎全集》卷1，頁461-470。
67 中村哲夫，〈梁啟超と「近代の超克」論〉，收入狹間直樹編，《梁啟超：西
　　洋近代思想受容と明治日本》（東京：みすず書房，1999），頁387-413。

393）。中村指出，梁啟超受到井上與蟹江的折衷主義立場影響，因此「並未採取西田的哲學立場——將東西方哲學截然劃分的立場」（頁395）。然而，本文下節將顯示不同的看法。

二十世紀初葉日本復興東洋倫理的企圖，最終將導向「超越西方現代性」的論述（近代の超克）。1942年的一場討論會內容，於當年9月的《文學界》雜誌整理為專輯，參加該場討論的，除了《文學界》的同人及羅曼派作家，還包括京都學派的西谷啟治及鈴木正高，目的是全面檢討、並超越從明治以來影響現代日本的西方文化，進而建立一個「神聖的時刻」，使日本能實踐真正的自我。這個討論會符合當時東西對立的趨勢，同時牽涉到東亞問題和中國問題。配合1939年建立的大東亞共榮圈政策，這些知識分子企圖鼓吹「昭和現代性」及「亞洲現代性」，後來擔負了支持日本殖民侵略的罪名[68]。相對的，中國對東西方文化的檢討，導致1923年科學與人生觀論戰的爆發，進而促成新儒家的崛起，領導人物包括梁漱溟、馮友蘭、方東美等（頁4）[69]。移居港臺的新儒家主張儒家思想具有民主與科學的精神，堅決反對共產主義[70]。哲學與政治，畢竟難解難分。

梁啟超流亡日本時，與日本哲學家有直接的接觸，後來訪問

---

68 參考子安宣邦，《近代の超克とは何か》（何謂超越現代性？）（東京：青土社，2008）。

69 劉述先，〈現代新儒學發展軌跡〉，《儒家哲學的典範重構與詮釋》（臺北：萬卷樓，2010），頁3-18。劉述先條列新儒家四代人物，詳見本書第六章。

70 梁啟超等的反啟蒙運動，是對科學主義的檢討，提倡人生哲學及形上學，質疑康德所代表的啟蒙理性思辨。然而後來港臺以牟宗三為首的新儒家，卻借助康德哲學來建立儒家的認識論基礎，其間轉變值得玩味。

歐洲又與倭伊鏗會面問學（如前所述），無怪乎他在中國的人生觀論戰中扮演了關鍵的角色。

梁啟超的人生觀論述

> 影子是誰？就是這位「科學先生」。
>
> ——梁啟超，《歐遊心影錄》

在耶拿與倭伊鏗會面後，梁啟超於1920年3月6日起，在《晨報》連載〈歐遊心影錄〉，聲稱科學已瀕臨破產邊緣，而數百年來追逐科學的歐洲人，就像沙漠中迷路的人在追逐影子。他認為科學進步與工業革命摧毀了內在生活，感嘆人類心靈被貶低為「物質運動現象之一種」，也就是說，成為新心理學的研究對象：

> 這些唯物派的質學派。托庇科學宇下建立一種純物質的純機械的人生觀。把一切內部生活外部生活都歸到物質運動的「必要法則」之下［……］根據實驗心理學。硬說人類精神。也不過一種物質。一樣受「必然法則」所支配。於是人類的自由意志。不得不否認了。意志既不能自由。還有什麼善惡的責任［……］當時謳歌科學萬能的人。滿望著科學成功［……］如今功總算成了［……］我們人類不惟沒有得着幸福。倒反帶來許多災難。好像沙漠中失路的旅人。遠遠望見個大黑影。拼命往前趕。以為可以靠他嚮導。那知趕上幾程。影子卻不見了。因此無限悽惶失望。影子是誰。就是這位「科學先生」。歐洲人做了一場科學萬能的大夢。到如今

却叫起科學破產來。[71]

　　有別於五四啟蒙運動以「科學先生」為治中國百病的良方，梁氏此處指控科學為邪惡的根源，摧毀了生命的意義與價值，認為對科學及物質的無盡追求，導致第一次世界大戰的爆發，成為人類的「災難」。值得注意的是其所使用的跨文化語彙「純物質的純機械的人生觀」，正是張東蓀《創化論》中所使用的，人生觀論戰期間更喚起無數迴響。我認為梁啟超並非一個深刻的思想家，其人生觀論述在此階段仍不成熟。此時梁氏並未體認到唯心論與唯物論同樣有問題，兩者都將精神與物質截然相對。柏格森「心物合一」、「心物同源」的看法，1918年張東蓀翻譯的《創化論》已經說明了（請參閱本書第二章），但梁啟超此時似乎並未體會。真正發揮「心物合一」概念的，是1924年袁家驊的《唯情哲學》（請參閱本書第五章）。到1923年論戰期間，梁啟超贊同杜理舒的說法：「凡物的文明。都是堆積的非進化的。只有心的文明是創造的進化的」。雖然梁氏批評杜理舒對文明的定義過於狹隘，但同意「人類心能」所創造的全球文明遺產，將長存人間[72]。劉述先在〈現代新儒學發展的軌跡〉中指出，梁啟超的《歐遊心影錄》記錄其目睹歐戰後歐洲殘破不堪，啟發了1921年梁漱溟《東西文化及其哲學》的文化思考（參閱第三章），進而

71　梁啟超，〈歐遊心影錄〉，《晨報》（1920年3月6日-8月17日），頁8。本段引文出自3月13日。

72　梁啟超，〈歷史現象是否為進化的〉，《飲冰室合集》卷5之40（北京：中華書局，1989），頁5-6。

激發了1923年的科玄論戰論戰，這是毫無疑義的。[73]

　　1922至23年經由講學社安排，梁啟超與杜理舒在東南大學共同講授系列課程。1923年1月課程結束時，梁氏發表告別辭，呼應張東蓀的意見：應結合儒家思想與柏格森人生哲學（詳見本書第二章）。在告別辭中，梁氏引用孔子「毋我」及佛家「無我」的說法，重新詮釋柏格森的宇宙永恆創造、永恆「流動」（in flux）的概念：

> 東方的學問。以精神為出發點。西方的學問。以物質為出發點。救知識飢荒。在西方找材料。救精神飢荒。在東方找材料［……］我自己的人生觀。可以說是從佛經及儒書中領略得來。我確信儒家佛家有兩大相同點：（一）宇宙是不圓滿的。正在創造之中。待人類去努力。所以天天流動不息［……］（二）人不能單獨存在。說世界上那一部分是我。很不對的。所以孔子「毋我」。佛家亦主張「無我」。所謂無我。并不是將固有的我壓下或拋棄。乃根本就找不出我來［……］澈底認清我之界線。是不可能的事。[74]

　　將東方的精神文明與西方的物質文明截然二分，當然是膚淺的看法。上引文中的「毋我」出自《論語》第九〈子罕四〉：「子絕四：毋意毋必毋固毋我」。梁啟超結合人生觀論述與儒學

---

73 劉述先，〈現代新儒學發展的軌跡〉，頁7。
74 梁啟超，〈東南大學課畢告別辭〉，《飲冰室合集》卷5之40，頁7-15。原為1923年1月13日講演。

傳統的立場，是人生觀派的共同策略。如眾所周知，從百日維新起梁氏宣揚打倒傳統學術，鼓吹外來學問，但到1924年則解釋，當時其與摯友夏穗卿的確主張「中國自漢以後的學問全要不得」；事實上他們治乾嘉派考證學，尊崇各經的正文和先秦諸子，從來不曾批孔孟[75]。其追隨者之一梁漱溟，早在1921年秋就出版了《東西文化及其哲學》，以《易經》的「生生之謂易」來闡釋柏格森的「流動」概念。梁漱溟認為西方文化以科學及理智為主，東方文化則以形而上學（即玄學）及直覺為中心，並指出，東方文化的特性是倭伊鏗及羅素所說的"the life of spirit"（精神生活）。該書目的是將中國及印度思想與西方哲學做比較，在五四一片打倒孔家店聲中，為中國哲學找出路。梁漱溟認為哲學有三種取向，為形而上學、認識論及人生哲學，並指出，中國缺乏認識論，但在形而上學及人生哲學方面，有豐富悠久的傳統[76]。梁漱溟認為孔子的思想是一種人生哲學，其形而上學的基礎就是《易經》所主張的「生生之謂易」，也就是「變化」與「調和」的概念（118-120）。在其心目中，笛卡兒是理性派，康德是認識論集大成者；柏格森以「直覺」作為方法，則為玄學「開闢一條道路」：

> 要認識本體非感覺理智所能辨，必方生活的直覺才行，直覺時即生活時，渾融為一個，沒有主客觀的，可以稱絕對。

---

75 梁啟超，〈亡友夏穗卿先生〉，《東方雜誌》21卷9號（1924），頁1-5。

76 梁漱溟，《東西文化及其哲學》（上海：商務印書館[1921] 1922），第5版，頁68-69。

　　直覺所得自不能不用語言文字表出來，然一納入理智的形
　　式，即全不對，所以講形而上學要用流動的觀念，不要用明
　　晰固定的概念。（79）

　　有關梁漱溟的《東西文化及其哲學》，本書第三章將詳細討
論。梁啟超的振興儒學事業，在子弟兵及有志一同者的呼應之
下，連結了倭伊鏗與柏格森的人生哲學，觸發了1923年的人生
觀論戰。其中關鍵概念，包括直覺、形而上學（玄學）、創造、
流動等，成為當時人生觀派的基本語彙。

　　張君勱的〈人生觀〉是1923年3月在《清華學報》刊登的。
梁啟超雖然在1920年的〈歐遊心影錄〉將物質與精神對立，到
1923年5月29日其發表於《晨報副刊》的文章〈人生觀與科學
——對於張丁論戰的批評（其一）〉，相關論述上就比較周密。
梁啟超認為張君勱的人生觀主張及丁文江的科學主張均嫌偏頗，
因此嘗試定義什麼是「人生」，什麼是「科學」。他指出：「人類
從心界物界兩方面調和結合而成的生活，叫做『人生』。我們懸
一種理想來完成這種生活，叫做『人生觀』」；又說：「根據經驗
的事實分析綜合求出一個近真的公例以推論同類事物，這種學問
叫做『科學』」[77]。梁啟超指出張君勱的錯誤：由於心界生活不能
脫離物界而單獨存在，而物界是受到時間空間的種種法則所支配
的，因此不能像張君勱所說的，一切單憑直覺的自由意志來片面
決定。這方面梁啟超同意丁文江的看法：「人生觀不能和科學分

77　梁啟超，〈人生觀與科學——對於張丁論戰的批評（其一）〉，《晨報副刊》
　　（1923年5月29日），第1-2版。

家」，並且指出人生觀必須與理智相輔相成。張君勱認為人生觀是主觀的，科學是客觀的；梁啟超則認為人生觀必須主觀和客觀結合。這充分顯示出梁已體認到心物合一、主客融合的道理；這是柏格森、倭伊鏗、西田幾多郎都強調的。對於丁文江主張用科學方法來統一人生觀，梁則認為非但不必要，而且有害。梁啟超在這篇文章中清楚地將理性與情感並列，說明人類情感生活超越科學理性所能涵蓋：

> 人類生活，固然脫離不了理智；但不能說理智包括人類生活的全內容。此外還有極重要一部分——或者可以說是生活的原動力，就是「情感」。情感表出來的方向很多，內中最少有兩件的的確確帶有神祕性的，就是「愛」和「美」。「科學帝國」的版圖和威權無論擴大到什麼程度，這位「愛先生」和那位「美先生」依然永遠保持他們那種「上不臣天子下不友諸侯」的身分。請你科學家把「美」來分析研究罷，什麼線，什麼光，什麼韻，什麼調……任憑你說得如何文理密察，可有一點兒搔着癢處嗎？至於「愛」那更「玄之又玄」了。假令有兩位青年男女相約為「科學的戀愛」，豈不令人噴飯？（第2版）

情感超越理性所能涵蓋，是蔡元培領導的美育運動所主張，本書第四章將詳論。梁啟超文章結論指出，人生觀涉及理智的部分一定要用科學方法來解決，而「關於情感方面的事項，絕對的『超科學』」。這篇文章對「愛先生」、「美先生」和「科學的戀愛」的幽默嘲諷，躍然紙上。對當年人生觀論戰熟悉的讀者，

不難理解梁任公是在嘲諷何方神聖。按，張君勱的〈人生觀〉原來於1923年3月9日在《清華週報》上刊出，丁文江等的反駁文章從4月12日至6月3日在《努力週報》上登載。如果檢視1923年5月至6月的《晨報副刊》，會發現它轉載了科學與人生觀論戰的代表文章，從張君勱的〈人生觀〉開始，再加上幾篇新作，一共二十一篇。同時真正進行中的是「性博士」張競生發起的「愛情定則討論」，從4月29日至6月底，一共三十六篇，因此兩個論戰的文章有兩個月的時間在《晨報副刊》上同時出現。顯然主編孫伏園趁張競生的「愛情定則討論」加入人生觀論戰的機會，刻意轉載過往科學與人生觀論戰的雙方討論，企圖再度掀起論戰高潮。張競生的人生觀是科學與哲學不能偏廢，他以愛情作例子，認為愛情一點也不神祕，而是有條件的，完全可以用科學定則來分析。梁任公嘲笑的「科學的戀愛」即是指此。至於「愛先生」、「美先生」當然是嘲弄仿諷科學派的「賽先生」、「德先生」。而我們不要忘記，張競生1924年起推出的「美的人生觀」藍圖，正是以「愛」與「美」作為其烏托邦的標竿。本人日後當有專書討論這個議題，此處就點到為止。

張君勱的人生觀論述

前面提過張君勱的〈倭伊鏗精神生活哲學大概〉，這是其研究倭伊鏗學說最重要的一篇文章。張氏指出，「唯心」和「唯物」是哲學史上兩個最主要的趨勢，但倭伊鏗並非尋常的哲學家，而是人生哲學家。張氏區分目前理想派的哲學為二：一是生活哲學，一是思想哲學（speculative philosophy）。他認為現代

的思想哲學源自笛卡兒、康德、黑格爾,直至最近的新康德學派等。相對的,現代的生活哲學則始於尼采,他引用尼采的德文:"Soll nun das Leben über die Wissenschaft herrschen, oder das Erkennen über das Leben?"[78](如今應該是生活領導科學,還是科學知識領導生活?)尼采認為生活重於思想,因為所有思想根源是生活。張君勱認為,柏格森的直覺哲學屬於生活哲學。

張君勱認為,思想哲學的出發點是思想,強調理性與概念;生活哲學則以生活為出發點,認為思想只不過是生活的一部分;並指出,倭伊鏗的生活哲學是對十九世紀末的「主智主義」及「自然主義」的反動,前者指孔德(Auguste Comte, 1798-1857,法國實證主義哲學家)的實證哲學傳統,後者指達爾文的演化論傳統。張君勱指出,此兩者的發展導致科學與物質文明的興盛,出發點是以科學掌控自然,但最後人類生活成了物質的奴隸(頁5)。相對的,倭伊鏗認為生活的目的遠超過現實需求及機器工廠的生產,與柏格森想法相同。張氏提到,倭伊鏗1908年的著作《生命的意義與價值》(Sinn und Wert des Lebens)於1912年出法文版時,柏格森的序文指出,主智主義以智識掌控現實,以公式化的概念來面對生命(頁 ii)[79]。柏格森認為,倭伊鏗的哲學中從無任何生命公式,沒有任何有關生活的公式化概念,並且認為生命的意義不在智識,而在精神的活動上:

---

78 張君勱(君勱),〈倭伊鏗精神生活哲學大概〉,頁1。

79 Henri Bergson, "Avant-propos," in Marie-Anna Hullet et Alfred Leicht trans., *Le sens et la valeur de la vie, par Rudolph Eucken*(Paris: Librairie Félix Alcan, 1912), pp. i-iv. Traduit de l'allemand sur la 3e édition.

其全書中諄諄告人者。曰努力向上而已。本此努力向上之
精神。以求超脫乎現在之我。以求創造其他高尚之活動形
式。質言之。人類行動上固未嘗無一種理想。然理想不過表
示方向。今日所以為滿意者。明日則又吐棄之。故此理想為
暫時而非永久的。日在變動不居中。而非一成不易者也。
誠如是。此活動即精神之本體也。（6）[80]

比較此段落與柏格森在法文版《生命的意義與價值》的序
言，會發現張此處幾乎是在逐字翻譯柏格森的文章。「努力向
上」一詞，是翻譯柏格森的 "le sentiment de l'effort et du progress"
（努力與進步的感覺，頁 iii）。「超脫乎現在之我」，法文原文是
"la vie cherche…à se dépasser elle-même"（生命極力超越自己，頁
iii）。自我超越自己的概念，與倭伊鏗的理論異曲同工。

張君勱指出，柏格森認為倭伊鏗理解，精神與物質雖處於
對立面，卻必須相輔相成，才能具有「創造能力」。柏格森在序
言中說道：「精神與自然融合，才真正具有創造能量」（l'esprit,
inséré dans la nature, est véritablement créateur d'energie，頁 iii）。
很明顯的，柏氏對倭伊鏗的評價，與其在《創化論》中所闡釋的
「生機」（élan vital）及「恆變」（le flux continue）概念，若合符
節（頁 2、7）（請參閱本書第二章針對張東蓀《創化論》翻譯的
討論）。對張君勱而言，這正是孔子所說的「天行健君子以自強
不息」。張氏引用倭伊鏗在《大思想家的人生觀》的說法：「創
造行為也。精神界之建設也」（頁 8-9）。倭伊鏗主張進化是「創

---

80 張君勱（君勱），〈倭伊鏗精神生活哲學大概〉。

造的勞作」；柏格森則主張「創造的進化」。除此之外，兩人均認為真理是可知的，倭伊鏗的方法是透過「精神的直接」及「合主客觀而成一體」，與柏格森主張的「直覺」無二致。倭伊鏗並主張，透過人生的奮鬥（Lebenskampf），可以「由有限而趨於無限」，「由部分而歸於全體」。在張氏的解讀下，無論柏格森或倭伊鏗的思想都顯示二十世紀是行動、奮鬥、創造的時代，也就是說，是「革命時代」。

張君勱這篇文章對倭伊鏗的解讀，複雜、全面而傑出，然而卻少有學者討論[81]。相對而言，1923年其爆人生觀論戰的文章，題為〈人生觀〉，則把科學與人生截然對立起來，缺乏細緻的討論及複雜性。也許因為這篇文章原來是當年2月14日對清華大學學習科學的學生所做的演講，張氏覺得有必要做簡潔的推論。首先他指出，科學的一切都由公式及因果關係所決定，而人生的複雜及異質性，是無法以公式來限定的。以「我」作為人生觀的中心，張氏條列科學與人生二元化的對比：科學是客觀的、論理的、分析的、求相同現象的，由因果律所決定；人生觀則是主觀的、直覺的、綜合的、求人格單一性的，由自由意志所決定（頁5-8）[82]。最容易誤導的，是他把中國及歐洲、精神文明與物質文明對立起來：

---

81 如D. W. Y. Kwok研究科學與人生觀論戰的專著中，從未提及張君勱的〈倭伊鏗精神生活哲學大概〉一文。Cf. D. W. Y. Kwok, *Scientism in Chinese Thought, 1900-1950* (New Haven and London: Yale University Press, 1965). 李澤厚在討論人生觀論戰時，亦未提及張君勱此文。見李澤厚，《中國現代思想史論》，頁49-64。

82 張君勱，〈人生觀〉。

> 科學無論如何發達，而人生觀問題之解決，決非科學所能
> 為力，惟賴諸人類之自身而已。而所謂古今大思想家，即對
> 於此人生觀問題有所貢獻者也……自孔孟以至宋元明之理學
> 家，側重生活之修養，其結果為精神文明。三百年來之歐
> 洲，側重以人力支配自然界，故其結果為物質文明。（9）

張氏指出，精神文化培養內在生活，物質文化則追求人類精
神生活之外的東西，並提出一個問題：一個國家如果過分強調工
業及商業，這是正確的人生觀嗎？是正確的文化嗎？他指出，即
使歐洲人今天也已經開始質疑這種趨勢；在歐戰後，有些歐洲人
倦於這種外在物質的無盡追求，開始摒棄物質文化的過度發展
（頁9）。張這篇文章所批判的直接對象，當然是當時中國主張科
學至上的新文化運動人物，他說道：

> 方今國中競言新文化，而文化轉移之樞紐，不外乎人生
> 觀。吾有吾之文化，西洋有西洋之文化。西洋之有益者如何
> 採之，其有害者如何避之；吾國之有益者如何存之，有害者
> 如何革除之；凡此取捨之間，皆決之於觀點。觀點定，而後
> 精神上之思潮，物質上之制度，乃可按圖而索。（10）

張君勱的用意，無疑是刺激議論，從科學與人生觀論戰的發
展來看，他也的確達到了目的。

小結

人生觀派主要是提醒時人，無論科學如何發達，有關人生許多問題，科學是束手無策的——例如人際關係、感情、自我追尋、宗教情操等等。換句話說，無論東西方，科學並非解決人生問題的萬靈丹。雖然人生觀派一直被學界視為保守派，透過連結歐洲、日本的反啟蒙運動，可知當時梁啟超等人所掀起的人生觀論戰，事實上是歐亞反啟蒙運動的一環。五四一代一向被認為是啟蒙的一代，科學理性主義當道，傳統的儒釋道思想則被視為落後迷信；相對的，質疑科學理性主義的反啟蒙運動也透過跨越歐亞的跨文化連結，企圖重新開創傳統文化的現世意義。梁啟超等人在傳統文化瀕臨危機之時，見證了日本的振興儒家運動，問道於歐洲的倭伊鏗及柏格森的人生哲學，於是在中國創辦講學社，透過系列性的策劃，邀請歐亞思想家如杜理舒、羅素、泰戈爾等訪問中國，發起檢討科學理性主義的輿論。

在此同時，以唯情論來對抗理性的思潮，也在1920年代前後的中國展開。中國知識分子熱中於「唯心」與「唯物」的辯證之時，1924年朱謙之、顧綬昌（1904-2002）、袁家驊為首另闢蹊徑，提出「唯情」的主張，全面檢討中國哲學與西方哲學中的情感論述，以解決「心」、「物」的二元對立；請參考本書第五章。

第二章

張東蓀《創化論》的翻譯

科學理性與「心」

我要去創造些新的光明，

不能再在這壁龕之中做神。

——郭沫若，《女神》（1921）

五四時期的「唯情論」由柏格森得到靈感，重新詮釋《易經》以來的傳統學術，張東蓀翻譯的《創化論》（圖2.1）功不可沒。由於《創化論》，「創造」一詞成為五四的日常用語。若搜尋中央研究院的《漢籍電子文獻資料庫》，可知在後漢文中「創造」一詞已見，主要是用為「創作文章」的意思[1]。「創造」在五四時期成為知識分子朗朗上口的語彙，完全有賴人生觀派推廣《創化論》[2]。雖然留學日本的陳獨秀、李大釗在1915年已經寫文章宣揚柏格森的「創造進化論」

圖2.1　1918年張東蓀翻譯的《創化論》在《時事新報》上連載，1919年由上海商務印書館出版，分為上、下兩冊。

1　後漢書應劭傳：〈奏上刪定律令〉：「又集駁議三十篇，以類相從，凡八十二事。其見漢書二十五，漢記四，皆刪敘潤色，以全本體。其二十六，博採古今瑰瑋之士，文章煥炳，德義可觀。其二十七，臣所創造。」網址：https://ctext.org/hou-han-shu/zh?searchu=創造（2019年3月18日閱覽）。

2　有關創造社的研究，多半討論情緒、情感、感傷主義或革命文學的問題，例如朱壽桐，《情緒：創造社的詩學宇宙》（上海：上海文藝出版社，1991）。

（見本書第六章結尾），若非1918年張東蓀《創化論》的翻譯以及1921年創造社作家的興起，這個跨文化語彙不可能在五四中國如此風靡一時。本章以《創化論》為中心，說明人生觀派反駁科學主義的理論基礎。

　　1923年發生的科學與人生觀論戰，是晚清以來東西方價值觀嚴重分歧，長期醞釀、越演越烈的結果。西方科學萬能、足以富國強兵的信念，加上普遍認為中國積弱不振、受列強欺壓乃因傳統文化落後的緣故，使梁啟超等知識分子深為憂慮傳統文化在現代世界的存在意義。如本書第一章所述，1898年百日維新失敗之後梁啟超流亡日本，見證了來自德法的人生哲學與日本東洋倫理復興運動的結合，認為中國傳統文化與德國哲學家倭伊鏗及法國哲學家柏格森的人生哲學精神相通；梁氏也認定他們是當今歐陸最偉大的兩位哲學家。梁氏於1918年帶領張君勱等弟子赴歐，原擬同時拜訪兩人，但只見到倭伊鏗，後張君勱留在耶拿與倭氏學習哲學。雖然梁等一行人在歐洲與柏格森失之交臂，但同一年梁的摯友張東蓀（1886-1973）自1月1日起三個月，在《時事新報》上連載《創化論》，原著正是柏格森的 *L'évolution créatrice*（1907）[3]。譯文次年由商務印書館出版成書，由政論家湯化龍作序[4]。整個人生觀論述的醞釀，在此時早已萌芽；《創化論》所使用的翻譯語彙，為後來人生觀派的論述奠定了基礎。

　　隨後於1921年梁啟超的弟子之一梁漱溟出版了《東西文化

3　左玉河編著，《張東蓀年譜》（北京：群言出版社，2013），頁81-82。

4　湯化龍，〈創化論序〉，收入張東蓀譯釋，《創化論》（上海：商務印書館，1919），頁1-3。

及其哲學》，主張孔子是人生哲學家，並將孔子學說與倭伊鏗及柏格森的人生哲學聯繫起來，本書第三章將討論。此書出版後，又有次年張君勱與倭伊鏗的德文合著《中國與歐洲的人生問題》出版，本書第一章已深入分析。由《創化論》、《東西文化及其哲學》及此德文書的先後陸續問世，梁啟超結合子弟兵在人生觀論述上跨文化連結的整體性策略，不言可喻。

　　張東蓀於1905至1911年官派留學日本，就讀東京大學哲學系。1906年與藍公武等人創辦《教育》雜誌，主要討論哲學、倫理議題。張東蓀在日本居留期間與張君勱交好，贊成梁啟超的立憲派立場。回國後參加南京臨時政府，雖然被列為國民黨員，實際上跟梁啟超成立的進步黨關係更密切，反對袁世凱的復辟。後來進入報界，先後擔任上海各大報的主筆，1918年繼張君勱之後接任研究系（進步黨演變而來）在上海的喉舌《時事新報》主編，創辦了該報的副刊《學燈》；這一年《創化論》就在該報連載發表。1920年梁啟超、蔡元培等發起的講學社，邀請羅素來華，在杭州、南京、長沙等地演講，全程由張東蓀陪同[5]。張東蓀的文化事業，實與梁啟超密不可分。《創化論》的翻譯對五四一代思想界影響重大，卻少見學者研究。若深入探討，不但可進一步了解人生觀論述的思想來源，更可一窺現代中國在翻譯實踐及理論上的創發。

5　參考王昌煥編撰，《梁啟超　張東蓀》（北京：人民日報出版社，1999），頁　1-22；左玉河編著，《張東蓀年譜》。

張東蓀的翻譯理論

　　在《創化論》的〈譯言〉中，張東蓀指出，由於不熟悉法文，其翻譯主要根據美國學者Arthur Mitchel於1911年的英譯本，同時參考金子馬治（1870-1937）及桂井當之助（1887-1915）於1913年的日譯本[6]。首先在書名的翻譯上，就可見張東蓀對翻譯語言的執著；他一方面參考日譯本，一方面堅持維護中文的特性。日文書名譯為「創造的進化」，在中文「的」字為口語；由於全書以文言文翻譯，有人勸其參照日文譯為「創造之進化」，但張東蓀認為如翻譯成英文，會變成 The Evolution of The Creation，不合英譯本的 Creative Evolution。但若譯成「創造進化論」也不妥，會被誤認是 To Create the Evolution。就語言特性而言，中文一字即可表達的意思（如「國」），日文往往喜歡用疊字（如「國家」），其實在中文根本不必使用疊字。因此張東蓀堅持譯為「創化論」，言簡意賅，「創造」與「進化」的意思都涵蓋在內了（〈譯言〉，頁2）。

　　張東蓀的〈譯言〉可視為其翻譯理論。當時主導名詞翻譯的三派，包括日譯派、嚴復派及譯音派，張氏都不甚滿意，認為日譯的名詞可酌量使用，例如積極、消極、肯定、否定等，「辭雖不雅，文意尚可通」。但是如場合、持續、取締、取引等，「與漢文無訓詁相通者」，則萬萬不可用。張氏主張，除非是不得已

6　張東蓀，〈譯言〉，收入張東蓀譯釋，《創化論》，頁1-8。參考金子馬治、桂井當之助譯，《創造的進化》（東京：早稻田大學出版社，1913）；Arthur Mitchell trans., *Creative Evolution*（New York: H. Holt and Company, 1911）。

的情況下，盡量少用譯音及自創的名詞。其自創的名詞，主要是
「綿延」及「理」（order）二辭。日文將duration譯為「連續」，
張氏認為「連續」意指兩個物體的相連接，不合原意，因此自
創「綿延」一辭，表達「一物的自延長」。至於order，日文譯
為「秩序」，意為先後次第；他則認為不如「理」字為好，意為
「條規」。有關張東蓀對「理」字的理解，不妨參考他1946年出
版的〈理智與條理〉一文。文章指出，西方的「理性」（reason）
與中國舊有的「性理」概念不同；中國講理是指「條理」，可譯
為order，不可譯為reason。中國思想上的「理」，不得已時可譯
為intelligible order，以別於moral order及natural order。文章又指
出中國人不分道德界上的秩序與自然界上的秩序。英文的order
與law原本相通，中國是由禮到理，外國則由法到理；更重要的
是，西方的理乃自「智」而生[7]。

其他，如日文將Metaphysics譯為「純正哲學」，張東蓀則
遵從蔡元培的舊譯，譯為「玄學」[8]；consciousness不從日文譯為
「意識」，而譯為「心意」或「心」，因為「意識」是唯識論中的
特別名詞，不可亂用；英文intellect（法文原文intelligence）不

7　張東蓀，〈理智與條理〉，《理性與民主》（上海：商務印書館，1946）；收入
　　張耀南編，《知識與文化：張東蓀文化論著輯要》（北京：中國廣播電視出版
　　社，1995），頁351-394。

8　北京大學於1918年製定校旗，蔡元培解釋右邊橫列紅藍黃三色，左邊縱列白
　　色、黑色，分別代表科學、哲學與玄學。他特別指出，叔本華、柏格森的學
　　說都是玄學。參考蔡元培，〈國立北京大學校旗圖說〉（1918），《蔡子民先生
　　言行錄》（臺北：文海出版社，1973，影印上海新潮社版），頁355-358；陶
　　英惠，〈蔡元培與北京大學〉，《民國教育學術史論集》（臺北：秀威資訊科
　　技，2008），頁33-103。

從日文譯為「叡知」或「理知」，而譯為「智慧」，則是從一般
字典的舊譯（〈譯言〉，頁3-4）。他所自創的語彙，如「綿延」、
「心」等，成為人生觀派的關鍵用語，奠定了人生觀論述的理論
基礎。我們今天乃後見之明，知道日後雖然有些新詞是張東蓀的
自創勝出，然而日文新詞的普及卻勢不能擋，甚至壓倒性勝過早
期傳教士創造的無數新詞，主因是日文語彙隨著大量日本教習進
入了中國新興現代教育體系[9]。總之，透過翻譯，無論自創或轉借
自日文，如「玄學」、「綿延」、「心」、「創造」、「進化」等跨文
化語彙，不僅跨語際，連結了歐洲、日本、中國在現代思潮上的
傳播與發展；更跨歷史分期，連結了古代與現代學術。例如科學
人生觀論戰又稱為科學與玄學論戰。「玄學」（即「形上學」）的
概念，古希臘即已有之，經倭伊鏗、柏格森發揚光大，到日本哲
學界「純正哲學」與啟蒙理性主義的辯證，再透過蔡元培的翻
譯，在五四時期激發對儒釋道思想的重新評估[10]。如果不追溯其
跨越歐亞思想史的源頭與發展，會誤以為「玄學」是中文語彙，
而忽略了此概念的跨文化意涵。一個新語彙進入在地文化，代表
一個概念的衍生，不僅帶來了外地文化的概念，也使在地傳統新
生。這說明了辨認跨文化語彙的意義：透過追溯跨文化語彙跨語
際、跨歷史的軌跡，可讓我們理解自身文化在某一特定時期的創

9　Cf. Peng Hsiao-yen, *Dandyism and Transcultural Modernity: The Dandy, the Flâneur, and the Translator in 1930s Shanghai, Tokyo, and Paris*（London and New York: Routledge）, pp. 171-172.

10　倭伊鏗推崇古希臘玄學，認為玄學是人生哲學，反對啟蒙哲學以來哲學的理性掛帥傾向，尤其是康德將哲學推向認知科學之途，脫離生命本身；請參考本書第一章。柏格森亦然，詳見下文。

造性轉化。

　　張東蓀的翻譯理論，主要奠基於他對中文特性的看法。後世研究者也許比較熟悉1920年代末、30年代初魯迅與梁實秋有關「硬譯」、「死譯」與「曲譯」的辯論[11]。但較少人討論，在1910年代張東蓀翻譯《創化論》之時，就已提出了有關「直譯」與「義譯」的看法，可見相關問題是現代翻譯史上的老問題。張認為不宜過度直譯，避免扭曲中文句法以就外文，否則會使得中文難以讀懂；至於「義譯」或可達意，但與原文比對當然有出入。其結論是「直譯」與「義譯」並非截然不相容的，而是較為近似與較不類似的兩端，中間有種種程度的差別；亦即，應視實際情況而調整直譯與義譯的程度與比例，最終目的以達意為主。從本文稍後的討論，讀者可以判斷，究竟張東蓀在實際的翻譯過程中如何權衡操作「直譯」與「義譯」。

　　有關嚴復的「信、達、雅」說法，張東蓀也以中文的特性為原則。他認為最理想的情況，是維持三者的平衡；做不到此理想境界，就努力使達、信均衡，雅則其次。但真正進行翻譯時，卻難以配合理論，只能視譯者的趨向而定。如果以「信」為最高準則，不免會出現令人費解的句子。至於嚴復，專事尚「雅」，以桐城派古文翻譯，結果除了《天演論》以外，均辭句艱難、含義晦澀（其實就今天讀者而言，《天演論》也難以讀懂）。張東蓀本人則主張以「達」為主，為了達意，寧可稍稍犧牲信、雅。因

11　參考梁實秋，〈論魯迅先生的「硬譯」〉（1929），及魯迅，〈「硬譯」與文學的階級性──附「新月」的態度〉（1930）等文，收入黎照編，《魯迅梁實秋論戰實錄》（北京：華齡出版社，1997），頁190-225。

此他自稱是「譯釋」，並聲明是師法日本人的「解說體」翻譯。不以「信」為主的原因是，中國文體先天與歐文的語氣、結構、文體截然不同，但不能忽略文體變化的可能性。現代日本由於翻譯發達，使得日文的文體趨向於歐化，可見一斑。又如由於佛經的翻譯，唐代到了玄奘時深受梵文影響，文體產生劇變，幾乎已無虛字。張氏深信此後中文的變化勢不可擋，其變化必然趨向於歐文；但這種變化必須假以時日，經歷代眾人之努力自然變化而得，個人翻譯時不可強而為之，使讀者無法理解。張氏指出：「今日文體方在變化之中途，尚未告一段落。且他日變化如何，亦難逆睹」（〈譯言〉，頁7）。這說明了在1910年代張東蓀已經很清楚，翻譯有助於促成古典中文變化為現代白話文。由古文到白話文也許是巨變，但換個角度看，凡活生生的語言，哪有不是在「變化之中途」的？

　　張東蓀的翻譯理論，雖然只是《創化論》的〈譯言〉中幾個段落，卻論及現代翻譯史中周而復始的關鍵議題，也是每個譯者必須面對的實際操作問題。其〈譯言〉更點出了一個關鍵概念：翻譯勢必促成中文的歐化。我們應該說，從古典中文過渡到白話文的過程中，翻譯扮演了不可或缺的角色；至於「歐化」與白話文發展的關係，也已有學者開始注意[12]。

---

12 參考老志均，《魯迅的歐化文字：中文歐化的省思》（臺北：師大書苑，2005）；黃興濤，《「她」字的文化史：女性新代詞的發明與認同研究》（福州：福建教育出版社，2009）；費南（Florent Villard），〈瞿秋白——翻譯理論與語言共同體：尋找一個中國讀者〉，收入彭小妍編，《文化翻譯與文本脈絡：晚明以降的中國、日本與西方》（臺北：中央研究院中國文哲研究所，2013），頁111-128。

「詮知之學」與「釋生之學」

柏格森因何寫作《創化論》？換言之，《創化論》是針對什麼問題而作？我們可從以下張東蓀翻譯的引文，知其梗概：

> 要而言之。詮知之學與釋生之學不可畔離。前者名曰知識論。後者名曰生命論。其生命論而不與知識論為伴者。不過取智慧所籀之範疇。而強以生物之諸現象納之其中。徒便於科學。無裨乎真際。一空架之論而已。反之。其知識論而不與生命論為侶者。是不知置智慧於生物進化之程途。則不足明知識何由以成。何由以出也。故二者關合。實為要務。務必使其若環無端。斯可矣。（《創化論》上，頁5）

縱言之，《創化論》的寫作，是為了解決「認識論」與「生命論」的對立，認為兩者應相輔相成，如兩線頭尾相接成環，不見其端（「若環無端」）。譯文中「詮知之學與釋生之學不可畔離。前者名曰知識論。後者名曰生命論」兩句，在法文原文、英譯、日譯都僅只一句：「認識論與生命論不可分離。」[13] 很顯然，

---

13 Henri Bergson, *L'évolution créatrice* (Paris: Presses Universitaires de France, [1941] 1998)： "*la théorie de la connaissance* et *la théorie de la vie* nous paraissent inseparables l'une de l'autre" (p. ix; 斜體為法文原有)；Arthur Mitchell trans., *Creative Evolution*: "*theory of knowledge* and *theory of life* seem to us inseparable" (p. xxiii; 斜體為英譯原有)；金子馬治、桂井當之助譯，《創造的進化》：「認識論と生命論とは、到底分離可きものではないことが分かる」（頁8）。這方面研究可參考Keith Ansell-Pearson, Paul-Antoine Miquel and

張東蓀的「譯釋」，雖說是師法日譯的「解說體」，在翻譯時還是視中文語境需要而自行增加解說，不盡然跟著日譯本走。此處日文用的是「認識論」，張東蓀改為「知識論」，無可厚非；兩詞日後均通行。至於「詮知之學與釋生之學」的解說，則是為了古典中文讀者的理解而加上的，意指：詮釋知識之學與詮釋生命之學。他如此說明，中文讀者是否能理解，就不得而知了。

　　我們如果對照柏氏的原文，會發現「釋生之學」——亦即「生命論」——指的是生物學，以達爾文演化論經典《物種原始論》（*On the Origin of Species*, 1859；馬君武譯，1920）集其大成。1920年杜威在中國的講演認為柏格森《創化論》批判的是達爾文演化論的機械論[14]，但達爾文並不討論機械論的問題。柏格森批判的主要對象應該是斯賓塞，由於後者將演化視為物質科學。其《第一原理》（*First Principles*, 1862）套用物理學中的熱

Michael Vaughan, "Responses to Evolution: Spencer's Evolutionism, Bergsonism, and Contemporary Biology," in Keith Ansell-Person and Alan D. Schrift ed., *The New Century: Bersonism, Phenomenology and Responses to Modern Science* (Chicago: University of Chicago Press, 2010), pp. 347-379: "Bergson's *Creative Evolution ... is intel*lectually ambitious and rich in showing how philosophy and science can reach a new rapport concerning questions of life; and it has inspired major developments in both post-war philosophy（notably the work of Gilles Deleuze）and recent biology（notably in applications of complexity theory and non-linear thermodynamics to the study of living systems）(p. 2).

14　杜威著，胡適口譯，伏廬筆記，〈現代的三個哲學家〉，《杜威五大講演》（北京：晨報社，1920），本文原載於《晨報》（1920年3月8-27日），又載《北京大學日刊》（1920年3月11日至4月30日）；〈現代的三個哲學家〉，《杜威五大講演》（合肥：安徽教育出版社，2005），第2版，頁228-265。詳見第三章。

力學（thermodynamics）理論說明演化論，來建立其自己的哲學
體系：物質不滅，能量不滅，慣性定律，各種能量的互相轉換等
等——斯賓塞認為這些物理定律支配了演化。意思是自然世界遵
循必定的規律：從熱量的波動到小提琴琴弦的震動；從光、熱及
聲音的律動到潮水的起伏；從性週期到星球的運轉週期；從日夜
相繼到季節變換等等。如同熱力學所預測，斯賓塞同意宇宙能量
會耗盡，世界必將走向永夜。但熱力學主張世界將趨向永恆死
亡，他卻跟尼采一樣相信永恆回歸（eternal recurrency），認為演
化及能量散盡的週期完成後，又會不斷地重啟下一個週期，每個
週期的結局都是死亡[15]。對斯賓塞而言，生命必須不斷適應外在
環境：發育跟能量的消耗成反比，低等生物抵抗外在危險的能力
薄弱，因此死亡率高，必須有高生育率才不至於滅種；高智商的
生物自保能力高，因此生育力低，例如哲學家總是鮮少育兒；女
性為了生育，智力活動就降低[16]。這種演化論令人咋舌，難怪柏

---

15 參考王道還，〈《天演論》中的熱力學〉，《科學文化評論》10卷5期（2013），
頁32-54。

16 此處有關斯賓塞《第一原理》的討論，來自威爾・杜蘭。杜蘭指出斯賓塞的
理論完全運用物理學，但並未指出是物理學中的熱力學。Cf. Will Durant, *The
Story of Philosophy: The Lives and Opinions of the Greater Philosophers*（New
York: Pocket Books, [1926] 1953), pp. 351-400。斯賓塞也信奉馬爾薩斯的人
口論：人口的成長總是超越食物的供給，初期這種人口壓力是進步的動力，
迫使人種分歧，並從狩獵走向農業；社會發展因之而起，增進生產、改善技
術及加強人的智能。所謂「物競天擇、適者生存」即由此而來。達爾文只說
了上半段「物競天擇」（struggle for existence and natural selection），斯賓塞發
明了「適者生存」（survival of the fittest），甚至主張以國家力量節制弱者的生
育。斯賓塞的進化論是十九世紀末起盛行的社會達爾文主義之一，影響深遠。

格森認為斯賓塞的理論是「偽進化論」(《創化論》上，頁6)，
張東蓀1928年的文章〈新創化論〉也重複相同看法(頁100)[17]。
《創化論》中柏格森持續批判「法國《百科全書》哲學家」(les
philosophes)以專事實用的物理來涵蓋所有思想活動，與斯賓塞
同陷困境，例如：

> 哲學家。有謂動作比循乎物理者焉。謂理即[理智]。夫
> 以此釋[理智]，特一循環論耳。若認此論為真。必與斯賓
> 塞。同陷一難境。斯氏謂[理智]率由物理而成。物理映射
> 於人心。乃離[理智]而自存者也。(《創化論》上，頁158-
> 159；法文，頁153-154)：Les philosophes répondront que
> l'action s'accomplit dans un monde *ordonné*)

又如：

> 哲學者不察。竟以專在實用之思惟法而移於純粹思辨之
> 境。宜其謬矣。(《創化論》上，頁，162；法文，頁156：
> Ce sont les philosophes qui se trompent)

讀者若熟悉歐洲啟蒙時代的研究，應該知道，啟蒙時代由

---

17 張東蓀，〈新創化論〉，《東方雜誌》25卷1號(1928年1月)，頁97-114。所
　　謂「新創化論」意指柏格森之後的哲學的進化論，包括英國生物學家Conwy
　　Lloyd Morgan的 *Emergent Evolution*(1923)、S. Alexander的 *Space, Time, and
　　Deity*(1916-1918)等。張東蓀指出斯賓塞是哲學的進化論，與達爾文的生物
　　學進化論完全是兩回事。

狄德羅（Denis Diderot, 1713-1784）領導合作 *Encyclopédie*（百科全書）的一百餘位法國哲學家，法文通稱為 les philosophes，英文則為 the philosophes[18]；此處張東蓀若譯 les philosophes 為「法國《百科全書》哲學家」會更精確[19]。這點不只張東蓀，《創化論》的英譯者也沒有看出來，例如上引頁153法文句子英譯為 "Philosophers will reply that action takes place in an ordered world"（頁168）。標準的翻譯應該是 "The philosophes will reply that…"。

　　張東蓀忠實翻譯了柏格森對當前生物學發展的批判：「其生命論而不與知識論為伴者。不過取智慧所籓之範疇。而強以生物之諸現象納之其中。徒便於科學。無裨乎真際」一段（《創化論》上，頁5），參考法文原文，原意為：生物學（「生命論」）如果不能伴隨對知識的批判（une critique de la connaissance），就只

---

18 相關著作，例如Paul H. Meyer, "The French Revolution and the Legacy of the Philosophes," *The French Review* 30: 6（May 1957）: 429-434；Darrin M. McMahon, "The Counter-Enlightenment and the Low Life of Literature in Pre-Revolutionary France," *Past & Present* 159（May 1998）: 77-122. McMahon指出："As will be apparent, I employ the term 'counter-Enlightenment' much more broadly to characterize all those who positioned themselves in opposition to the principal *philosophes* of the Enlightenment." 又如Robert Darnton, *The Business of Enlightenment: A Publishing History of the* Encyclopédie *1775-1800*（Cambridge, Mass.: The Belknap Press of Harvard University Press,1970）: "What form did the thought of the philosophes acquire when it materialized into books, and what does this process reveal about the transmission of ideas?"（p. 1).

19 歐洲啟蒙運動除了法國，遍及義大利、瑞士、蘇格蘭、英國、德國等地。Cf. Hugh Trevor-Roper, *History and the Enlightenment*（New Haven and London: Yale University Press, 2010）。提到撰寫《百科全書》的法國哲學家，書中有the French Encyclopaedists 與 the French *philosophes* 的用法（頁10）。

能拘泥於理智（日譯；張譯「智慧」，法文為 l'entendement，英譯為 understanding）既定的範疇，將所有［生物］現象（faits，「生物」為張東蓀所加）納入其中；這或許是實證科學（la science positive）的必要作法，但不能有助於對事物真相（真際）的直接理解（une vision directe）。所謂「直接理解」，也就是全書所闡釋的「直覺」概念[20]。

　　當然，柏氏同時也批判知識論：「其知識論而不與生命論為侶者。是不知置［理智］於生物進化之程途。則不足明知識何由以成，何由以出也」（《創化論》上，頁5；為討論方便，中括號之語彙為筆者參照日譯所改，以下皆同）。法文原意為：知識論如果不把理智置於生命的普遍進化中，則不能闡明知識的框架（les cadres de la connaissance）是如何建構成的，也不能闡明我們可以如何拓展、或超越這些框架（les élargir ou les dépasser）[21]。因此，柏格森提倡的創化論既批判唯心論，也批判唯物論。他蓄意結合知識論（唯心）與生物學（唯物），一方面主張生物學不能只討論生物的物質性，必須關注生物之所以為生的特性──也就

---

20 Henri Bergson, *L'évolution créatrice*, p. ix: "Une théorie de la vie qui ne s'accompagne pas d'une critique de la connaissance est obligée d'accepter, tels quels, les concepts que l'entendement met à sa disposition: elle ne peut qu'enfermer les faits, de gré ou de force, dans des cadres préexistants qu'elle considère comme definitifs. Elle obtient ainsi un symbolism commode, nécessaire meme peut-être à la science positive, mais non pas une vision directe de son objet."

21 Henri Bergson, *L'évolution créatrice*, p. ix: "D'autre part, une théorie de la connaissance, qui ne replace pas l'intelligence dans l'évolution générale de la vie, ne nous apprendra ni comment les cadres de la connaissance se sont constitués, ni comment nous pouvons les élargir ou le dépasser."

是柏格森所說的「生之動力」；一方面主張知識論不能淪為哲學概念的演繹，必須超越知識論的框架，對生物現象的真相有「直接的理解」──也就是說，「直覺」才能達到真理。這是柏格森的關鍵概念。眾所周知，五四人生觀派對此信奉有加，普遍以直覺作為批判啟蒙理性主義的利器[22]。

西方現代物質科學的進展獲得前所未有的成功，生物學即其中之一。但是生物擁有物質所沒有的屬性，可總括為「生命」一詞。生物科學最基本的問題是：生命現象是否有獨立的邏輯，或是可完全化約成物質現象？柏格森的《創化論》，主旨在闡明生命現象有其獨立的邏輯，遠超越物質科學所能理解的範圍。對柏格森而言，正確的生物學是連結精神科學（Geisteswissenshaft）與物質科學（Naturwissenshaft）的關鍵學問，也就是連結唯心論與唯物論。

理智與生命

馬克思認為，達爾文的演化論證明生命世界沒有內在的目的，而且是變動不居的；也就是說，達爾文將「目的論」（造物者）成功地逐出了自然科學[23]。（有關達爾文與目的論的關係，請

---

22 參考本書第三章討論梁漱溟的《東西文化及其哲學》。

23 Marx's letter to Ferdinand Lassalle（1825-1864）in Berlin: "Darwin's book is very important and serves me as a basis in natural science for the class struggle in history. One has to put up with the crude English method of development, of course. Despite all deficiencies, not only is the death-blow dealt here for the first time to 'teleology' in the natural sciences but their rational meaning is

參看第五章杜威的討論）《創化論》對目的論的批判是與達爾文一致的；柏格森也認為生命世界變動不居，沒有目的。但是柏格森認為達爾文天擇之說，只能解釋「生物之所以湮沒之故」，卻不能說明兩個複雜有機體在不同的演化路徑上生長，竟然結構完全相同。也就是說，天擇說只能說明生物之滅絕，不能說明生物之生長[24]。因此柏氏以「生之動力」理論來說明生命的生長。（詳見下文）

對柏格森而言，理性不足以解釋生命現象。見張東蓀譯文：「［理智］之能事，唯在幾何學耳。是則［理智］純繫乎靜物之事理。不能與生物之進化。啟其祕鑰也明矣。蓋［理智］為生物進化所產。有所限制」（《創化論》上，頁2）。張譯此處所說「靜物」，事實上是與「生物」相對的「無機物」（日譯詞；法文matière inerte，英譯unorganized matter），即無生命的物體；日譯的某些新詞事實上比張譯高明、準確。此外，由以下筆者翻譯的

---

empirically explained" (London, 16 January, 1861)；這方面研究文獻，請參考 Paul Paolucci, *Marx's Scientific Dialectics: A Methodological Treatise for a New Century* (Leiden and Boston: Brill, 2007), p. 98; Terence Ball, "Marx and Darwin: A Reconsideration," *Political Theory* 7: 4 (November 1979): 469-483.

24 Henri Bergson, *L'évolution créatrice*, pp. 56-57; Arthur Mitchell, *Creative Revolution*, pp. 63-64. 張東蓀此處誤譯為「茲有二生物焉。種既不同。其率進之途亦殊。其官品之構造亦極複雜，而竟呈相同之形」。法文原文及英譯均無「種既不同」之語。法文原文為 "Que sera-ce, quand elle voudra expliquer l'identité de structure d'organes extraordinairement compliqués sur des lignes d'évolution divergentes?" (p. 56). 英譯為 "How much greater will this difficulty be in the case of the similar structure of two extremely complex organs on two entirely different lines of evolution!" (p. 63).

柏格森此段文字，可知張氏此處遺漏了部分原文，因此譯文在前後銜接上不是很清楚。參照柏格森原著，還原所遺漏的部分，則條理分明：

> 理智擅長於幾何學，顯示出邏輯思考與無機物之密合。理智只要跟隨其自身的自然運作，幾乎不需與經驗有任何接觸，即可不斷發明突破。而經驗是絕對跟隨在理智之後的，也必然證實理智的成就。但由此也必須瞭解，理智（notre pensée）在純粹邏輯框架下，是無法呈現生命真諦及演化進程深義的。理智是生命創造的，在特定情境中所生、作用於特定事務，它來自生命、只是生命之局部，如何能擁抱生命全體？[25]（筆者譯）

此處張氏所遺漏的「經驗」一詞十分關鍵，因為經驗是與生命息息相關的；也就是說，幾何學之類的科學，仰賴理智的邏輯思考，可在不與人生經驗接觸的抽象層次中自行運作，只需遵從

---

25 Henri Bergson, *L'évolution créatrice*, pp. v-vi: "notre intelligence triomphe dans la géométrie, où se révèle la parenté de la pensée logique avec la matière inerte, où l'intelligence n'a qu'à suivre son movement naturel, après le plus léger contact possible avec l'expérience, pour aller de découverte en découverte avec la certitude que l'éxperience marche derrière elle et lui donnera invariablement raison. / Mais de là devrait resulted aussi que notre pensée, sous sa forme purement logiques, est incapable de se représenter la vraie nature de la vie, la signification profonde du movement évolutif. Créée par la vie, dans des circonstances demines, pour agir sur des choses dérminées, comment embraserait-elle la vie, dont elle n'est qu'une émanation ou un aspect?"

理智的自然邏輯，即可有所發明進展。在柏格森原文中的notre pensée，英文版譯成 our thought，張東蓀有時譯為「智慧」（即日譯的「理智」），有時譯為「思辨」。在西方哲學，理性端賴邏輯思考；笛卡兒的名言：「我思故我在」道盡此意，我們都耳熟能詳。因此張譯將兩詞互換，是有道理的。

　　柏格森對生物學的批判，由張譯此段引文可看出：「然進化論者。既以詮釋［無機物］之法。直移用於生物之研究。又復謂［理智］為進化所產。而不自知其矛盾」（《創化論》上，頁3）。亦即上文筆者所譯柏格森引文所指出：理智乃演化所生之局部，局部焉能詮釋生命之全體？如欲進一步瞭解柏格森為何認為理智不足以詮釋生命或生物學，則必須先理解他對目的論的批判。事實上他同時批判西方十八世紀以來盛行的機器觀（méchanisme，英譯為 mechanism）與目的論（張東蓀譯為「究竟觀」）（finalité，英譯 finalism），認為此兩者均過度依賴理性，無視生物之變化及創進本能。張譯曰：

> 究竟觀之弊。正同於機器觀。皆偏重於［理智］耳［……］機器觀視世界為一大機器。究竟觀謂宇宙為一大計畫。皆不過表示人心上互相輔翼之二趨向而已。
>
> 究竟觀尚有同於機器觀者。則皆不承物心之本為不可預知之創也。《創化論》上，頁43-44）[26]

26　Henri Bergson, *L'évolution créatrice*, pp. 44-45: "L'erreur du finalisme radical, comme d'ailleurs celle du mécanisme radical, est d'étendre trop loin l'application de certains concepts naturels à notre intelligence…Qu'on se figure la nature comme une immense machine régie par les lois mathématiques ou qu'on y voie

　　對照原著，可知張譯雖大致掌握了原意，但相當程度簡化了法文原文。大多數簡化的情況無傷大雅，但是遺漏了關鍵字眼，可能會造成理解的不全。例如「機器觀視世界為一大機器」與「究竟觀謂宇宙為一大計畫」兩句中文，非但對仗工整，令人叫絕，也表達了原意；但前句遺漏了「數學原理」的概念。筆者今以白話翻譯如下：「無論將自然視為以數學原理運轉的大機器，或將自然視為一大計畫的實現」。「數學原理」實際上貫串了柏格森對機器觀的詮釋，張譯此處遺漏，也連帶後來有關數學的大部分討論也省略了。

　　柏格森自幼長於數學，《創化論》日譯版書前的〈柏格森氏小傳〉中指出，柏格森為巴黎出生的猶太後裔，1868至1878年就讀中學（Lycée Condorcet）時，即獲得中學跨校數學競賽的首獎（1877），獲獎的解答次年刊載於當時頗具權威的數學雜誌 *Annales Mathématiques* 上，這是其最早的出版。柏氏曾想日後主修理科，但人生問題對他更具有吸引力，終於進入巴黎的高等師範學院（École Normale Supérieure）就讀哲學[27]。這是法國最具聲望的高等學府之一，歷來出了不少重量級的人物，如數學家 Evariste

---

la realization d'un plan, on ne fait, dans les deux cas, que suivre juqu'au bout deux tendances de l'esprit qui sont complémentaires l'une de l'autre et qui ont leur origine dans les mêmes necessités vitals. / C'est pourquoi le finalisme radical est tout près du mécanisme radical sur la plupart des points. L'une et l'autre doctrines repugnant à voir dans le cours des choses, ou même simplement dans le développement de la vie, une imprévisible création de form"; Arthur Mitchell trans., *Creative Evolution*, pp. 50-55.

27 金子馬治、桂井當之助譯，〈ベルグソン小傳〉（柏格森氏小傳），《創造的進化》，書前內頁。

Galois（1811-1832）、科學家 Loui Pasteur（1822-1895）、作家
Jean-Paul Sartre（1905-1980）、哲學家及社會學家 Raymond Aron
（1905-1983）、歷史學家 Marc Bloch（1886-1944）、作家 Simone
Weil（1909-1943）等。《創化論》中除了物理、化學、生物學
等，十分倚賴數學理論，尤其在詮釋機器論時微積分的運用。機
器論就十八、十九世紀歐洲語境而言，意指宇宙為一完美的機
器，宇宙萬物按既定的程式運轉不息，井然有序；造物主則為製
造此完美機器的退休工程師（retired engineer），因為宇宙造成
後，上帝就不再干預世事了。一般認為牛頓建立了機器宇宙觀，
但事實上要到十八世紀末法國數理大師拉普拉斯（Laplace, 1749-
1827）提出太陽系是個穩定系統的數學證明，才奠定了機器宇宙
觀的基礎[28]。因此柏格森以數學理論說明機器論，是有根據的。

具體時間：「真時」

在分析機器論的特性時，柏格森以微積分理論來說明人為
的、即科學的「抽象時間」（日譯，法文 le temps abstrait，英譯
abstract time），以區別自然的「具體時間」（日譯，法文 le temps
concret，英譯 concrete time）。所謂「具體時間」，張東蓀譯成
「真時」（le temps réel），意為真實的時間；至於「抽象時間」他
則避而不譯，不僅因其牽涉到艱深的數學理論，應是由於此辭彙

---

28 Cf. Edward B. Davis, "Myth 13," in *Galileo Goes to Jail and Other Myths about Science and Religion*, ed. Ronald L. Numbers（Cambridge: Harvard Univ. Press, 2009）, pp. 115-122.

在中文語境沒有太大意義。具體時間與抽象時間的對比，是柏格森《創化論》的基礎概念，要瞭解此書的理論，就必須理解兩者的差異。

我們首先討論「具體時間」。柏格森指出，生物的演化猶如胚胎的演化，具體時間的「綿延」必然持續在生物體中留下印記，由年幼、青少年、中年到老年，無論身心都不得不與時變化。過去的印記永遠是現在不可抹滅的一部分，現在的印記也永存於未來；這也就是「有機物的記憶」（mémoire organique）之特性[29]。就人而言，這種記憶，既指身體的記憶，也指「心」（張譯；英譯為consciousness；法文原文為conscience；日譯為「意識」）的記憶。柏格森特別強調心的變化與時俱進，恆常流動，永不靜止。張譯十分傳神：「蓋記憶常傳昔於今。使心態如雪之堆積。增進無已」（《創化論》上，頁8）。[30]此處「心態」是 "mon état d'âme" 的翻譯（英譯為 "my mental state"），至為貼切；由此亦可理解，"consciousness" 一字的翻譯，張東蓀為何不用日譯的「意識」，而寧可譯為「心」。當然，我們還必須從傳統學術的連結來理解，為何張譯選擇「心」。《孟子・盡心上》曰：「仁義禮智根於心，其生色也，睟然見於面。盎於背，施於四體，四體

---

29 Henri Bergson, *L'évolution créatrice*, p. 19.

30 Henri Bergson, *L'évolution créatrice*, p. 2: "Mon état d'âme, en avançant sur la route du temps, s'enfle continuellement de la durée qu'il ramasse; il fait, pour ainsi dire, boule de neige avec lui-même"; Arthur Mitchell, *Creative Evolution*, 4: "My mental state, as it advances on the road of time, is continually swelling with the duration which it accumulates: it goes on increasing-rolling upon itself, as a snowball on the snow.

不言而喻。」心的本然有如四體，身心合一，是植根於傳統學術
的。孟子又主張四端，「惻隱之心，仁之端也；羞惡之心，義之
端也；辭讓之心，禮之端也；是非之心，智之端也」。孟子主張
的性善觀念中，心的本然包含仁義禮智。第三章將討論梁漱溟的
《東西文化及其哲學》，梁氏直指四端之心乃人之固有；而孔子
所謂仁，就是「敏銳的直覺」，是「順著自然流行求中的法則走
而已」（頁125-127）。情自心生，到了科學與人生觀論戰末期，
朱謙之、袁家驊提出唯情論，認為理是情的一部分；總結論戰的
方東美認為「宇宙人生乃是一種和諧圓融的情理集團，分割不
得」。這類情理合一的思路，都根源於傳統，在科學與人生觀論
戰期間發揮無遺。（詳見第五、第六章）

柏格森對「心態」恆常變動的描寫，著墨甚多，張譯也相當
生動。例如下列節譯：

> 是心態者非他。變而已矣。
>
> 是則由一心態而以至於他者。固無異乎即在一心態之中。
> 誠以一心態之中。既常自變。則由此徂彼。何嘗其自延焉。
>
> 原夫心態之自延。偶有起伏。似非聯貫。於是取其著變。
> 謂為別一心態。實則何有彼此之分。不過一不絕之變而已。
>
> 猶如鼓琴合奏。鼓聲高揚。引人注意。琴音幽致。聽者忽
> 之。心態特起之變。殆如鼓聲。要之。皆繫乎一流之中。不
> 過為一流之諸波。故心態非孤立也。乃永為無盡之流耳。
> （《創化論》上，頁8-9）[31]

---

31 Henri Bergson, *L'évolution créatrice*, pp. 2-3.

　　其中「猶如鼓琴合奏」一節的翻譯，令人拍案叫絕；在法文
是「就像交響樂中爆發的鼓聲漸去漸遠。我們的注意力凝聚於其
中，因為鼓聲更具吸引力，但點點鼓聲都浮沉於心理之流整體之
中」[32]（筆者譯）。「琴音幽致。聽者忽之。心態特起之變。殆如鼓
聲」，雖是原文此處所沒有的字句，但卻是原文上下文涵義的引
申或補充。重點是結語，這是柏格森所強調的概念：「故心態非
孤立也。乃永為無盡之流耳」（en un écoulement sans fin）。也就
是說，心之波動所生的各種狀態並非獨立元素，而是互相串聯、
綿延不絕、今昔混雜糾纏的整體意識之流[33]。

　　上述「心理之流」（la masse fluide de notre existence
psychologique tout entire），英文翻譯為 "the fluid mass of our whole
psychical existence"，其中「心理」（psychologique）一詞實為關
鍵，張譯並未顯示。"psychical" 一詞在法文是 "psychique"。柏格
森的綿延說，是針對現代心理學發展的批判，影響到詹姆士的心
理學理論及歐美現代文學意識流的興起[34]。他的批判，主要是針

---

32 Henri Bergson, *L'évolution créatrice*, p. 3: "ce sont les coups de timbale qui éclatent
　de loin en lin dans la symphonie. Notre attention se fixe sur eux parce qu'ils
　l'intéressent advantage, mais chacun d'eux est porté par la masse fluide de notre
　existence psychologique tout entire."

33 Henri Bergson, *L'évolution créatrice*, p. 3: "C'est cette zone entire qui constitue,
　en réalité, notre état. Or, des états ansi définits on peu dire qu'ils ne sont pas de
　elements distincts. Ils se continuent les uns les autres en un écoulement sans fin."

34 Cf. Robert Humphrey, *Stream of Consciousness in the Modern Novel*（Berkeley:
　University of California Press, 1954）; Brook Miller, *Self-Consciousness in
　Modern British Fiction*（New York: Palgrave MacMillan, 2013）; Horace M.
　Kallen, *William James and Henri Bergson: A Study in Contrasting Theories of Life*

對心理學上有關「自我」的固定概念。佛洛依德所發展的心理分析理論，把人的心理機制（psychic apparatus）分成三個部分：「本我」（id; 德文為 Es），即前意識（preconscious）或潛意識（unconscious）的本能欲望；「自我」（ego; Ich），即實際的、有組織的我，在本我與超我之間協商；「超我」（superego; Über-Ich），即理想的、道德的自我，可控制與引導「本我」。本我、自我、超我的理論，對今天的人文學者而言，已是老生常談，但當年的中國學者可能還不是太熟悉。雖然佛洛依德到1923年才發表重要文章〈本我與自我〉（Das Ich und das Es; 英譯 Ego and Id），奠定此理論基礎，但他從1880年代開始就反覆思考此理論，相關討論散見於他陸續發表的研究中[35]，歐洲學者討論此議題的亦相當普遍。1933年佛洛依德為文批判哲學家不以實驗科學方法尋找真理，尤其是那些依賴「直覺」的哲學家，顯然是針對柏格森[36]。因此實驗心理學與柏格森人生哲學之間的矛盾，是長期醞釀的。柏格森對佛洛依德的「自我」固定概念的批判，在張東蓀的翻譯中呼之欲出。如下列引文：

凡人以注意之集中。棄流而取波。分心為諸心態。又復貫

（Bristol, England: Thoemmes Press, 2001）.

35　Cf. Barbara Engler, *Personality Theories: An Introduction* （Belmont, Calif.: Wadsworth Cengage Leaning, 2014）, pp. 27-59; Matthew C. Altman and Cynthia D. Coe, *The Fractured Self in Freud and German Philosophy* （Hampshire, England: Palgrave and Macmillan, 2013）.

36　Matthew C. Altman and Cynthia D. Coe, *The Fractured Self in Freud and German Philosophy*, pp. 2-3.

之。以為有無形之我焉。為固體。無差別。無變易。貫諸心
態。而為其本體。猶如珠環。以絲串珠。珠猶心態。絲即為
我。惟人止見心態。而本體之我。仍不可究詰。是所謂我
者。初不過使諸心態貫連之一徵識（un simple signe）耳。
夫以我貫諸心態。則我必不變。心態既待我而後貫串。是亦
不變。不能自移。凡此為說。乃謂心為靜止。刪其間所涵之
時。徒便於名詮。非真理也。（《創化論》上，頁9）[37]

　　此段文字並非按照原文（或英譯本）逐句而譯，而是打散了
原文的次序重新排列組合，以有利於中文做文章，並且和日文一
樣，簡化了法文原文及英文翻譯；但也必須承認，張譯基本上的
確掌握了原意的大要。張東蓀此處的「本體」一詞，來自於日
文翻譯[38]，英文翻譯為ego，法文原文為moi。（在中文哲學用語
中，「本體」noumenon一詞與「現象」phenomenon相對。）此處
「心態」在法文是des états psychologiques（心理狀態）。柏格森的
要旨是：心理分析創造了一個「無形的自我」（un moi amorphe;
英譯a formless ego），不動心（indifférent，意為無情緒、無喜
好），不變易（immuable）。心理分析試圖以它所創造的這個不
動心的自我（un "moi" impassable; 英譯an impassable ego），將人
心時時波動的種種心態貫串起來，猶如以線串珠為項鍊，只是一
種人為、虛假的串聯（un lien artificial; 英譯an artificial bond）。

37　Henri Bergson, *L'évolution créatrice*, pp. 3-4; Arthur Mitchell trans., *Creative Evolution*, pp. 3-4.

38　金子馬治、桂井當之助譯，《創造的進化》：「事實斯くの如き本體は、如何にしても實在とはれない」（頁16）。

人之所見只是諸種色彩斑斕的心理狀態（nous ne percevons précisément que du coloré, c'est-à-dire des états psychologiques），而無色暗流（ce substrat incolore; 英譯 this colorless substratum）、綿延不已、充滿不確定性的真正的自我（張譯「本體」）則不可見。固定不變之心態以固定不變之自我串聯起來，只是內在生命（la vie intérieure）的虛假摹仿，永遠無法取代綿延不絕的意識之流。以上張東蓀所譯不差，但「徒便於名詮」的「名詮」為佛教語，意為詮釋人世真理的言論，在此卻顯得語焉不詳，不知與上下文的關係。比對原文，此部分是柏格森針對心理分析的描述：

> 實際上這種對內在生命的虛假摹仿，以靜態的概念取代之，更依賴邏輯與語言的運作，正因為其中去除了真實時間的成份。但是，至於掩藏在諸多象徵物下方的內在生命，我們很容易察覺，時間就是它的本質。[39]（筆者譯）

39　Henri Bergson, *L'évolution créatrice*, p. 4: "La vérité est qu'on obtient ainsi une imitation artificielle de la vie intérieure, un équivalent statique qui se prêtera mieux aux exigencies de la logique et du language, précisément parce qu'on en aura éliminé le temps réel. Mais quant à la vie psychologique, telle qu'elle se déroule sous les symbols qui la recouvre, on s'aperçois sans peine que le temps en est l'étoffe même" ; Arthur Mitchell trans., *Creative Evolution*, p. 6: "What we actually obtain in this way is an artificial imitation of the internal life, a static equivalent which well lend itself better to the requirements of logic and language, just because we have eliminated from it the element of real time. But, as regards the psychical life unfolding beneath the symbols which conceal it, we readily perceive that time is just the stuff it is made of."

　　心理分析的過程正是完全仰賴邏輯與語言，透過病人與分析師的交談，潛意識中的感受得以找到語言表達的模式；邏輯與語言代表的是意識層面的理性整合[40]。本我、自我、超我只是內在生命的象徵，對柏格森而言，並非實際的內在生命。透過比對柏格森的原文，還原張東蓀譯本以「名詮」所帶過的部分，我們可進一步瞭解柏格森的《創化論》批判心理分析的理論針對性。讀者如閱覽張譯《創化論》第三章，即知柏格森仍繼續批判心理學的物質科學傾向（《創化論》下，頁200-201；230-231）。當然，熟悉心理分析的讀者也許會質疑，佛洛依德的本我、自我、超我概念，真如柏格森所說，只是固定、靜態的概念嗎？這又是另一個層次的問題了，不是本文所能處理。重點是柏格森認為，時間的綿延是生命的特性，而科學分析的方法不能捕捉具體時間，只能處理抽象時間。

---

40 Cf. Martin Thom, "The Unconscious Structured as a Language," in MacCabe Colin ed., *The Talking Cure: Essays in Psychoanalysis and Language*（London: Macmillan, 1981）, pp. 1-44; *Monique David-Ménard, Hysteria from Freud to Lacan: Body and Language in Psychoanalysis*（Ithaca: Cornell University Press, 1989）; Jacques Lacan, *The Language of the Self: The Function of Language in Psychoanalysis*, trans. Anthony Wilden（Baltimore: Johns Hopkins University Press, 1981）. 根據Martin Thom，拉康在解讀佛洛依德時指出，潛意識的結構就是語言："The Unconscious is structured like a language"；在"The Interpretation of Dreams"中，佛洛依德認為the manifest dream-text及the latent dream-thoughts是兩種不同的語言：前者是病人醒來時還原組合的夢境文本，後者則是奠基於前者的更完整的夢境。佛洛依德認為夢境文本將夢境思想轉化為語言，並要求讀者比較原文與翻譯（the original and the translation）。

抽象時間

　　柏格森說明抽象時間時，主要運用的是幾何學與微積分。
張東蓀的確翻譯了部分相關討論，如下列有關「微分方程式」
（日譯、張譯同；法文 des équations où entrent des coefficients
différentiels; 英譯為 differential equations）的例子：

> 　　無生物無今昔之殊［……］其視現狀為前一時狀態之函數
> ［fonctions；英譯 functions］。據此而推算焉。質言之。即行
> 乎無生物間之公例為以時間為自變數之微分方程式是已。
> 然此法果能用以詮釋生物乎。吾見其不能矣。（《創化論》
> 上，頁23）[41]

　　此處張東蓀又簡化原文，並重新組合原文詞句的次序。原
文有關函數一句，在微分方程式之後，中間及前後還有許多討
論是張譯省略的。主要省略的，是有關「當下前一刻」（l'instant
immédiatement antérieur; 英譯 the state immediate before；日譯
「一刹那以前の狀態」）的數理說明，即上引張譯中的「前一
時狀態」（passé immediate; 英譯 the immediate past）。根據柏格
森，具體時間的特性為綿延不絕，任何一刻都是當下，無法區
分「當下」與「當下前一刻」。然而，在抽象時間的概念中，以
微積分來計算，是可以切割出「當下前一刻」的。就微積分而

---

41 Henri Bergson, *L'évolution créatrice*, pp. 21-22; Arthur Mitchell trans., *Creative Evolution*, pp. 23-24; 金子馬治、桂井當之助譯，《創造的進化》，頁45。

言，「當下前一刻」與「當下」之間的間隔（intervalle; 張譯、英譯、日譯缺，意為 interval）是 dt，即「兩點之間的時間」。此方程式在法文原著寫為：$dedt$，$dvdt$（張譯、英譯、日譯缺），涵義如下：任何一個物體的運動軌跡上的任一點，都代表一個獨特的時間，都是當下；欲知道任兩點之間的距離，就必須知道物體在此兩點的瞬間速度（de，即原文 vitesses presentes；張譯、英譯、日譯缺，意為 present speed）與瞬間加速度（dv，即原文 accélérations presentes；張譯、英譯、日譯缺，意為 present acceleration），以判定其軌跡與方向（原文 tendence；張譯、英譯、日譯缺，意為 tendency）[42]。這是牛頓發明的方程式，用來分析行星的軌道。柏格森稍前即指出，自從伽利略（Galileo Galilei, 1564-1642）的物理發現以來，以數學測度太陽系已成為定理，甚至有說法是生物體也可用同樣的數理來測量。柏格森問：「無生物運行的法則可以用時間作為獨立變數的微積分方程式表達，但難道這也是生命運行的法則嗎？」其答案當然是否定的[43]（《創化論》上，頁23）。

柏格森的原著寫出微積分方程式，並說明此方程式如何分析隸屬抽象時間的「當下前一刻」概念；這在英譯本、日譯本及張東蓀譯本都遺漏了，可能因為難以理解或難以說明。透過微積分的分析，柏格森的目的是指出，抽象時間所謂「當下前一刻」，在生命世界的具體時間中是沒有意義的。因為具體時間的特性是

---

42 Henri Bergson, *L'évolution créatrice*, pp. 21-22.

43 Henri Bergson, *L'évolution créatrice*, p. 20; Arthur Mitchell trans., *Creative Evolution*, p. 24. 張譯此處並未提伽利略之名，英譯有之。

綿延，要理解生物體也因此而必須以「其過去之全史」為判準：
「生物亦自綿延。常變不息。創新不已。積留其過去之全史。正
與心之現象相同也」（《創化論》上，頁26）[44]。對柏格森而言，
無生物雖不能與生物比擬，但整個宇宙的運轉日新又新，是可與
生物比擬的。見張譯：「世界自延。吾人愈窮真時之諦。乃愈知
綿延之為義在自進。在創新不息［⋯⋯］科學所分析之物。實與
全世界渾淪為一。其綿延正猶我心」（《創化論》上，頁15）[45]。
意為，科學分析的無生物與宇宙實際上是合而為一的；宇宙的綿
延正猶如心的綿延，均展現真實時間的真理及意義：自我推進、
創新不息。

生之動力

　　對柏格森而言，意識（心）即是生的意志（法文vouloir，

---

44 Henri Bergson, *L'évolution créatrice*, p. 23; Arthur Mitchell trans., *Creative Evolution*, p. 27.

45 Henri Bergson, *L'évolution créatrice*, p. 11: "L'univrs dure. Plus nous appronfondirons la nature du temps, plus nous comprendrons que durée signifie invention, creation de forme, elaboration continue de l'absolument nouveau…Rien n'empêche donc d'attribuer aus système que la science isole une durée et, par là, une forme d'existence analogue à la nôtre, si on les réintègre dans le Tout"; Arthur Mitchell trans., *Creative Evolution*, p. 14: "The universe endures. The more we study the nature of time, the more we shall comprehend that duration means invention, the creation of forms, the continual elaboration of the absolutely new…There is no reason, therefore, why a duration, and so a form of existence like or own, should not be attributed to the systems that science isolates, provided such systems are reintegrated into the Whole."

英譯 will），亦是生之動力（法文 élan vital，英譯 vital impetus），
其特質是自由；同樣重要的概念是，意志不能脫離物質（身體）
而生。從張譯此段可見：

> 今假吾人自溯其意志發動之本原。必稍稍知吾人為不絕
> 之生長與無窮之創化。蓋意志實有一種不可思議之力也
> （miracle）。事業中之有創製。行為中之有自由。機體之中有
> 活動（spontanéité）。胥恃此耳。然此皆為形體之創造。而非
> 於形體之外有所創造。夫生力之創化如潮流固也。然無單純
> 之生力。所有者僅物質所載之生力耳。故其如潮之流也。亦
> 不過推進生力所凝聚之物質耳。（《創化論》下，頁258）[46]

此處指出，由於生之動力，所以人的功業（l'oeuvre de
l'homme; 英譯 human work）有創造的可能，行為可以自由，有
機體內在具有自發性。我們必須注意張東蓀在〈譯言〉中的解
說：柏格森並非主張心物二元論，而是主張心物是「一動之順逆
兩轉」，亦即心物同源（〈譯言〉，頁8）；雖然前者遵循「生力上
之理」，後者遵循「幾何上之理」（《創化論》下，頁255），兩
者同為生之動力所策動則一。此處柏格森認為，物質（身體）是
生之動力的載體，生力所推進的是物質，亦即一切創化皆「形
體之創造」（法文 creations de forme；英譯 creations of form）。因
此，心與物是相輔相成的，兩者皆不可獨存；宇宙全體即是生

---

46 Henri Bergson, *L'évolution créatrice*, p. 240; Arthur Mitchell trans., *Creative Evolution*, p. 261.

力之創化與被創造的物質的全體（la totalité de l'univers）（《創化論》下，頁259）[47]。柏格森既批判唯心論，也批判唯物論：「或主唯物。或主唯心［……］或謂一切物質本為不滅。或謂一切物質同為神造。茲欲破此謬說。當先明創造之觀念即為生長」（《創化論》下，頁259）。亦即：「宇宙本體本非既成。乃生長不絕。創化無窮故」（《創化論》下，頁260）。

　　柏格森的《創化論》一貫以流水來比喻生之動力（le courant vital; 英譯 the vital current），認為生之動力如水流般無目的，只是一心一意掙脫物質的束縛，爭取最大的自由：

> 所謂生之動力者。不外乎創化之要求。惟非絕對之創化。乃貫徹於物質中之創化。長受物質之抵抗焉。質言之。即於必然性中求有自由。固定性中求為不定。是已。（《創化論》下，頁267）[48]

　　如何確認生之動力追求自由與不定呢？張東蓀的翻譯，詮釋了柏格森上下文的思路，圓滿回答了這個問題：

> 吾人以知覺而見有機體。必以為其為集合各部分而成。而不思及全生物界上生源動力之統一者。職是故耳。此由訴諸［理智］為然。若訴諸直覺與活動。則必視一切物皆互相

47　Henri Bergson, *L'évolution créatrice*, p. 241.

48　Henri Bergson, *L'évolution créatrice*, p. 252; Arthur Mitchell trans., *Creative Evolution*, p. 274.

融透。而為渾然之一動。化分析者為不可分矣。（《創化論》
下，頁266）[49]

此處「直覺與活動」，法文是 l'ésprit（英譯 spirit），亦即
「自發性的直觀的能力」（cette faculté de voir qui est immanente
à la faculté d'agir et qui jaillit; 英譯 that faculty of seeing which is
immanent in the faculty of acting and which springs up），也就是全
書一貫使用的 intuition。理智長於分析各部分的知識，透過直覺
才能看見全體。直覺重要性何在？張譯曰：

> 試檢哲學史。凡說之含真理者。必基於直覺。直覺以外雖
> 有所謂辯證法者。足以辨直覺之真幻。並使直覺化為概念。
> 然二者實為相反。以直覺本超乎辯證法而上之。且辯證法以
> 觀念與觀念相連屬。必致觀念內所含之直覺為之消滅也。故
> 凡以直覺為起點之哲學者。及其一旦移入概念。必覺其說之
> 動搖。而謀復歸與直覺焉。既復歸於直覺。乃知辯證法為無
> 價值矣。（《創化論》下，頁257-258）[50]

此處，柏格森以直覺與辯證法相對，認為兩者相反，而直
覺超越辯證法——即理性思考。哲學家一旦進入由概念推論到
下一個概念的理性層次，就失去直覺；真理只有一個，然而辯

---

49 Henri Bergson, *L'évolution créatrice*, p. 251; Arthur Mitchell trans., *Creative Evolution*, p. 273.

50 Henri Bergson, *L'évolution créatrice*, p. 239; Arthur Mitchell trans., *Creative Evolution*, pp. 260-261.

證法卻有「歧義之解釋」，因此必然覺得失去「立足點」（英文為 "foothold"；張東蓀譯為「必覺其說之動搖」），而必須回歸到直覺。此段之後張東蓀繼續翻譯：「直覺常為暫時一現。且易於消失。不甚完全（incomplete）。苟能保而留之。化而大之。必能盡哲學之能事也。」這裡漏譯了一個關鍵概念：如能使直覺可長可久，甚至，如能以外部之基準為參照，以免迷失，就必須自然（nature）與心不斷來回互相關照（continual coming and going is necessary between nature and mind）；如此「必能盡哲學之能事也」。至於直覺究竟是什麼？這就必須看柏格森1896年的作品《物質與記憶》（Matière et mémoire）。此書討論身體與精神，物質與記憶的關係。所謂記憶，是感知經驗的累積。在需要做決定的時刻，記憶將過去感知的經驗帶到眼前現在，於是綿延中無數的時刻被壓縮成瞬間的直覺；也就是說，過去所有經驗的累積是直覺取之不盡的資源，讓直覺在瞬間有所感悟，進而立即做出行動的決定[51]。以直覺與理性相對，柏格森要說明的是宇宙有兩種秩序，一是非理性的、心力的秩序；一是理性的、幾何的秩序（《創化論》下，頁239-242）[52]，亦即前述張譯所說「生力上之理」及「幾何上之理」。此處則是強調，兩者不能偏廢。

柏格森認為，機器觀與目的觀皆不可取，乃因兩者皆漠視具體時間——即真實時間——的綿延特性，也無法接受不可預測的未來，也就是無視生之動力的自由與不定性。對機器觀與

---

51 Henri Bergson, *Matter and Memory*, trans. N. M. Paul and W. Scott Palmer（New York: Zone Books, 1998）, pp. 66-73.

52 Henri Bergson, *L'évolution créatrice*, pp. 221-224; Arthur Mitchell trans., *Creative Evolution*, pp. 240-243. 此部分原著又談到啟蒙哲人的理性傾向。

目的觀而言，過去與未來都是現在的函數，一切時間均在預定中（all is given）；任何物體——至大如宇宙、至小如原子——的詮釋，均可透過能操作數學計算的「超人的理智」（張譯缺；法文une intelligence surhumaine, capable d'effectuer le calcul；英譯a superhuman intellect capable of making the calculation）。有這種假定，是因為科學家相信機器論的普世價值及完美的客觀性（張譯缺；英譯universality and perfect objectivity）（《創化論》上，頁38）[53]。對柏格森而言，類似萊布尼茲（Gottfried Wilhelm Leibniz, 1646-1716）（張譯「萊伯尼志」）主張的目的論不可取，正因為它和機器論一樣，認定所有事物只在實現一個「事先預定的程式」（張譯缺；原文une programme une fois tracée；英譯a program previously arranged）。既然無一事不可預測，也就沒有任何創新的可能，那麼時間也就沒有意義了（《創化論》上，頁39）[54]。時間的綿延特性與生之動力的不可規範，是息息相關的。柏格森特別強調：「意識等同於生物體選擇的力量」；「意識即創造及自由的同義詞」[55]（筆者譯）。

　　柏格森主張，人的理智具有機器論及目的論的傾向，但這兩

53　Henri Bergson, *L'évolution créatrice*, p. 38; Arthur Mitchell trans., *Creative Evolution*, p. 43.

54　Henri Bergson, *L'évolution créatrice*, p, 39; Arthur Mitchell trans., *Creative Evolution*, p. 45.「目的論」英譯主要譯為 "finality"，此處亦譯為 "the doctrine of teleology"。

55　張東蓀譯釋，《創化論》下，頁280：「心之強弱以選擇自由之度為比例。則心與自由及創造二語實為同詁」；Henri Bergson, *L'évolution créatrice*, p. 264; Arthur Mitchell trans., *Creative Evolution*, p. 287.

種傾向與真實時間的特性是背道而馳的。張東蓀掌握了原意，但往往借題發揮，加入原文所沒有（但由上下文可推斷）的字句，在中文來說，十分流暢痛快。例如，柏格森原文曰「無論何處，凡生物打開簿子即可見時間所留下的印記」[56]（筆者譯），此句是以教堂的登記簿來比喻時間的印記：在教堂的檔案詳細登記著人的生老病死，只要打開登記簿即立即可查知。緊接在此句之後，張譯為：

> 視生物如機器之人以為時非真有。無復作用。不過一比喻而已。凡此機器觀之說。蓋出於人智自然之趨向。此趨向為何。曰。人智實具機器觀之天性是已。夫心之根為記憶。記憶為積留過去並前進不回之綿延。前已言之矣。特體驗以蔽於此天性。未能以此詔示於人也。且夫宇宙之本體為流轉創化。正猶記憶之累積。必離科學所分析之物理。超常識所映之物象。而始得進窺此閟奧。前亦言之矣（《創化論》上，頁19-20）[57]。

---

56 張東蓀譯釋，《創化論》，上，頁19：「總之。含生之倫。不拘何所。概有計時之痕也」；Henri Bergson, *L'évolution créatrice*, p. 16: "Partout où quelque chose vit, il y a, ouvert quelque part, un register où le temps s'inscrit"；Arthur Mitchell trans., *Creative Evolution*, p. 20: "Wherever anything lives, there is, open somewhere, a register in which time is being inscribed"；金子馬治、桂井當之助譯，《創造的進化》，頁40：「されば。凡そ生活體の存在するところには。必ず何處にか「時」といふものが記入さる可き帳簿の無いことはない。」

57 Henri Bergson, *L'évolution créatrice*, pp. 16-17; Arthur Mitchell trans., *Creative Evolution*, p. 20; 金子馬治、桂井當之助譯，《創造的進化》，頁40-41。

　　對照原文及英譯，可以證實張東蓀的翻譯確實是「譯釋」，前後對調、補充說明，發揮了極大的自由。筆者重譯如下，供讀者參考：

　　　　有人說，這只不過是一種比喻；事實上，把描述時間特性及實際作用的說法看成是比喻，正是機器論的本質。直接體驗告訴我們，意識存在的根本是記憶，記憶即過去在當下的累積，亦即前行而無法逆轉的綿延；但這樣說沒用。推理證明，我們越脫離常識與科學所切割的事物及孤立的體系，越能理解現實的內在本質是整體的變化，正如過去記憶的累積，前行而不復返；這樣證明也沒用。人智的機器性本能，畢竟比推理及直接體驗更強大得多。（筆者譯）

　　筆者盡量忠實於原意，但翻譯的結果平淡無奇，沒有任何動人之處。反觀張東蓀的翻譯，雖然並非逐字逐句對應原著，但已捕捉到旨意。即使有乍看之下語焉不詳的詞句，重複閱讀大致還能讀出意思。最重要的是，「存在的本質是內在整體的變化」一句，日譯與筆者之翻譯相當：「實在の真相は全體として 的に變化流轉するもの」[58]。張東蓀譯為「宇宙之本體為流轉創化」，雖然並不貼近原文，但原著上下文確有此意，而讀來鏗鏘有聲，可以朗朗上口；就中文而言，暢快淋漓，不似翻譯。總而言之，張譯雖然在「信」上稍作犧牲，卻是成功的翻譯。雖然推理的過程可能無法如原文一般層層緊扣，牽涉到的數理科學理論也無法交

---

[58] 金子馬治、桂井當之助譯，《創造的進化》，頁40-41。

代清楚，但是，他等於以中文創造了一套全新的語彙、修辭與概念，令人讀來印象深刻、讚嘆信服。難怪當年《創化論》影響深遠，不僅奠定了人生觀派的理論基礎，「創造」、「直覺」等跨文化語彙更進入現代中文世界，成為本土語言不可或缺的成分。

《創化論》與創造社

　　《創化論》的翻譯，與創造社的成立直接相關。郭沫若1914至1923年留學日本東京帝大，1920年2月15日寫了一封信，給上海《時事新報》文藝副刊《學燈》的主編宗白華，信中提到閱讀張東蓀翻譯的《創化論》：「《創化論》我早已讀完了，我看柏格森的思想，很有些是從歌德脫胎而來的。凡為藝術家的人，我看最容易傾向他那『生之哲學』」（頁57）[59]。雖然郭長期留學日本，其日文修養想必足以閱讀日文翻譯本，但是直接刺激他思考的，還是張東蓀的日文譯本。前面說過，發表《創化論》的《時事新報》是梁啟超的研究系辦的報紙，這在鄭伯奇的〈回憶創造社〉一文得到證實：「宗白華同志編輯的《學燈》給他〔郭沫若〕提供了美好的園地，不斷地刺激他的創作活動……《學燈》是《時事新報》的副刊，而《時事新報》是研究系的機關刊物」

---

59 田漢、宗白華、郭沫若，《三葉集》（上海：上海書店，1982）。本書收集1920年1月至3月三位作家的二十封通信。田漢的序指出，「三葉」是德文Kleeblatt的翻譯，「拉丁文作Trifolium，係一種三葉叢生的植物，普通用為三人友情的結合之象徵。我們三人的友情，便由這部Kleeblatt結合了」（頁1）（根據上海：亞東圖書館，〔1920〕1923，第3版）。

（頁9）[60]。根據鄭伯奇，後來創造社成立了，與《新青年》群體、文學研究會、新月派，都是格格不入的，尤其新月派不斷造謠生事，打擊創造社：「在較長期的事件，創造社處於孤軍奮鬥的形勢之中」（頁3）。人生觀派的導師梁啟超辦的報紙，由宗白華主編副刊《學燈》，刊登了郭沫若的大量作品，有助其成長為有分量的作家，可說促成了後來創造社的成立。這些作品後於1921年編入泰東書局出版的詩集《女神》。在這首長詩中，郭沫若以「創造」作為眾繆思女神的追求目標：

> 女神之一
>
> 我要去創造些新的光明，
>
> 不能再在這壁龕之中做神。
>
> 女神之二
>
> 我要去創造些新的溫熱，
>
> 好同你新造的光明相結。
>
> 女神之三
>
> 新造的葡萄酒漿
>
> 不能盛在那舊了的皮囊，
>
> 我為容受你們的新熱、新光，
>
> 要去創造個新鮮的太陽！（頁4-5）[61]

---

60 鄭伯奇，〈憶創造社〉，《憶創造社及其他》（香港：三聯書店（香港）有限公司，1982），頁1-43。根據主編本書的鄭延順（鄭伯奇之子）說明，本文曾於1959年在上海《文藝月報》連載（頁249）。

61 郭沫若，《女神》（上海：泰東書局，1921），再版，頁1-17。原發表為《女神之再生》，《民鐸》2卷5號（1921年2月15日），頁1-14。

　　這首長詩可能是中國現代文學首次以「創造」為主題的作品。1921年創造社在日本東京成立，成員多半是留學日本的青年學生，例如郭沫若、成仿吾、郁達夫、田漢、張資平、鄭伯奇。創造社的刊物由上海泰東書局出版，包括《創造季刊》、《創造週報》、《創造日》、《創造月刊》等，標舉「創造」為標竿。《創造季刊》第一期以郭沫若的詩〈創造者〉打頭陣，指出儘管「創造者的孤高」、「創造者的苦惱」是不能迴避的宿命，但他們以「創造者的狂歡」為樂，以「創造者的光耀」為榮[62]。從《創化論》翻譯的出版到創造社的成立，可知思想概念與文學發展的相互滲透，是不可忽視的層面。檢驗跨文化語彙在文學作品中的傳播，更能體驗外來思想進入本土後的深植人心、遍地開花。

　　1927年創造社宣布「從文學革命到革命文學」，從浪漫走向革命，跟人生觀派的行動及實踐理念（第一章已論及）若合符節。早在1923年，郭沫若在〈我們的文學新運動〉一文中，就已經透露創造社作家的社會革命傾向。他以精神與物質的對比來說明文學運動必須打倒布爾喬亞的「惡根性」：「凡受著物質的苦厄之民族必見惠於精神的富裕」；「我們於文學事業中……要打破從來因襲的樣式而求新的生命之新的表現」；「光明之前有渾沌，創造之前有破壞」；「我們的目的要以生命的炸彈來打破這毒龍［資本主義］的魔宮」（頁13-16）[63]。也就是說，生命的目的在擺脫物質的束縛，創造新的前景。美育運動主張美育的目的是規劃「美的人生」（參閱本書第四章），郭沫若在〈藝術家與

62　郭沫若，〈創造者〉，《創造季刊》1卷1期（1922年5月1日），頁1-4。

63　成仿吾、郭沫若，《從文學革命到革命文學》。

革命家〉中指出藝術家就是革命家，目標是「美化人類社會」：
「一切真正的革命運動都是藝術運動，一切熱誠的實行家是純真
的藝術家，一切熱誠的藝術家也便是純真的革命家」；「二十世
紀的文藝運動是在美化人類社會，二十世紀的世界大革命運動
也正是如此。我們的目標是同一的 [⋯⋯] 我們是革命家，同時
也是藝術家。我們要做自己的藝術的殉教者，同時也是人類社
會的殉教者」（頁17-20）。主張為藝術殉教，指涉的是1917年蔡
元培的〈以美育代宗教說〉（參閱第四章〈中國的美育運動：王
國維、蔡元培〉一節）。〈藝術之社會的意義〉（1924）中又說：
「科學使我們的智的生活豐富，藝術使我們的情的生活豐富。藝
術與科學是對於人類之教育最有力的手段」（頁21-29）。以「智
的生活」對照「情的生活」，呼應科學與人生觀論戰的論點，毫
無疑義。成仿吾會在1927年寫下〈從文學革命到革命文學〉，
不滿新文化運動只吶喊不作為，宣告新文化運動的「壽終正寢」
（頁123-133），一點也不意外。

　　柏格森與倭伊鏗的人生哲學進入現代中國，是因為人生觀派
的引進。然而十九世紀到二十世紀初的歐洲哲學家，並非僅他們
兩位質疑科學理性權威、試圖恢復哲學真理地位。當時的世界觀
哲學（world-view philosophy）——包括柏格森與倭伊鏗的人生
哲學（Lebensphilosophie）；宗派主義（factionalism）；斯賓諾莎
（spinoza）、萊布尼茲、叔本華、黑格爾、海克爾（Ernst Haeckel）
等的一元論（monism）；叔本華、尼采的唯意志論（voluntarism）；
Helena Petrovna Blavatsky（1831-1891）、托爾斯泰等的神智論
（theosophy）——都強調真理的經驗化、相對性及歷史性，設法

在現代性去個人化的趨勢中，找到人的自我的意義[64]。對科學理性的質疑，進而探討人非理性的層面，乃現代哲學對啟蒙理性的徹底檢討。

《創化論》與人生觀派

1923年科學與人生觀論戰期間，《創化論》使用的語彙和概念引導、支撐了人生觀派的論述。從人生觀派導師梁啟超的言論，即可證明。他在赴歐拜訪倭伊鏗後，1920年3月寫作〈歐遊心影錄〉，第一章已經論及，此處不妨回顧：

> 這些唯物派的質學派。托庇科學宇下建立一種純物質的純機械的人生觀。把一切內部生活外部生活都歸到物質運動的「必要法則」之下［……］根據實驗心理學。硬說人類精神。也不過一種物質。一樣受「必然法則」所支配。於是人類的自由意志。不得不否認了。

此處純物質、純機械的人生觀與精神的對立，心理學將人類精神的物質化，物質的自然法則與人類自由意志（法文，頁266；英譯，頁290）的對比，都是《創化論》的關鍵概念。

1923年1月，梁啟超詮釋柏格森的宇宙永恆創造、永恆流

---

64 Charles R. Bambach, *Heidegger, Dilthey, and the Crisis of Historicism* (Ithaca: Cornell University Press, 1995), p. 26.

動的概念，認為宇宙「正在創造之中。待人類去努力。所以天天流動不息」；並引用孔子「毋我」及佛家「無我」的說法，指出「我」是世界的一部分，無法與世界切割，更沒有固定不變的「我」[65]。將我視為小宇宙，與大宇宙同樣流動不息，正是《創化論》所提倡的。而梁引用儒學與佛學來闡釋柏格森，正是呼應湯化龍〈《創化論》序〉的呼籲：將柏格森學說與《易經》「天行健。自強不息。曰變動不居。曰神無方而易無體」的概念相互發明，以「為東西洋文明貫通之渠」[66]。1923年論戰爆發後，梁啟超指出：「凡物的文明。都是堆積的非進化的。只有心的文明是創造的進化的」[67]。此處物質文明與「心」的文明的區別，以後者「創造的、進化的」特質作為判準，當然是呼應《創化論》的概念與語彙。

　　1927年方東美為中央政治學校編寫的《科學哲學與人生》，值得我們重新回顧[68]。方東美被譽為新儒家的起源，書中指出，無論科學的唯物論或哲學的唯心論，都是運用理智而建設兩種不同的宇宙觀，現代哲學家如叔本華、尼采、柏格森的人生哲學則是「反理智主義」，發抒「生命欲與生命力」。方指出，十八世紀以前學者醉心數學，以數量的方法化除宇宙萬物的差別相，爭

65　梁啟超，〈東南大學課畢告別辭〉，《飲冰室合集》卷5之40，頁7-15。

66　湯化龍，〈創化論序〉，收入張東蓀譯，《創化論》上，頁1-3。

67　梁啟超，〈歷史現象是否為進化的〉，《飲冰室合集》卷5之40，頁5-6。

68　方東美，《科學哲學與人生》（上海：商務印書館，[1927] 1936）；參考國際方東美哲學研討會執行委員會編，《方東美先生的哲學》（臺北：幼獅文化，1989）；張淑玲，《方東美的生命觀與西方創化思想》（臺北：花木蘭文化出版社，2011）。

平等相，然而卻抹煞了宇宙人生進展開拓的現象；十八世紀以後生物學的演化論則最能符合宇宙人生自由創進的需求，將宇宙與人生融成一片，表彰宇宙萬物的差別相。然而仔細探究，我們會發現方東美對生物學的分析，基本上是根據柏格森的《創化論》，強調宇宙之全體都是時間的進展與流變的歷程，有別於達爾文的演化論強調生物的演化乃因環境的變遷（參考本書第五、六章）。我們應該說，《創化論》讓人生觀派學者如方東美找到了對宇宙人生的新信仰。

　　透過翻譯進入本土的跨文化語彙，不但為本土語言創造了一套全新的論述，更與傳統的概念互相發明，企圖為傳統注入新活力；翻譯之為用，不可小覷。日後新儒家成立，實延續了人生觀派企圖以跨文化語彙及概念創新傳統的努力。《創化論》的翻譯及影響，說明了跨文化研究作為一個方法論的意義。所謂跨文化，不僅跨越中國與西方，也跨越現代與傳統及學科；亦即，跨歷史分期、跨語際、也跨領域。與其說跨文化是一個新的學術領域，不如說它是一個新的研究方法，可以打開不同學術領域的現有格局。進一步而言，跨文化是自我面對他者文化的倫理態度，目的在打破自我中心主義。要真正理解自我，就必須理解自我與他者的互動如何在關鍵時期促成自我的創造性轉化。

徐復觀〈心的文化〉

　　若說新儒家興起於五四的東西跨文化交匯場域，亦不為過。《創化論》將柏格森的consciousness翻譯成「心」，顯示承繼了

儒家的心學傳統[69]。戰後移居港臺的新儒家徐復觀的著作，清楚顯露心學的烙印。徐曾就讀湖北武昌第一師範（武漢大學前身）、武昌國學館，參加國民革命軍，後留學日本明治大學、陸軍士官軍校步兵科。曾在中國國民政府參謀本部參謀總長辦公室、中國國民黨中央黨部等當幕僚。來臺後棄武從文，任教東海大學及香港新亞書院，後病逝於臺北[70]。1949年在香港創辦《民主評論》，是著名的自由主義刊物。1959年著有《中國思想史論集》，第三版（1974）重編時，在〈孔子德治思想發微〉的部分，加入〈心的文化〉一節，充分展示新儒家對唯心論、唯物論的批判[71]。冷戰時期新儒家批判唯物論是很容易理解的，但是同時批判唯心論，就值得我們思考。文章首先指出，中國文化最基本的特性就是心的文化，「中國文化認為人生價值的根源是在人的自己的『心』」（頁242）。徐認為中國文化所說的心，屬於人的生理構造，並非西方唯心論的心，假如要勉強牽附的話，還不如牽附到唯物論，因為生理本來就是物；但應該說「形而中者謂之心」（頁243）。也就是說，徐認為中國人「心的文化」不應詮釋為形而上學，而應該是「形而中學」。唯心論、唯物論的論爭是西方本體論早有的論爭，究竟是精神先於物質，還是物質先於

69　鍾彩鈞，《明代程朱理學的演變》（臺北：中央研究院中國文哲研究所，2018）。鍾彩鈞以為，「明代哲學思想以心學為最有創見，成就也最高」（頁1）。書中指出，即使是理學家也探討心學，第九章論及朱熹的「心的地位與功夫」，指出朱子的「天地以生物為心」（頁541）。

70　謝鶯興編，《徐復觀教授年表初編》（臺中：東海大學圖書館，2017）。

71　徐復觀，〈心的文化〉，《中國思想史論集》（臺北：臺灣學生書局，[1959] 1974），3版重編，頁242-249。第一版、第二版原無此篇。

精神？中國文化並不認為這是值得討論的重大問題（頁244）。

　　徐復觀重新檢討中國儒釋道傳統發展史上的重大轉折，我們不妨視之為「人本」的轉折或「內在超越」（immanence）的轉折[72]。徐指出，中國文化在很長的時間中，以為道德的價值根源在神、在天，「到孔子才體認到道德根源乃在人的生命之中，故孔子說：『仁遠乎哉？我欲仁、斯仁至矣』」。《中庸》說「天命之謂性」，雖然是形而上學的命題，但是這種形而上的命題必須落實在人的身上，「性是在人的生命中生根的」，中庸所重視的不是「天」，而是「性」的問題。到了孟子明確指出，「道德之根源乃是人的心，『仁義禮智根於心』」，所陳述的則是「內在經驗」（頁245）。道家亦如此，老子形而上的「道」，莊子將之「落實在人的心上，認為虛、靜、明之心就是道。故莊子主張心齋、坐忘〔……〕人的精神由此而得到大解放〔……〕莊子的虛靜明的心，實際就是一個藝術心靈；藝術價值之根源，即在虛靜明的心」（頁245）。佛教認為信仰可「超越生死輪迴，升天成佛」〔即外在超越（transcendence）〕；後來禪宗則主張「明心見性」，「見性成佛」，也就是主張「本心即是佛」〔即內在超越〕，因此禪宗稱為「心宗」（頁246）。從外在超越到內在超越的轉折，正是1924年朱謙之、袁家驊的唯情論之重點，詳見本書第

---

72 有關儒家哲學的「內在超越」，請參考杜維明，〈超越而內在──儒家精神方向的特色〉，《儒學第三期發展的前景問題》（臺北：聯經出版，1989），頁165-211；余英時，〈結局：內向超越〉，《論天人之際：中國古代思想起源試探》（臺北：聯經出版，2014），頁219-252。余英時指出，孔子以「仁」為「禮之本」，孟子說「仁，人心也」；孔子不走巫文化外求『天』的老路，而另闢內求於『心』的新途（頁61）。

五章的討論。

　　徐復觀結語指出，中國「心的文化」所說的心，有別於「一般所說的心或心理學上的『意識』」，而是「通過一種修養工夫，使心從其他生理活動中擺脫出來，以心的本來面目活動，這時心才能發出道德、藝術、純客觀認知的活動」；孟子說「養生莫善於寡欲」，就是要「減少其他生理作用的干擾」，讓心的本性能表現出來（頁247-248）。要顯現心的本性，必須「通過一種工夫，把主觀性的束縛克除」，此時「客觀的事務，不致被主觀的成見與私欲所歪曲，才能以它的本來面貌，進入於人的心中，客觀才能與心作純一不二的結合，以作與客觀相符應的判斷」（頁248）。這種主客合一，即是唯情論所主張。徐強調，工夫的內在經驗，本身「是一種存在，不是由推理而得的（如形而上學的命題），故可以不與科學發生糾纏」（頁248）。文章最後總結心的文化的特點，包括工夫、體驗、實踐、現實性、社會化，是「和平的文化」；思辨必須以工夫、體驗、實踐為前提，否則思辨只是空想（頁249）。徐復觀以「心的活動」（頁247）來對比科學理性，與張東蓀《創化論》的翻譯策略相通；強調主客合一、人生價值及藝術價值、思想落實於現實性及生命實踐，與五四人生觀派的一貫主張若合符節。人生觀論述與新儒家興起的連結，是值得檢視的課題。

　　五四以後新儒家的興起，有賴於梁漱溟、熊十力、馮友蘭、張君勱、徐復觀、牟宗三等對儒家哲學思辨的提倡，以及儒家哲學亦可發展出民主與科學的主張[73]。然而，就本書而言，牟宗三

---

[73] 參考余秉頤，《認識新儒家：以價值觀為核心的文化哲學》（臺北：臺灣學生

在理性論述與情感論述之間的迂迴游移，更值得玩味。眾所周知，牟宗三的〈理性之運用表現與架構表現〉（1955）依賴康德的實踐理性主張，認為中國的理性表現不同於西方，中國是「理性的運用表現」，西方是「理性的結構表現」[74]。然而同時，牟在《五十自述》（1959）中表示，生命本身是「『非理性的』，不可思議的」。根據黃冠閔的研究，《五十自述》是「生命修辭」，強調「記憶所希望產出的真理」；這是一種「情感真理的證道」。本書第五章之〈牟宗三、胡適與杜威〉一節，將詳論之。

書局，2011）。

74 牟宗三，〈理性之運用表現與架構表現〉，《民主評論》6卷19期（1955年10月5日）；後收入牟宗三，《政道與治道》（臺北：臺灣學生書局，1987），頁44-62。

第三章

梁漱溟的《東西文化及其哲學》

　　1923年人生觀論戰爆發之前，梁漱溟應教育部邀請舉行兩個系列演講，分別於1920年在北京大學、1921年在濟南省教育會，討論中西文化的比較。這些演講的內容編輯成書，即是《東西文化及其哲學》（1921）[1]。書中指出西方文化強調「科學」及「理智」，東方文化的精髓則是「形上學」（五四時期又譯為玄學）思考及「直覺」（頁30-33）；前者的特色是物質文化，後者則是精神文化。東方文化的特點即倭伊鏗所說的「精神生活」及羅素所說的「靈性生活」，兩者在英文都是 "the life of spirit"（梁氏的英文，頁99），譯成中文後因譯者不同而產生差異。又指出，最近在中國提倡「藝術的人生態度」、「藝術生活」或「以美育代宗教」的人，都在提倡精神生活（頁99）。此處梁顯然指涉蔡元培所提倡的美育運動。

　　蔡元培於1912年擔任第一屆教育部長期間就開始提倡美育運動了，第四章將詳論之。梁漱溟尊崇人生觀派的兩位領袖，視兩者為師：「我年輕時受知於兩位老前輩，一位是蔡元培先生，又一位便是梁任公先生」[2]。十五歲開始閱讀從日本引進的三整年六巨冊《新民叢報》及《新小說》全年一巨冊，進行自我教育；梁啟超在報刊上揭示的「新人生觀」及改造中國社會的建議，對其啟發甚大[3]。1916年僅二十三歲，在《東方雜誌》上發表〈究元決疑論〉，探討佛學[4]。蔡元培此時剛卸下教育部長職務，正接任

1　梁漱溟，〈東西文化及其哲學自序〉，《東西文化及其哲學》（上海：商務印書館［1921］1922），第5版，頁1-5。

2　梁漱溟，《梁漱溟全集》（濟南：山東人民出版社，1993），頁548。

3　汪東林，《梁漱溟問答錄》（長沙：湖南人民出版社，1988），頁45。

4　梁漱溟，〈究元決疑論〉，《東方雜誌》13卷5號（1916年5月10日），頁

北京大學校長，在上海書店看了此文大為讚賞，次年延聘其為北大講師，教授印度哲學[5]；梁氏的學歷是1911年北京順天中學堂（今日北京四中）畢業，乃清末開辦的新式教育學校。五四知識分子愛才，提攜後進不遺餘力，往往破格任用。另一個例子是沈從文，雖只有小學畢業學歷，1929年二十七歲時，胡適因徐志摩引薦，聘請其擔任上海中國公學講師，教授新文學和小說習作課程；這是我們耳熟能詳的傳奇故事[6]。正因這種為天下舉才的無私情懷，才能造就五四一代大師雲集，我們今天仰之彌高。

　　1921年梁漱溟的《東西文化及其哲學》將東西文化對立起來，影響深遠，形塑了兩、三代人的文化觀念。1927年東西方文化論戰方興未艾之時，清華大學哲學教授王國維（1877-1927）投身頤和園的昆明湖中自盡。一個知識分子如此自我了結生命，究竟原因何在？歷來眾說紛紜。陳寅恪認為，王國維之所以自殺，乃因西方文化的強勢衝擊，不忍目睹中國文化的日益衰亡：

　　　凡一種文化值衰落之時，為此文化所化之人必感苦痛，其表現此文化值程量愈宏，則其所受之苦痛亦愈甚；迨既達極深之度，殆非出於自殺無以求一己之心安而義盡也。[7]

5　梁漱溟，〈紀念蔡元培先生〉（1942），《憶往談舊錄》（北京：金城出版社，2006），頁95-102。

6　沈從文全集編委會編，〈沈從文年表簡編〉，《沈從文全集》附卷（太原：北岳文藝出版社），頁11。

7　陳寅恪，〈王觀堂先生輓詞〉，《陳寅恪集‧詩集》（北京：生活‧讀書‧新知三聯書店，2001），頁12-17。

6-10；13卷6號（6月10日），頁5-9；13卷7號（7月10日），頁8-12。

　　果其然乎？這是現代文化史上難解的謎。王國維對中國傳統
念茲在茲，在闡發傳統學術之時，汲取西歐、日本文化的資源，
左右逢源。其自殺竟會是因中國文化的衰落！王國維的自殺，應
置於五四時期自殺事件頻傳的脈絡下。五四前後自殺成為醒目的
社會問題，自殺人數與日俱增，《晨報》1921年4月至12月，報
導的自殺人數高達一百十三人[8]。1918年梁漱溟的父親梁濟（1858-
1918）就是投湖自盡的，曾寫下遺書給子女：「我之死，非僅眷
戀舊也，並將喚起新也。喚新國之人尚正義而賤詭謀，然後舊國
性保存一二。國性存然後國可以存」（頁195）[9]。清末民初知識分
子在劇烈轉型期中不得安身立命，痛苦焦慮，豈區區苦悶一詞可
達萬一。梁漱溟研究佛學，即是為了化解其父及自身之苦，由
1916年〈究元決疑論〉的起首告白可知：「論者曰。譬有親族戚
黨友好。或乃陌路逢值之人。陷大憂惱病苦。則我等必思如何將
以慰解而後即安［……］此憂惱狂易。論者身所經歷（辛亥之冬
壬子之冬兩度幾取自殺）今我得解。如何面值其人而不為說法。
使相悅以解。獲大安穩。以是義故。我而面人。貢吾誠款。唯有
說法」（5號，頁6）[10]。然而，梁漱溟自己雖因法得解，其說法仍
無法慰解其父，後者終於兩年後自殺。

8　齊衛平，〈五四時期中國社會轉型與自殺現象〉，《民國春秋》3期（1998），
　　頁49-51。

9　梁煥鼐編撰，《桂林梁先生遺著》，（臺北：華文書局，1968）。

10　梁漱溟，〈究元決疑論〉，《東方雜誌》13卷5號（1916年5月10日），頁
　　6-10；13卷6號（6月10日），頁5-9；13卷7號（7月10日），頁8-12。

東方化、西方化：羅素

　　《東西文化及其哲學》的主旨是比較中國、印度及西方哲學，設法找尋中國文化在現代世界存在的意義。梁漱溟在緒論中首先討論所謂「西方化」及「東方化」的問題，並認為，如欲釐清此二問題，必須先理解東方文化及西方文化的內涵。有關東西文化的比較問題，當年來訪中國的西方學者都曾提出意見。梁漱溟指出，1919至20年杜威來中國時，主張東西文化應該調和，梁啟超在〈歐遊心影錄〉也持相同論調：「於是大家都傳染了一個意思，覺得東西文化一定會要調和的，而所期望的未來文化就是東西文化的調和的產物」。梁漱溟問：究竟什麼是東方化，什麼是西方化；兩者是否具有同等的價值，究竟是否能調和？（頁2）按，杜威來訪，是先到日本。當年就讀哥倫比亞大學的學生輩胡適、蔣夢麟等得知後，力邀其來中國。杜威於五四前三天抵達上海，邀請單位是北京大學、南京高等師範學校、中等教育改進社等團體，第二年則由講學社續聘[11]。其此次日本、中國之行，對日本的進步、中國的落後感觸良深，在沿途寫給女兒的家書中表露無遺[12]。杜威來訪期間作的五個講演，由胡適口譯，原載於《晨報》（1920年3月8至27日），又載《北京大學

11　郭廷以，《近代中國史綱》（香港：香港中文大學，[1979]1986），第3版，
　　上下冊合訂本，頁505；較全面的研究，參考元青，《杜威與中國》（北京：
　　人民出版社，2001）。

12　John Dewey, *Letters from China and Japa*n, eds. Alice Chipman Dewey and
　　Evelyn Dewey（New York: E. P. Dutton, 1920）；劉幸譯，《杜威家書：1919年
　　所見中國與日本》（北京：北京師範大學出版社，2016）。

日刊》（1920年3月11日至4月30日）。1920年由《晨報》出版
為《杜威五大講演》，其中一篇〈現代的三個哲學家〉，討論詹
姆士、柏格森、羅素的學說[13]，其中柏格森是人生觀派宣揚的哲
學大師，羅素是講學社邀請的重量級哲學家，均是檢討西方文化
最力的人。

　　1920年10月羅素抵達上海，是講學社聘請的第一位學者[14]。
羅素反戰、反傳統婚姻制度。1910年任教於劍橋大學的Trinity
College，因反基督教被解聘。1918年因反戰而坐牢半年，1927
年發表演講〈為何我不是個基督徒〉[15]。1921年拜訪中國一年後，
於1922年出版《中國之問題》（*The Problem of China*）一書，對
中國的落後描寫甚多[16]。1924年出版《易卡剌斯：科學之將來》
（*Icarus: The Future of Science*），以神話故事中第達拉斯教導其
子易卡剌斯飛行的故事，說明易卡剌斯的魯莽致死，有如科學的
過度發展及濫用，非但無法促進人類幸福，反而導致統轄者發
展極權，禍害無窮[17]。奧維德（Ovid, 43BC-17/18AD）《變形記》
（*Metamorphoses*）的一個故事中，為了逃離克里特島（Crete），
建築師兼發明家第達拉斯做了兩對翅膀，用蠟幫自己和易卡

---

13 杜威著，胡適口譯，伏廬筆記，〈現代的三個哲學家〉，《杜威五大演講》下
　　冊（北京：晨報社，1920），頁1-56。見第一章杜威有關柏格森的討論。

14 丁子江，《羅素與中西思想對話》（臺北：秀威資訊科技，2016），頁83。

15 Bertrand Roussell, *Why I Am Not A Christian and Other Essays on Religion and
　　Related Subjects*, ed. Paul Edwards（London: George Allen & Unwin, 1957）.
　　Originally a talk given on March 6, 1927 at Battersea Town Hall.

16 Bertrand Russell, *The Problem of China*（London: G. Allen & Unwin, Ltd., 1922）.

17 Bertrand Russell, *Icarus: Or, The Future of Science*（New York: E. P. Dutton &
　　Co., 1924）.

刺斯黏在身上。飛行之前,他告誡兒子要維持中道(middle course),不能飛得太低,使海水溼了他的翅膀,也不能飛得太高,使太陽融化了黏翅膀的蠟;但易卡刺斯不理會父親的告誡,得意忘形,飛得太高,結果蠟融了,墜海而亡。易卡刺斯的神話故事家喻戶曉,是許多歐洲畫家的素材,例如弗蘭德畫家魯本斯(Peter Paul Rubens, 1577-1640)的油畫《易卡刺斯的墜落》(*The Fall of Icarus*, 1636;圖3.1)[18]。羅素的《易卡刺斯:科學之將來》是針對遺傳學家、演化生物學家家哈爾登於1923年2月4日在劍

圖3.1 弗蘭德畫家魯本斯的〈易卡刺斯的墜落〉。油畫,27×27cm,布魯塞爾比利時皇家藝術館收藏。

---

18 Hoakley, "Changing Stories: Ovid's Metamorphoses on canvas, 40 Daedalus and Icarus"(August 28, 2017). Online Posting: https://eclecticlight.co/2017/08/28/changing-stories-ovids-metamorphoses-on-canvas-40-daedalus-and-icarus/(accessed on November 23, 2018).

橋大學異端學社的演講〈第達拉斯：科學與將來〉[19]。很湊巧，十天之後，張君勱在清華大學發表演講「人生觀」，引爆了科學與人生觀論戰。可見兩次歐戰期間，這個議題是跨越歐亞的共同關懷。哈爾登以第達拉斯之名，認為科學可以為人類的未來帶來幸福，羅素則以易卡刺斯之名出書，大力反駁；據說阿爾德斯・赫胥黎（Aldous Huxley, 1894-1963）的著名反烏托邦小說《美麗新世界》（Brave New World, 1932），即是是受羅素此書之啟發。羅素這本小書，於1931年譯為中文《科學之將來》，由上海商務印書館出版（參見本書書誌）[20]。

　　1921年梁漱溟的《東西文化及其哲學》指出，由於羅素一向對西方文化有反感，所以來中國時大為讚美中國文化，但其實並不了解中國文化（頁2）[21]。梁漱溟認為，如今在全世界，西方化是主流，不僅西方如此，日本也因西化而強盛；來不及西化的，如印度、朝鮮、安南、緬甸，就淪落至被西方強權所占領。中國受到這種潮流的強大壓力，也不得不西化。那麼，東方化能存在嗎？（頁3-4）梁漱溟將「西方化」及「東方化」對立起

---

19 哈爾登此演講後來出版成書。參考John B. S. Haldane, *Daedalus; or, Science and the Future*（London: E. P. Dutton and Co., 1924）。

20 羅素著，吳獻書譯，《科學之將來》（上海：商務印書館，1931）。

21 羅素對西方文化瞭解當然更深刻。其訪華之前，曾於1920年5至6月訪問蘇聯。其1919年*Proposed Roads to Freedom*一書，檢討馬克思主義式的社會主義："Marxian socialism, I fear, would give far too much power to the state, while Syndicalism, which aims at abolishing the state, would, I believe, find itself forced to reconstruct a central authority in order to put an end to the rivalries of different groups of producers." Cf. Bertrand Russell, *Proposed Roads to Freedom*（New York: Henry Holt and Company, 1919）, p. xi.

來，這種二元對立的思考模式，是他在思想上最大的問題。除了
這種二元對立的思考模式，所謂「西方化」或「西化」的概念，
也值得商榷。從《東西文化及其哲學》直至今日，許多學者在討
論東方與西方接觸的議題時，所謂現代中國的「全盤西化」，仍
然是約定俗成、不假思索的說法。梁漱溟指出：

> 中國自從明朝徐光啟翻譯《幾何原本》，李之藻翻譯《談
> 天》，西方化才輸到中國來。這類學問本來完全是理智方面
> 的東西，而中國人對於理智方面很少叛造，所以對於這類學
> 問的輸入並不發生衝突。直到清康熙時西方的天文，數學輸
> 入亦還是如此。後來到咸同年間，因西方化的輸入，大家
> 看見西洋火砲，鐵甲，聲，光，化，電的奇妙，因為此種
> 是中國所不會的，我們不可不採取他的長處，將此種學來
> [……]全然沒有留意，西洋這些東西並非憑空來的，卻有
> 他們的來源，他們的來源就是西方的根本文化[……]這些
> 東西對於東方從來的文化是不相容的。（頁4-5）

引文顯示，清末為富國強兵，將西方的聲光化電等科學知識
輸入中國後，練海軍、辦船政，歷經數十年，非但這些東西無法
順利移植，反而攪亂了中國的舊有文化。到甲午戰役，海軍全軍
覆沒，大家才知道在這些東西後面還有根本的問題。於是開辦新
教育、提倡戊戌變法、提倡立憲制度代議政治。辛亥革命終於打
倒了滿清，但西洋的政治制度還是不能在中國成立。最後陳獨
秀、胡適等人認為最根本的是追求整個西方文化，要從思想改革
上做起，因此推動了新文化運動。梁漱溟問：「中國人是否要將

中國化連根的拋棄？」（頁7）

　　梁漱溟指出西方的學問及軍事、政治等制度「完全是理智方面的東西」，孔子的學問則是「完全聽憑直覺」（見下文），用二分法來區別東西文化。文中引用李大釗1920年的文章〈東西文明之根本異點〉的論點：「東方文明之根本精神在靜，西方文明之根本精神在動」，因此東西文化根本不同，如果勉強混合兩種矛盾的精神，以「萬世一系[22]一成不變之觀念運用自由憲法，其國之政治固以杌隉不寧［⋯⋯］必至人身與器物，國家與制度都歸於粉碎」。李大釗認為，中國人雖在西方化政治制度之下，卻仍舊保持在東方制度之下的態度[23]。可能有鑑於這是文化生死存亡的時代，需要極端的思考來糾正弊病，梁漱溟問：「怎樣可以使根本態度上有採用西方化的精神，能通盤受用西方化？」（頁9）。1916年陳獨秀的〈吾人最後之覺悟〉及〈憲法與孔教〉也主張，假如採用西方化，必須徹底排斥東方化，因此要打倒孔家店（頁10）[24]。梁漱溟批評兩者的意見：「這種主張從根本上不要東方化是很對的；而不能說出所以然，就胡亂主張將來兩文化必能融通，實在不對」（頁10）。

　　究竟東西方差異在哪裡，為何兩種文化不能相容？梁漱溟的看法並不獨特，也是強調西方的科學及民主精神。但東方的精神

---

22 「萬世一系」意指日本天皇體系，從西元前六世紀第一代神武天皇以來均隸屬同一家族。

23 李大釗，〈東西文明之根本異點〉，《守常文集》（上海：上海書店，1989），頁37-48；原發表於《言志季刊》1920年第3冊。

24 參考陳獨秀，〈吾人最後之覺悟〉，《新青年》1卷6號（1916年2月15日），頁1-4；〈憲法與孔教〉，《新青年》2卷3號（1916年11月1日），頁1-5。

何在，如何描述東方「非科學」、「非民主」的精神？這就是其創見了。梁漱溟指出，東方文明為藝術式的成就（例如東方的製作工程是手藝）；西方的文明成就於科學之上（西方把零碎不全的經驗及知識，經營成學問）（頁26-28）。由於藝術化與科學化的不同取向，東方採取直觀、玄學的方法，不能得到知識，最多只是主觀的意見；西方則是科學的客觀知識（頁28-29）。東方「非論理」的精神發達，講求整體（例如中醫認為整個人病了）；西方則是論理的精神，講求部分（西醫認為某器官病了）（頁28-30）。玄學講一而變化、變化而一的本體（東方講「流動抽象的表號」）；科學講固定、不講變化（西方講多而固定的現象）（頁31）。這顯然有別於李大釗前述說法：「東方文明之根本精神在靜，西方文明之根本精神在動。」總而言之，梁漱溟以藝術化、直觀、非論理、講「變化而一」的玄學，來界定東方精神。這其實也是呼應張東蓀所譯《創化論》的論點，對人生觀派在論戰期間的論述，有決定性的影響。「變化」、「整體」、「直觀」等，成為人生觀派的論述重點。

　　而梁漱溟因何認為東方文明是藝術式的成就？我們不能不考慮，從1910年代起蔡元培提倡「藝術的人生態度」、「藝術生活」及「以美育代宗教」（見第四章），對其理論的形塑作用。人生觀派的論述是互相發明的，本章的起首已經點明。對藝術直觀的推崇，正是倭伊鏗的立場，我們在第一章也曾說明：「藝術（art）與幻想（fantasy）可以超越啟蒙以來的功利主義及布爾喬亞的現世工作倫理；應透過藝術與幻想來開創新的現實，開展充實的內在教化，開拓具有更清楚結構及更強烈美感的世界」。

　　梁漱溟也分析西方的民主精神，認為其與科學精神相輔相

成。民主精神尚平等、重公德，表現在「個性伸展、社會性發達」上，成就了「個性不失的社會組織」；這正是嚴尊卑、重私德的東方精神所缺乏的（頁35-42）。一個關鍵的問題是：為什麼民主科學發生在西方，而不在東方？梁氏指出，金子馬治（即柏格森《創造的進化》日文譯者）認為這是環境因素造成的，因希臘國小山多、土地貧瘠、食物不豐，所以用科學控制天然；中國地大物博，因此沒有必要發明自然科學。梁氏反對這種說法，引用北大教授王星拱（1887-1949）於1920年的著作《科學方法論》[25]，指出古希臘科學發展動力是求知，如天文、算學、力學等，均非謀求生活應用；由於古希臘科學專注於「理性的（rational，梁氏的英文）」及「非功利的（disinterested，梁氏的英文）」學術，因此難以為繼（頁44-45）。也有人持馬克思唯物史觀主張，「一切文物制度思想道德都隨著經濟狀態而變遷」；李大釗與胡適都提醒梁氏這種解釋（頁43-44）。梁不予採信，因為這些說法把人類當成是被動的，認為人類的文化知識只被動地反射環境，忽略了人類創造性的活動和意志力的趨向。梁引用另一位北大教授顧兆熊（顧孟餘，1888-1972）1919年在《新青年》上的文章〈馬克思學說〉：

> 社會科學裡所研究的社會現象不是別的，乃是一種秩序之下的共同動作。這種共同動作是有組織的，有紀律的，有意志的。所以「唯物的歷史觀」所說的「舊社會秩序必要廢除」這必要既不是倫理的必要，又不是天然現象因果的必

---

25 王星拱，《科學方法論》（北京：北京大學出版部，1920）。

要，乃是宗旨的必要[……]改革與否，並如何改革，這是視人的意志而定的，並不是機械的被動的。（頁456）[26]

對「機械」論的批判，也是《創化論》的主張。梁漱溟認為，馬克思主義的唯物史觀的錯誤，在於忽略了文化是「人類創造的活動，意志的趨往」，把社會發展解釋成完全遵循經濟發展、歷史過程等客觀因素。梁認為「文化這樣東西點點俱是天才的創作，偶然的奇想，只有前前後後的『緣』，並沒有『因』。這個話在夙習於科學的人，自然不敢說」（頁44）。第一章談到，人的創造力與向上的意志，是倭伊鏗與柏格森一貫的信念；這也是梁漱溟在談論東西文化時的關鍵概念。要如何觀察文化呢？梁遵從佛家的看法，從生活說起；重視生活，當然也符合人生哲學對哲學回歸生命的呼籲。

何謂生活？

梁漱溟對生活的定義，最能看出他自由出入於佛家及倭伊鏗、柏格森學說，並連結「我」與宇宙萬物。就佛家而言，「生活就是『相續』」（柏格森的 la durée，張東蓀翻譯為「綿延」）。梁指出，唯識佛家把「有情」（即生物）稱為「相續」。因此生物就是生活，而宇宙就是「由生活相續」：「宇宙實成於生活之上，託乎生活而存者也。這樣大的生活是生活的真象，生活的真解」（頁48）。進一步言，生活是「事的相續」，所謂「事」就是

---

26 顧兆熊，〈馬克思學說〉，《新青年》6卷5號（1919年5月），頁450-465。

一問一答；我們不斷詢問，不斷追尋，所以「事」源源湧出，生活就成了「無已的相續」（頁49）。有意思的是其強調：探問生活之事的工具是身體官能加上意志，而非理性──「眼，耳，鼻，舌，身，意」，而且「凡剎那間之一感覺或一念皆為一問一答的『事』」（頁49）。促使這六個感官發揮作用的是無盡無止的意欲，梁漱溟稱之為「大意欲」。大意欲運用這六個感官，持續一問一答的事，對「前此的我」或「已成的我」努力奮鬥。小範圍的生活就是「現在的我」對「前此的我」（或「殆成定局之宇宙」）的奮鬥努力。「前此的我」或「已成的我」是屬於物質世界中的我；「現在的我」是非物質的，就是所謂的「心」或「精神」。這與倭伊鏗及柏格森的說法是相通的：生命就是創新奮鬥。此處梁漱溟引用唯識佛家，將生活定義為「一問一答」之「無已的相續」；到其門生朱謙之的唯情論，則強調《易經》的「生生」概念：「宇宙的流行變化是一感一應，一感一應如是相續不已。感不已，應不已，於是生命就『恆久而不已』」。宇宙萬物間相互感應的動態關係，就是傳統學術中所說的「情」，也與西方「情動力」概念的精髓相通。第五章將詳論之。

　　至於什麼是生活的「奮鬥」呢？梁漱溟運用佛教「礙」的觀念來解釋，很精采，值得細細玩味：

> 　　凡是「現在的我」要求向前活動，都有「前此的我」為我當前的「礙」。譬如我前面有塊石頭，擋著我過不去，我需用力將他搬開固然算是礙，就是我要走路，我要喝茶，這時我的肢體，同茶盞都算是礙〔⋯⋯〕我如果要求如我的願，是我肢體運動或將茶盞端到嘴邊，必須努力變換這種「前此

的我」的局面[⋯⋯]這種努力去改變「前此的我」的局面
而結果有所取得，就是所謂奮鬥。所以凡是一個用力都算是
奮鬥，我們的生活無時不用力，即是無時不奮鬥，當前為礙
的東西是我的一個難題；所謂奮鬥就是應付困難，解決問題
的。差不多一切「有情」──生物──的生活都是如此，并
不單單是人類為然。即如蒼蠅所以長成六個足，許多眼睛，
全都因為應付困難，所以逐漸將他已成的我變成這個模樣，
以求適應環境的。不過這種應付都是在意識以前的，是本能
的生活。人的生活大半分也都是本能的生活，譬如小兒生下
來就會吃乳，睡覺[⋯⋯]總之無論為本能的或為有意識的
向前努力，都謂之奮鬥。（頁50）

　　如此說來，屬於物質的身體（眼，耳，筆，舌，身）既是我
們感知世界的工具，又是我們生活向前的窒礙；要克服「前此的
我」所不能，「現在的我」就必須時時操練我們的身體，克服困
難，去適應生活上新的要求和挑戰。從小兒的求生本能，到逐漸
成長後有意識的學習生活技能，每一階段的努力都是生活的奮
鬥；而這種生活奮鬥是我們向上意欲的精神接受身體的感知刺激
後，體認需求，再透過身體的努力完成的。因此，在這個重複不
已的生活奮鬥過程中，精神與物質的交互作用密切不可分。延伸
來看，任何一方如在環節上產生問題（例如智障或肢障），都使
得無意識或有意識的生活奮鬥任務備加困難。如同第一章中所見
倭伊鏗提出的修辭性問題：應該是精神（意欲）領導物質（身
體）呢，還是物質領導精神？梁漱溟此處等於這樣回答：如果精
神與物質兩者不能平衡發展，小至個人，大至家國、社會、世

界，生活的奮鬥都會出問題。

梁漱溟提醒我們，在生活奮鬥的過程中，不僅「前此的我」是障礙，其他有情的「他心」——其他生物的「現在的我」——也是障礙。「我」要得到大家的同意，就必須陳述己見，以求改造「他心」；這也是奮鬥。另外一種障礙是宇宙間必然的「因果法則」，例如吃砒霜會致死，人老終將去世，這種自然律的礙，是無法規避的。值得注意的是，梁漱溟把歌舞音樂美術等藝術工作與生活奮鬥做對比；他認為藝術工作是個人潛力的抒寫、自然的情感的發揮，並非應付困難或解決問題，因此與生活的奮鬥不同（頁51-52）。強調藝術在情感上的作用，與美育運動的主張是相通的（詳見第四章）。

梁漱溟指出，文化與文明雖然有別，但也可以說是一體兩面。文明是我們生活中的「成績品」，包括製造出來的器皿和一個民族的政治制度等；而生活上「抽象的樣法」就是文化。當然，政治制度既可以是一個民族的製成品，也可以說是文化，因此說文明與文化是一體兩面。各民族文明成品的不同，乃因用力之所在不同；至於文化的不同，是抽象的樣法，就是各民族「生活中解決問題方法」之不同。他認為「西方化」以「意欲向前」的奮鬥為根本精神，總是改造局面，設法滿足要求；這是文化的第一條路向。「東方化」需就中國與印度兩方面來談。就中國文化而言，遇到問題總是順應境地以求自我滿足；並非奮鬥地改造局面，而是隨遇而安；其基本精神是自我「意欲的調和」；這是文化的第二條路向。印度文化方面，則持禁慾的態度，遇到問題就想根本取消這種問題或要求，既不向前改造局面，也不變更自己的意欲，是違背生活向前要求的本性的；其基本精神是「意欲

反身向後要求」，是第三條路向（頁53-55）。這就回答了梁漱溟在全書開頭所問的問題：「如何是東方化，如何是西方化？」

梁漱溟強調，呼籲西方化的人不要只看民主科學，應該看西方文藝復興以來西方文化的生活路向、人生態度的轉變。他說：「要引進西方化到中國來，不能單搬運，摹取他的面目，必須根本從它的路向、態度入手」（頁57）。他引用蔣夢麐（蔣夢麟）於1919年6月發表在《新教育》上的文章〈改變人生的態度〉[27]，支持其自身看法。文章說：「這回五四運動、就是這解放的起點、改變你做人的態度、造成中國的文運復興［按：即文藝復興］；解放感情、解放思想、要求人類本性的權利［……］舊己譬如昨日死、新己譬如今日生。要文運復興、先要把自己復生」（頁453-454）。《新教育》是1919年1月由蔡元培、蔣夢麟、陶行知在上海創立的。人生觀派在論述上的彼此支持呼應，昭然若揭。因此，人生觀派跟胡適一樣，都認為五四運動是一個文藝復興運動，胡適的看法在本書導言中已經談到。梁漱溟指出，蔣夢麟的文章強調，五四文藝復興運動的目的是建立一個「新人生觀」（頁59）。梁漱溟又引用蔣百里的《歐洲文藝復興史》，此書是其1918年跟隨梁啟超歐遊回國後由東方出版社出版的，書中說明：文藝復興的主要綱領是「人之發現」與「世界之發現」，一方面是人本主義的趨勢，一方面是自然的研究；前者導致民主的發展，後者導致科學的發展（頁58-62）。本書第六章方東美對歐洲文藝復興的分析，基本上是與梁漱溟看法合拍的。

---

27 蔣夢麟（蔣夢麐），〈改變人生的態度〉，《新教育》1卷5期（1919年6月），頁451-454。

文化的三條路線

　　梁漱溟認為思想包括哲學、宗教，哲學又包括形而上學、認識論及人生哲學。他認為西方的哲學中，形而上學由盛到衰，現在正尋找出路；哲學最盛之時以認識論主導；人生哲學則不如形而上學及認識論。在中國不注重知識論；最盛的是人生哲學，「且微妙與形而上學相連佔中國哲學之全部」。至於印度，宗教直至今日占了思想的全部；形而上學與西方是同樣的，但研究動機不同，一直隨著宗教興盛；知識論有極細的研究但不盛；人生哲學則歸入宗教，除宗教之外沒有人生思想，因此倫理觀念薄弱（頁68-69）。梁氏以這種比較分析方法，來說明西方、中國與印度在精神生活上的異同。這與其世界文化分為三條路線的看法，是一致的。當然，他並非不知，無論西方、中國或印度文化在路線上都並非單一進行，而都是各種路線並行，因時勢而此消彼長，因此在不同時期會有不同的路線特別突出。從下列他描述西方文化三個路線的交替，即可知。

　　西方文化歷經希臘、羅馬、基督教黑暗時代、文藝復興、直至現代文化的發展，梁漱溟如數家珍，並指出，希臘以人類現世幸福為目標，走的是第一條路向，科學、哲學、美術、文藝各方面都有長足的發展。到羅馬時代繼續希臘的生活路向，雖在政治法律上有成就，卻日漸流於利己，淫縱驕奢，殘忍紛亂，風俗敗壞，最後由希伯來的基督教來導正挽救。雖一時奏效，到後來的流弊卻是走到文化的第三條路，面向來世不重現世，哲學、文藝、美術都成為宗教的附庸，科學被摒棄，迷信猖獗。加上教權浮濫腐敗，於是進入了中古的黑暗時代。接著文藝復興恢復了希

臘的人文理想，歐洲又成為人本主義的世界；另一方面，宗教改革的結果，新教變得具有入世精神（頁56-57）。有關新教與布爾喬亞的工作倫理結合，韋伯的《新教倫理與資本主義精神》（*The Protestant Ethic and the Spirit of Capitalism*, 1904）已經說明得很透徹，對基督教歷史具有基本認識者都耳熟能詳。

　　梁漱溟承認，西洋文明是物質文明、東方文明是精神文明的說法，是淺薄的說法，然而卻不能不同意東方文明的成就在精神方面。梁指出，歐洲文藝復興刻意恢復了希臘的人本主義及科學精神，完全是運用理智，無論對於自我的認識或對宇宙自然的認識，都是如此。原本在直覺中我與自然渾然不分，如今在理智活動中我與自然一分為二；自由平等民主在「情感」中原是不分的，此刻又被「我」「他」二分的理智活動打斷了。梁漱溟的結論是，十九世紀以來近世西方人「理智的活動太強太盛」，因此「精神上也因此受了傷，生活上吃了苦」（頁63）。相較之下，中國人「無征服自然態度而為與自然融洽遊樂」，所以走的是第二條路向態度，走入玄學直觀的路。至於印度文化，物質文明無成就，社會生活不進化，但是宗教發達，精神生活特盛。它熱衷於生活的解脫，不向前也不持中，而是向後，走的是第三條路向（頁67）。梁氏認為，假如沒有西方化的接觸，由於中國人向來走的路線與西方人的不同，再走幾百年一千年也不會有科學與民主精神產生出來（頁65）。言下之意，由於東西文化的接觸，中國還是有可能產生科學與民主。這的確不錯，試看二十一世紀的中國大陸在科學發展上突飛猛進，不可同日而語；而臺灣在民主上的發展與成就，也是有目共睹的。梁氏又主張「文化三期重現說」，第一期為「古代的西洋及其在近世之復興」，第二期

為「古代的中國及其將在最近未來之復興」，第三期為「古代的印度及其將在較遠未來之復興」（頁177）。這方面許多學者已論及，多半認為在東西文化論戰期間，梁氏為了彰顯中國文化的優越，而主張以「直覺」為主的中國文化，未來將解救以「理智」為主的西方文化之危機[28]。林安梧則批評其「文化三期重現說」是「一種歷史決定論（historical determinism），而且是一辯證（發展）的決定論（dialectical and evolutionary determinism）。和其他的決定論者一樣，以為歷史是有跡可尋的，是可以預測的」（頁30）[29]。梁氏對東西文化的許多評論的確有失武斷，然而，我們不妨將重點放在其所凸顯的東方重「直覺」與西方重「理智」的對比上，比較容易掌握其與人生觀派一貫的思想脈絡。林安梧認為梁漱溟代表了當代新儒家在中華民族千年以來的文化危機、道德迷失的狀態下，從事「意義探求」的工作（頁23），良有以也。如果我們進一步注意到五四時期中國—日本—歐洲在此議題上的跨文化連結，梁漱溟對倭伊鏗、柏格森人生哲學的呼應，以及對蔡元培以美育代宗教說的推崇，便不至於忽略人生觀派檢討

---

28 熊呂茂，〈梁漱溟與中國現代化的兩難〉，《嶺南學刊：文化論叢》（廣州）1999年6期，頁73-76；王汝華，〈孔學的現代重光——由梁漱溟「新孔學的五個向度入探〉，《逢甲人文學報》19期（2009年12月），頁51-88；王汝華，《現代儒家三聖：梁漱溟、熊十力、馬一浮論宋明儒學》下冊（臺北：新銳文創，2002），頁69-70。

29 林安梧，〈梁漱溟及其文化三期重現說——梁著《東西文化及其哲學》的省察與試探〉，《鵝湖月刊》77期（1981年11月），頁23-32；Lin Anwu, "Liang Shuming and His Theory of the Reappearance of Three Cultural Periods: Analysis and Evaluation of Liang Shuming's Eastern and Western Cultures and Their Philosophies," *Contemporary Chinese Thought* 40: 3 (Spring 2009): 16-38.

五四啟蒙過度偏重理性的集體努力。林安梧並認為梁的文化哲學「不祇說明了事實是什麼，更重要的是他企圖去改變什麼。它不祇是一套知識理論，尤其也是一實踐的指南針」（頁24），這是很敏銳的觀察，本書第四、五章將說明人生觀派的烏托邦想像及追求理念實踐的企圖。

印度唯識論與西方認識論

　　人生觀派相信探求真理必須靠直覺，直覺究竟如何定義？在《東西文化及其哲學》中，梁漱溟指出構成知識有三個要素：感覺、直覺與理智。他用佛教唯識論的概念來解釋這三個要素的意思：

　　1. 唯識論的「現量」[pratyakṣa]：即西方認識論的「感覺」（sensation，梁的英文）。現量所認識的是「自相」，並不純出主觀，仍出於客觀，因為是「藉客觀之物才變生的」。

　　2. 唯識論的「比量」[anumāna]：即認識論的「理智」（reason）。比量所認識的是「共相」，純由主觀生，是「我心所自生私有的」，構成意義及概念。

　　3. 唯識論的「非量」[梵文不確定]：即認識論的「直覺」。從現量的感覺，到比量的抽象概念，中間必須有直覺的階段。直覺一半出於主觀，一半出於客觀。（頁82-88）

　　梁漱溟將唯識論的「非量」等同於認識論的「直覺」，並非普遍公認的看法。根據《佛光大辭典》，「非量」是「因明用語。又作似量。三量之一。指似現量與似比量。為錯誤的覺

知與推論」[30]。所謂因明，即古印度發展之邏輯學，佛教、耆那教（Jainism）、印度教均受其影響。印度因明以陳那（Dinnāga, 約440-520）及其再傳弟子法稱（Dharmakīrti, 約600-680）為高峰，由於陳那與弟子自在軍（Isvarasena）及法稱在理論上均有出入，所以在現量、比量與非量的關係上沒有一致的意見[31]。根據姚治華研究，「非量」在專有用法中有兩種意義，第一義為「不是量」，「量」在梵文是pramāna，因此「非量」是apramāna。第二義是理解為「似現量」（pratyaksābhāsa）和「似比量」（anumānābhāsa），前者指「錯覺、憶念、希求等認知活動」，後者指「未能遵循有關推理規則而作的謬誤推論」。無論似現量或似比量都被認為是謬誤的[32]（頁94），上引《佛光大辭典》顯然取其第二義，姚治華則認為第二義不能使人信服。根據其考查中文文獻及注疏，陳那的因明著作於七世紀傳到中國的同時或稍後，「非量」作為第三種量的看法出現了，可能與自在軍主張的「三種量理論及非認知概念」有關。姚氏主張「非量」可以理解為「量之無」或「非認知」（anupalabdhi），乃是獲取知識的正確途徑，因此是與「現量」（知覺）、「比量」（推理）並列的第三種量；如此應接近失掉的自在軍傳統（頁95-96）。姚氏又引用八

---

30 〈非量〉，《佛光大辭典》。Online Posting: https://www.fgs.org.tw/fgs_book/fgs_drser.aspx（2018年6月9日閱覽）。

31 姚南強，《因明學說史綱要》（上海：上海三聯書店，2000）。本書提到陳那與法稱在理論上的差異，頁51-126。有關自在軍與陳那的差異，參考下列姚治華的文章。

32 姚治華，〈非認知與第三量〉，《國立政治大學哲學學報》17期（2007年1月），頁89-114。

世紀學者曇曠（f. 705-790）《大乘百法明門論開宗義記》對「非量」的說法：「境體實無非可度量」，亦即「非存在之非認知」（頁106）。姚氏認為曇曠的說法「提供了最確鑿的證據顯示自在軍的三種量理論在中國佛教史留下過痕跡」，雖然其傳播渠道無從得知（頁107-108）。

　　梁漱溟將「非量」等同於認識論的「直覺」，究竟根據何在？是個謎。印順在《唯識學探源》一書中指出，在印度大乘佛教中，唯心論分真心派與妄心派二流。真心派從印度東方（南）的大眾分別說系發展而來，「真心派重於經典，都編輯為經典的體裁：重直覺，重綜合，重理性，重本體論」（頁2）[33]。此處說的直覺，與梁氏所說的直覺是否有關聯？再看Stcherbatsky的著作 *Buddhist Logic*，其中提到古老的瑜伽派別Svāyambhuva-yoga（Svāyambhuva是人類的始祖之一，人類的始祖統稱為manu，即帶領人類度過劫難的先知）。此派別相信一個個人化的、全知全能的慈悲之神，其神祕主義及因果報應觀（karma）是印度許多宗教體系的共同基礎。為了支持聖者及佛陀的存在，即使後來強調批判邏輯的因明學家也必須保留一個漏洞（loop-hole）讓神祕主義可以滲入，這個漏洞就是「直覺」（yogi-pratyakṣa）。所謂直覺是一種先於感官、直接冥想真理的能力[34]。上述梁漱溟所說

---

33 印順，〈自序〉，《唯識學探源》（臺北：正聞出版社，1984），第3版，頁1-5。

34 Th. Stcherbatsky, *Buddhist Logic*（New York: Dover Publication, Inc., 1962），pp. 20-21. This is an unabridged and corrected republication of the work first published by the Academy of Sciences of the U.S.S.R., Leningrad, circa 1930. 有關yoga pratyakṣa的定義，請參看Yogapedia，網址：https://www.yogapedia.com/definition/9386/yoga-pratyaksha（accessed on June 23, 2018）: "Yoga

的直覺，也許與 Svāyambhuva-yoga 這個派別所說的直覺相通？
這就有待進一步的研究了。

梁漱溟認為，唯識論所提出的是形上學的新方法，比羅素、
柏格森的形上學方法更令人滿意可信（頁86）。就唯識論而言，生
物（包括人）與非生物的差別在於有二執念：我執、法執。心，
連同眼、耳、鼻、舌、口是前六識，第七識就是此二執。當生命
運用身體的六個工具向前要求時，所見所聞所嗅所感的影象，皆
由自己變現。西方哲學認為影象之後還有本質，就是「客觀的
物質世界」。但唯識論則不認為如此。在唯識論中，前七識所變
現的影象皆來自第八識，即「阿賴耶識（ālaya-vijñāna）」，就是
「唯一的物件」：

> 這七識所自變現生者亦皆出於阿賴耶識。唯一的物件衹此
> 阿賴耶識，東看西看，上看下看，內看外看，所碰到的都是
> 他。不過不單影象是隨時變現，非恆在的東西，就是這內外
> 的本質，你看他死呆呆的物質世界，實在也是遷流不息，相

---

pratyaksha is one of the four ways of obtaining pratyaksha, or perception. From
Sanskrit, yoga means "union" and pratyaksha means "this which is before one's
eyes." It is considered super-normal intuition and is available once a yogi has
removed their impurities through the practice of The Eight Limbs of Yoga. Once
those impurities are removed, the yogi is able to perceive knowledge and truth fully
and purely…Traditionally, there are said to be four ways of obtaining pratyaksha:
indriya pratyaksha (sense perception), manas pratyaksha (mental perception),
svadana pratyaksha (self-consciousness) and yoga pratyaksha (super-normal
intuition). Yoga pratyaksha is the most advanced form of perception and requires
development of the self through the practice of The Eight Limbs of Yoga."

續而轉。一塊石頭，是許多石頭的相續。不單影象是隨人變現各自不同，你眼識所現的紅白屬你，我眼識所現的紅白屬我；就是本質也非客觀存在，而是隨人不同的，你的宇宙是你所現，我的宇宙是我所現。最可注意的，內外俱是一阿賴耶識，而竟被我們打成兩截，中間加了重重隔膜。這就是說，在我們生活中──向前要求中──分成物我兩事；而七識執我又自現影象，則內裡一重隔阻，前六識攝物又自現影象，則外向一重阻隔，所以整個的宇宙，所謂絕對，自為我們感覺念慮所不能得到，當這些工具活動的時候，早已分成對立，而且阻隔重重了。你要解開重幕，直認唯一絕對本體，必須解放二執，則妄求自息，重幕自落，一體之義，才可實證。這就是唯識家所貢獻於形而上學的方法。（頁84-85）

綜觀上述梁漱溟對佛家阿賴耶識的分析，有幾個重點：

1. 人透過身體的六識（眼、耳、口、鼻、舌、心）從外界攝物。

2. 第七識（我執 [ātma-grāha][35]、法執[36]）從內裡自現影象。

---

35 我執又名人執，即妄執人有一實在的我體。我執，就是意念中有個「我」之意念。既然有此意念，那對於事情就會有「我的」之概念。我執是佛法中很重要的一個名相，也是眾生無明苦惱的來源處，也是個「根本無明」。〈什麼是我執〉（2013年9月9日），《覺悟人生的家》。網址：http://di-shui-chan-house.blogspot.hk/2013/09/blog-post_9331.html（2018年2月11日閱覽）。

36「法執即謂固執於法有實性，而不明五蘊等法由因緣而生，如幻如化；因此一切所知障從這法執而生，也就阻礙了對於佛教『真理』的理解。」玄奘釋，《大唐西域記》（上），季羨林編（北京：中華書局，2000），頁368。

3. 內外本來俱是一阿賴耶識，因我執自現影象、前六識攝物又自現影象，形成重重隔阻，使得內外的阿賴耶識打成兩截，而分成物我兩事。

4. 欲直覺唯一絕對本體，必須解放我執與法執。也就是說，六識獲得的現量（即感覺）只現某物的影象，若其物在眼前飛動一百剎那，我就有一百感覺相續，而有一百影片相續現起。每一影片是靜的，必須解放二執，由直覺的作用將這些影片貫串起來，才能見到飛動之勢。若解放徹底，則達到「現量直證『真如』──即本體」。這在哲學概念上，就是物我合一。（頁86）

梁漱溟認為印度的形而上學雖然與西洋的相同，但研究動機不同。西洋人是求知識的動機，即科學的動機──是「愛智」；印度人則是行為的動機，即宗教的動機──試著去解脫生活，復其清淨本體（頁88）。職是之故，印度只有宗教而沒有哲學。宗教如何定義呢？梁的結論是：「所謂宗教的，都是以超絕於知識的事物，謀情志方面之安慰勖勉的」（頁90）。宗教的特質是超絕、神祕。超絕就是在現有的世界之外，也就是超越感覺所及、理智所統的世界，因為一切宗教多少總有出世的傾向──「捨此（現有世界）就彼（超絕世界）的傾向」。所謂神祕，就是不容理智作用的觀念或經驗。總而言之，超絕與神祕都是外乎理智的。

中國的形上學：直覺 vs. 理智

梁漱溟除了以佛學概念來解析柏格森所說的「直覺」，更以儒家概念來說明。他認為，中國的形而上學體現於周易中（頁

117），是抽象的，講的是「宇宙的變化流行」，其中心思想是調
和；所謂變化，「就是由調和到不調和，或由不調和到調和」。
其抽象的意味必須用直覺來體會玩味，例如陰、陽、乾、坤等概
念，不能用感覺或理智來獲得。理智的概念是明確固定的，而
中國形上學的概念則「活動渾融」（頁116-118）。梁氏認為中國
的形上學與柏格森的思想相通，「柏格森將科學上明確固定的概
念大加指摘，他以為形而上學應當一反科學思路，要求一種柔
順，活動的觀念來用。這不是很像替中國式思想開其先路嗎？」
（頁119）。本書第五章朱謙之與袁家驊的唯情論，對「變化」與
「調和」的概念有進一步的闡發。此處我們先看看梁漱溟如何闡
釋孔子一貫的道理是「完全聽憑直覺」（頁124），又如何以孟
子的「四端之心」（頁125），來說明中國的形而上學建構在「直
覺」上。

　　梁氏指出，《論語》上記載孔子避免四種固執的態度：「子
絕四，毋意，毋必，毋固，毋我」，又說孔子「無可無不可」
（頁123），亦即孔子不強求一種客觀固定、不知變通的道理。孔
子是「無成心」的，遇事只是聽憑直覺，當下「隨感而應」，也
就是隨時隨地「變化」，變化就是要「得中」與「調和」。所謂
直覺，就是孟子說的良知、良能，也就是「求對、求善的本能
直覺」。孟子所說的四端之心——惻隱之心、羞惡之心、恭敬之
心、是非之心——就是仁義禮智，是「好善的」、「好美的」直
覺（頁125）。梁漱溟認為，這種直覺是人天生就有的，原本非
常敏銳，但後來雜染了不好的習慣，被蒙蔽了。只要恢復了本然
的敏銳，就可以「活動自如，不失規矩」，而孔子所謂的「仁」
就是這種「敏銳的直覺」，亦即本能、情感（頁126）：

所有飲食男女，本能的情欲，都出於自然流行，並不排斥，若能順理得中，生機活潑，更非常之好的；所怕理智出來，分別一個物我，而打量計較，以致直覺退位，成了不仁。所以朱子以無私心合天理釋仁，原從儒家根本的那形上學而來，實在大有來歷。（頁127-128）

批判物我二分的理智、彰顯天理人欲的相通、主張生機的活潑自如，是人生觀派的一貫立場。此處說朱熹以「無私心」、「合天理」來闡釋仁的意義，稍後又說，仁不只是慈悲惠他，而是宋儒所說的「無欲」（頁130）。因此，仁的特性是無私心、無私欲、合天理。此外，梁氏特別強調，「仁」指的是一種「內心生活」，並非如胡適之所說，只是實際的倫理政治、禮樂儀節（頁129）。他以孔子說的「剛毅木訥近仁」、「巧言令色鮮矣仁」，來分別仁與不仁：情感真實而理智不暢達是仁，理智伶巧而情感不真實，就是不仁（頁128）。我們要注意的是，梁漱溟並非說不要理智，而是說情感與理智必須達到「平衡狀態」，也就是他所強調的「得中」與「調和」。

梁漱溟指出孔子思想的重點之一，就是情感。他認為孔子的思想可算是宗教，而宗教其實是一種「情志生活」。在孔子的思想體系中，情志重於知識，而情志所表現的兩種生活就是宗教與藝術；宗教的力量又大於藝術（頁140）。孔子提倡孝悌、實施禮樂，兩者合起來就是他的宗教。孝悌是人對父母兄姊的情感，也就是情感生活的發端。儒家重視喪葬，也是因為重視情感。禮樂的作用，更是在情感上。梁氏認為提倡孝悌單靠言語是無效的，反而令人生厭，必須靠儀式與音樂來薰陶人心：

那惟一神奇的神方就是禮樂，禮樂不是別的，是專門作用於情感的；他從「直覺」作用於我們的真生命。要曉得感覺與我們內裡的生命是無干的，相干的是附於感覺的直覺；理智與我們內裡的生命是無干的，相干的是附於理智的直覺。我們內裡的生命與外面通氣的，只是這直覺的窗戶。（頁141）

這段話充分顯示梁漱溟在認識論上的功力及主張。首先，禮樂透過「直覺」對我們的情感產生作用，而情感是我們的「真生命」，亦即內在生命。其次，感覺與理智跟我們的內在生命無關。其三，與我們內在生命相關的是直覺，而直覺是依附於感覺與理智的。其四，直覺是內在生命通向外界之窗。也就是說，直覺雖有別於感情與理智，但並非與之截然二分，而是相互依附的關係；直覺是依附在感覺與理智上的。

有關直覺與理智的相互依附，梁漱溟著墨甚多。直覺是什麼？除了上述將之類比佛學的「非量」之外，他始終未清楚說明直覺是什麼。但他如此定義理智：「離開當下而回省者，是有意識的理智活動」（頁143）。言下之意，似乎直覺是當下、無意識的，是一種自然的領悟活動。在說明孔子的思想方法時，梁氏指出孔子常常「不直接任一個直覺，而為一往一返的兩個直覺；此一返為回省時附於理智的直覺」（頁143-144）。原因是，若直接任一個直覺走，容易走偏、甚至危險，若有一個理智的回省而仍訴諸直覺，就有「救濟」。換句話說，就是以理智調節直覺；在直覺的「自然求中」之外，以理智的「揀擇的求中」來調和平衡。對梁漱溟而言，「執兩用中」就是孔子人生哲學的重點。直

覺與理智的互補，是人生觀派一貫相信的道理；他們主張直覺，
是因為單靠理智不足以做正確的判斷，而單靠直覺也是有弊病
的，所以需要理智來平衡。有關直覺與理智的關係，朱謙之與袁
家驊有進一步的分析，詳見本書第五章。

如前所述，梁漱溟的《東西文化及其哲學》明確指出，蔡元
培的美育運動呼籲「藝術的人生態度」、「藝術生活」或「以美
育代宗教」，正是提倡精神生活。這是本書下一章的重點。

第四章

蔡元培美育運動的情感啟蒙

跨文化觀點

　　民國期間的美育運動是一個情感啟蒙運動，1910年代起由擔任中華民國第一任教育部長的蔡元培發起，得到全國藝術學校師生的積極響應。這個情感啟蒙運動是新文化運動的一環，歷來教育界有不少相關研究，文學界近年有零星的關注[1]。1920年《美育》雜誌發刊，是美育運動的里程碑；直至1925年，李石岑與蔡元培仍出書提倡美育。本章從跨文化研究的角度探討這個議題，一方面探討中國美育運動與日本及德國美育運動的連結，一方面彰顯科學與人生觀論戰雖在1923年才因張君勱的〈人生觀〉一文而白熱化，事實上人生觀論述從1910年代就長期醞釀，與蔡元培同時間領導的美育運動互相支援，兩者在理念上是合流的。

　　美育運動的高潮是1920年出版的《美育》雜誌，共出了七期，是蔡元培提倡的美育運動之機關刊物[2]。美育運動在1910、20年代中國新文化運動期間嶄露頭角，眾多知識分子認為晚清以來強調西方科學教育，卻並未解決中國的根本問題；唯有文化教育能改造個人，有健全的個人才能組成健全的國家。蔡元培主張，學校應加強美育作為修身課程。《美育》雜誌的宗旨正是以美育來建設「新人生觀」，以情感的啟蒙來改革主智教育。創辦該誌

1　Cf. Julia F. Andrews trans., "Replacing Religion with Aesthetic Education," in Kirk A. Denton ed., *Modern Chinese Literary Thought: Writings on Literature, 1893-1945* (Stanford, Calif.: Stanford University Press, 1996), pp. 182-189; Ban Wang, "Use in Uselessness: How Western Aesthetics Made Chinese Literature More Political?," in Yingjin Zhang ed., *A Companion to Modern Chinese Literature* (West Sussex, England: Wiley Blackwell, 2015), pp. 279-294.

2　豐一吟，《我的父親豐子愷》（香港：中和出版有限公司，2014）。作者指出，其父豐子愷與眾多藝術教師發起的「中華美育會」於1920年出版了會刊《美育》雜誌，「由吳夢飛任總編輯，一共出了七期」（頁98）。

的社團為1919年成立的中國美育協會，皆大專院校的美術、音樂教師及知名藝術家，他們所任教的學校遍及浙江上海一帶，對後來的藝術教育發展影響深遠。

　　美育運動一直未獲得學術界的關注，本章探討此思潮，主要因為其牽涉到的跨歐亞連結。就跨文化理論而言，一個單一國家內發生的任何思潮，如果透過跨文化研究的角度探究，均可能展現思想跨越國家及文化疆界的層面。如同第三章指出，1921年梁漱溟在《東西文化及其哲學》中，就明確指出美育運動的跨文化連結。他把德國倭伊鏗的「精神生活」與英國羅素的「靈性生活」連結起來，又認為，「提倡藝術的人生態度者，或提倡藝術生活者，或提倡以美育代宗教者」都是提倡精神生活。梁漱溟所謂的「提倡以美育代宗教者」，明顯指涉中國美育運動的領袖蔡元培。然而，梁漱溟固然指出中國美育運動與歐洲人生觀運動的關聯，卻並未指出：「美育」一詞原本並非中文，而是日文的翻譯語彙，其來源是德國的審美教育（äesthetische Erziehung）概念。跨文化研究的方法，就是探究此類跨文化語彙——亦即追溯一個概念從歐美的發源點出現後，旅行到不同文化語境中的過程。日本有關現代教育的語彙及概念，不僅有助於中國現代教育的發展，更串連了歐洲—日本—中國現代教育理論的三角連結。本章將從日本美育概念的跨文化連結談起。

日本「美育」思想的跨文化性

　　美育的意識和實踐，並非局限在中國疆界內的與世隔絕事件，而是跨文化的全球現象。十九世紀末、二十世紀初歐洲及日

本的知識分子普遍體認到，培養一國公民審美意識的必要性。
大正時期的著名作家夏目漱石（1867-1916），1901年留學倫敦
時，寫了一篇文章比較日本與英國紳士的養成教育：

> 這個國度［英國］的文學藝術多麼燦爛，正持續地培養著
> 它的公民［……］在英國沒有所謂的武士，但有紳士之說
> ［……］我擔心，就德育、體育及美育而言，日本的紳士恐
> 怕相差太遠了。3

「德育」（とくいく）、「體育」（たいいく）及「美育」（び
いく）等跨文化語彙，從十九世紀末以來在中國及日本風行，是
明治末期翻譯西方——尤其是英語世界及德語世界——教育概念
的用語。夏目漱石是許多青年知識分子的精神導師，旗下追隨者
包括倭伊鏗人生觀思想的譯者安倍能成。在明治維新的快速現代
化時期，夏目對日本知識界的影響深遠。

日本國會圖書館的明治時期電子藏書，書題包涵「美育」兩
字的，有三十九種之多，其中「美育社」出版的有七種。這顯
示美育在當時已經是普遍概念。最早的這類圖書之一，是高嶺
秀夫（1854-1910）於1885至1886年翻譯的《教育新論》，原作
是約翰諾特（James Johonnot, 1823-1888）的《教育的原則與實
踐》（*Principles and Practice of Teaching*, 1878）。該書第十二章
標題是〈美育〉，起首說道：「知性教育的目的是真［……］德

---

3 夏目漱石，〈倫敦消息〉（1901），《夏目漱石全集》卷9（東京：筑摩書房
［1971］1977），頁287-302。

育的目的是善［……］美育的目的是美」（頁447）[4]。美育運動串連真善美的標竿使然，不僅在明治、大正日本，從晚清到五四中國，「真善美」的追求成為文藝家的聖經。明治政府送了三位師範學校的學生到美國留學，高嶺秀夫是其中之一。他在紐約州立大學的Oswego校區就讀，學習德裔瑞士教育家培斯塔羅奇（Johann Heinrich Pestalozzi, 1746-1867）的理論：自發學習、直觀（Ansachuung），以及兼具知性、倫理觀及實際技能的教育，也就是合併頭、心、手的教育[5]。影響明治時期的西方教育家中，約翰諾特及培斯塔羅奇是數一數二的人物。

　　日本最早將教育學建立為一門學術領域的，是大瀨甚太郎（1866-1944），他也是最早使用「美育」、「德育」等新語彙的教育家之一。大瀨是東京高等師範學院教授，1893至1897年間曾在德、法、英留學。1891年他指出直接挪用西方教學方法

4　高嶺秀夫譯，《教育新論》卷3（東京：東京茗溪會，1885-1886）。Originally James Johonnot, *Principles and Practice of Teaching* (New York: D. Appleton and Company, 1878).

5　Cf. Johann Heinrich Pestalozzi, *Lienhard und Gertrud: ein Buch für das Volk* [Leonard and Gertrude: A Book for the People] (Zürich: Bei Heinrich Gessner, ([1781] 1804). 本書討論「完全兒童」（the whole child）的概念。有關培斯塔羅奇與「全人」（the whole person）教育的理論，請見Arthur Brühlmeier, *Head, Heart and Hand: Education in the Spirit of Pestalozzi*, trans. Mike Mitchell (Cambridge, UK.: Lightening Source for Sophia Books, 2010). 第二次大戰以來，培斯塔羅奇的教育理論在亞洲及非洲的實踐，是Pestalozzi World這個慈善機構推廣的，目的是協助開發中國家的兒童教育，以教育來對抗貧窮。參Arthur Brühlmeier, "Preface to the English Edition," in *Head, Heart and Hand: Education in the Spirit of Pestalozzi*, p. ix.

（pedagogy）的危險（頁2）[6]。其最為人稱道的，就是在主導明治教育理論的「何爾巴特主義」（Herbartianism）及新興的「社會學教育論」（sociology of education）之間，取得平衡。何爾巴特（Johann Friedrich Herbart, 1776-1841）是德國哲學家、心理學家、教育家，最重要的著作是《論對世界的審美觀：教育的主要功能》（*Über die ästhetische Darstellung der Welt als Hauptgeschäft der Erziehung*, 頁15）[7]。其教育理論主張以內在自由及紀律為基礎，培養兒童的「性格」，在英、法、美各地都有許多追隨者[8]。

1899年早稻田大學講師樋口勘次郎（1871-1917）的著作《統合主義新教授法》，開始提倡以音樂作為情感教育的一個學科[9]。其1909年的著作《教授法》綜覽西方從柏拉圖以降，有關「直觀」（即德文Anschauung）的理論，包括盧梭、培斯塔羅奇、何爾巴特[10]。1921年小原國芳（1887-1977）開始提倡全人教

6　大瀨甚太郎，《教授法》（東京：金港堂，1891）。

7　Charles De Garmo, *Herbart and the Herbartians*（New York: Charles Scribner's Sons, 1895）. "Darstellung"的意思也是"sense-impresions"。De Garmo將何爾巴特的書翻譯為 *The Moral or Ethical Revelation of the World: the Chief Function of Education.*

8　Cf. Alan Blyth, "From Individuality to Character: The Herbartian Sociology Applied to Education," *British Journal of Educational Studies* 29: 1（February 1981）: 69-79. Blyth指出，何爾巴特相信每個孩子一出生就具有「個性」（individuality），應該透過教育將「個性」轉變為「性格」（character），他認為「個性」完美化之後就是「性格」。Blyth指出，對何爾巴特而言，教育是社會化的過程："To Herbart, as to Plato or Kant, the man attained fullness only through becoming the citizen."

9　樋口勘次郎，《統合主義新教授法》（東京：同文館，1899），頁213-216。

10　樋口勘次郎，《教授法》（東京：早稻田大學出版社，1909），頁3-12。

育（the whole person education）的概念，認為「全人」（ぜんじ
ん）意指「智、情、意」均衡發展的人。小原提到的德語系教育
家，包括培斯塔羅奇及其弟子傅合貝爾（Friedrich Froebel, 1782-
1852）[11]。在《給為人母的教育學》（母のための教育學，1926）
中，小原討論美育的重要性，認為現代教育過度偏重功利主義、
知性、道德教育、帝國教育及機械教育，卻視藝術為敵，因此與
上帝越行越遠。小原主張，為了發展全人教育，美育及宗教教育
是不可或缺的[12]。美育與宗教的關係也成為中國美育運動的重要
議題之一，推動此議題的關鍵人物是蔡元培。

中國的美育運動：王國維、蔡元培

　　中國第一位系統性討論美育的，可能是清華大學教授王國
維。1901年及1911至1916年王國維曾留學東京。從1903年起寫
了一系列有關美育的文章，發表在上海的雜誌《教育世界》上，
這是其與朋友合辦的雜誌，宗旨是鼓吹現代教育。王國維主張
教育的目的是培養「完全之人物」，顯然是影射培斯塔羅奇的理
論，並將教育劃分為「體育」與「心育」，後者即精神之教育，
又分為「智育」、「德育（即意育）」及「美育（即情育）」，也
就是知、情、意的教育[13]。王探討傳統思想中的「美育」概念，

---

11 小原國芳（鰺坂國芳），《教育の根本問題としての宗教》（宗教作為教育的
　　根本問題）（東京：集成社，1919），頁1。

12 小原國芳，《母のための教育學》（給為人母的教育學）（東京：イデア，
　　1926），頁141-142。

13 王國維，〈論教育之宗旨〉（1903），《王國維哲學美學論文輯佚》（上海：華

認為孔子、蘇軾、陶淵明、謝靈運等的「審美學」均指出審美
最高之境界是「無欲之境界」。又引用康德的「不關利害之快
樂」（Disinterested Pleasure，王國維的大寫）理論，並提到叔本
華《意志及觀念之世界》（*Die Welt als Wille und Vorstellung*）中
的「無欲之我」。王國維也提到希爾列爾（即席勒，Schiller）
的《論人類美育之書簡》（*Über die ästhetische Erziehung des*
Menschen, 1794），書中指出道德上「最高之理想存於美麗之心」
（Beautiful Soul, 德文為 "die schöne Seele"），並強調「美術者科
學與道德之生產地也」[14]。

　　王國維的文章雖然引用德國的美育概念，但所使用的現代
教育語彙，幾乎都是直接挪用日文。「心育」一詞是其發明，
日後這個語彙雖已被遺忘，但充分顯示，國人在討論精神教育
及知性教育時，「心」是包含「理」的（見第五章）；張東蓀
在翻譯《創化論》時也強調「心」與「理」的辯證（見第二
章）。本書第一章曾指出日本的西田幾多郎就是以「心」的知識
（connaissance du coeur）來對抗理性的主導，這當然是儒家「心
學」及佛教「求本心」思想的影響。王國維上述兩篇文章中所
使用的其他語彙，如「體育」、「智育」（ちいく）、「德育」、
「美育」、「審美學」（しんびがく）、美術（びじゅつ）、科學
（かがく）、道德（どうとく）、最高（さいこう）、理想（りそ
う）、美麗（びれ）、境界（きょうかい）、生產地（せいさん

東師範大學出版社，1993），頁251-253。
14 王國維，〈孔子之美育主義〉（1904），《王國維哲學美學論文輯佚》，頁254-
　　257。

ち）等，都來自日文漢字翻譯，亦即本書所說的跨文化語彙。這兩篇文章以文言文寫作，然而其中夾雜的跨文化語彙，不可勝數。一般可能認為，胡適提倡的白話文改革是中國語文現代化的開始，其實遠在白話文運動開始之前，文言文的寫作早已產生巨大轉變。如果檢視清末古文大家嚴復及林紓的文字，會發現他們的桐城派古文夾雜了大量的外來概念的譯語，因此現代語彙依附於傳統文體而生。從跨文化研究的角度而言，現代與傳統並非截然斷裂的二元化概念；兩者間的交互滲透促成了創新的可能。不只是王國維，本章所論及的其他中國知識分子，均透過日文中介的西方美育觀念，運用跨文化語彙來重新審視傳統美育觀，賦予傳統概念現代的意義，可說以一套新語彙創新了傳統，也就是創新了自我[15]。

王國維的美育討論言簡意賅，充分掌握了西方美育概念的發展。《論人類美育之書簡》可能是最早討論美育的著作，奠基於檢討康德美學的知性及理性傾向，也充分透露出席勒對法國大革命的失望。書中席勒指出，其所闡釋的美的概念，主要是訴諸人心（vor einem Herzen）及情感（Gefühl），而非訴諸知性（Verstand）及理性（Vernunft）[16]。在第八封信中，席勒指出：「當

---

15 在清末民初，古文作者所使用的混語書寫，不僅夾雜了大量外來語以介紹新知，如林紓在翻譯西洋探險小說時，更在古文中融合了現代報章雜誌的通俗文體。請參考李歐梵，〈林紓與哈葛德〉，收入彭小妍主編，《文化翻譯與文本脈絡》（臺北：中央研究院中國文哲研究所，2013），頁21-69。

16 Friedrich Schiller, *On the Aesthetic Education of Men: in a Series of Letters* (Über die äesthetische Erziehung des Menschen; Oxford: Clarendon Press, [1967] 1982), ed. and trans. Elizabeth M. Wilkinson and L. A. Willoughby, parallel text in

理性發現並建立律法之時，已經完成其功能；要實踐律法，就必須要堅強的意志及熱烈的感情」（Die Vernunft hat geleistet, was sie leisten kann, wenn sie das Gesetz findet und aufstellt; vollstrecken muss es der mutige Wille and das lebendige Gefühl, 頁48）。以情感與理性展開辯證，正是五四美育運動的主軸。

中國美育運動的領袖是革命家及教育家蔡元培，於1912年成為教育部長，後負笈德、法留學，專攻教育、哲學及美育理論。1917至1927年間，擔任北京大學校長，1928至1940年擔任中央研究院第一任院長。在教育部長任期中，開始提倡美育。1912年4月《東方雜誌》討論教育原則的專輯中，蔡元培將世界分為現象世界及實體世界：「現象世界，為政治，故以造成現世幸福為鵠的；實體世界之事，為宗教，故以擺脫現世幸福為作用。而教育則立於現象世界，而有事於實體世界者也。」文中引用康德，指出審美的思考可以「脫離一切現象相對之情感」，昇華為「渾然之美感」。透過這種渾然的美感，人可以接觸「實體世界之觀念」，即「與造物為友」。仔細分析這些概念，康德的影響痕跡昭然，但事實上也吻合傳統中國所謂藝術之美渾然天成、與造物為友的概念。蔡主張，學校的課程中，10%應該是「軍國民主義」，40%是「實利主義」，20%是「德育」，25%是「美育」，剩下的5%是「世界觀」。其意見收錄於〈教育部總長對於新教育之意見〉一文中[17]。

English and German, pp. 1-5; 日文版見安倍能成、高橋健二譯，《シラー美的教育論》（東京：岩波書店，1938），頁1-170。根據安倍能成的序言，在其為高等學校二年級生時（1916年左右），即已買到這批書簡的英譯本。

17 蔡元培，〈內外時報：教育部總長對於新教育之意見〉，《東方雜誌》8卷10

　　蔡元培因抗議袁世凱的專政，於上任兩個月之後辭職，接著便前往德國，在萊比錫大學旁聽課程。1912年冬季在巴黎的《民德雜誌》創刊號發表〈世界觀與人生觀〉[18]。那年10月，安倍能成剛出版了倭伊鏗的《大思想家的人生觀》的翻譯，不久「人生觀」、「世界觀」這類語彙成為日本日常用語[19]。在中國，蔡元培可能是第一個使用這些日文語彙的。當時中國知識分子對全球文化事件的即時掌握，令人驚嘆。蔡早在1897年就聘任家庭教師學習日文，次年回紹興從事教育，開辦中西學堂，招聘日語教習，曾於1902年赴日[20]。蔡一直密切注意日本及德國文化界動態，1917年擔任北京大學校長期間，發表了〈以美育代宗教說〉。文章指出，人的精神作用分為智識、意志、情感。初民將不可思議之事附麗於宗教，是為知識作用附麗於宗教；人因生存之欲望而發生利己之心，故有恃強凌弱、掠奪攫取之事，宗教則提倡利他，是為意志作用之附麗於宗教；初民愛跳舞歌唱，石器時代之壁畫遺跡亦證明初民之愛美思想，宗教遂以之誘人信仰，於是未開化人之美術均與宗教相關，是為情感作用之附麗於宗

期（1912年4月），頁7-11。見蔡元培，〈對於教育方針之意見〉（1912），《蔡元培先生全集》（臺北：臺灣商務印書館，[1968] 1977），第2版，頁452-459。

18 蔡元培，〈世界觀與人生觀〉，《明德雜誌》創刊號（1912年冬季）；收入《蔡元培先生全集》，頁459-463。

19 安倍能成譯，《大思想家的人生觀》（東京：東亞堂書房，[1912] 1913），第5版，版權頁。參考本書第一章。

20 參考川尻文彥，〈「哲學」在近代中國——以蔡元培的「哲學」為中心〉，收入孫江、劉建輝編，《亞洲概念史研究‧第一輯》（北京：生活‧讀書‧新知三聯書店，2013），頁66-83。

教。後來演化論證明天演變化與上帝創造無關，使得知識脫離宗教而獨立；倫理學發現道德不能不隨時隨地而變遷，是為意志作用脫離宗教；無論美術、音樂、舞蹈、建築，亦逐漸脫離宗教而獨立，是為情感作用──即美感──脫離宗教（頁1-3）[21]。蔡認為，「美育之附麗於宗教者，常受宗教之累，失其陶養之作用，而轉以激刺感情」，例如「擴張己教，攻擊異教」、宗教戰爭、宗教干政等等。所以蔡主張：「專尚陶養感情之術，則莫如舍宗教，而易以純粹之美育」（頁4）。

雖然蔡元培文章中並未指出，但我們知道在歐洲浪漫時期，由於法國大革命的破壞性發展以及科學進步觀所帶來的宗教、哲學、政治上的斷裂，詩人、作家及藝術家普遍追求整體性及調和性（wholeness and harmony），將美及藝術視為神的啟示[22]。英國浪漫詩人柯勒律治（Samuel Taylor Coleridge, 1772-1834）如此歌頌藝術之美：「語言是人類神廟的聖火，繆斯是它獨特的女祭師」（Language is the sacred Fire in the Temple of Humanity; and the Muses are it's [sic] especial & Vestal Priestesses, 3: 52）[23]。瑞士教育家佛斯特（Friedrich Wilhelm Foerster, 1869-1966）的著作《學校與品性》（*Schule und Charakter*, 1907），就明確主張以美

21　原為1917年4月8日在神州學會的演講。蔡元培（蔡子民），〈以美育代宗教說〉（1917），《新青年》3卷6期（1917年8月1日），頁1-5。每篇文章均各自編頁碼。

22　Cf. David Jasper, *The Sacred and Secular Canon in Romanticism: Preserving the Sacred Truths*（London and New York: St. Martin's Press, 1999）.

23　S. T. Coleridge, *Collected Letters of Samuel Taylor Coleridge*, electronic edition（Charlottesville, Va.: InteLex Corporation, 2002）, vol. 3.

育及德育來取代宗教[24]。「以美育代宗教」的概念，日後成為中國美育運動的聖經。1919年五四新文化運動以民主科學作為解救中國沉疴的萬靈丹，蔡元培卻在該年12月1日呼籲「文化運動不要忘了美育」，主張美育在新文化運動中的關鍵角色：

> 不是用美術教育，提起一種超越利害的興趣，融合一種劃分人我的偏見，保持一種永久和平的心境；單單憑那個性的衝動，環境的刺激，投入文化運動的潮流，恐不免有［……］流弊［……］經了幾次挫折，就覺得沒有希望，發起厭世觀，甚至自殺［……］文化進步的國民，既然實施科學教育，尤要普及美術教育［……］什（怎）能引起活潑高尚的感情呢？所以我很希望致力文化運動諸君，不要忘了美育。（頁495-496）[25]

根據藝術家周玲蓀透露，這是由於五四運動後北京大學學生林德揚自殺，蔡元培痛切體認到美術教育才能避免消極主義及厭世觀（頁1）[26]。林德揚自殺事件發生於1919年11月16日，《新潮》於12月號刊登了三篇文章悼念及評論。羅家倫指出，林君是北大本科三年級，在國貨維持股辦事，因認為救國不能空言，於是在東安市場籌資辦國貨店，但招股困難。一位同鄉京官原答

24　Cf. Friedrich Wilhelm Foerster, *Schule und Charakter* (Zürich: Schulthes & Co., [1907] 1914).

25　蔡元培，〈文化運動不要忘了美育〉，《蔡元培先生全集》，頁495-496。原發表於《晨報》，1919年12月1日，頁1。

26　周玲蓀，〈新文化運動和美育〉，《美育》3期，頁1-16。

應幾千股，卻於事後食言，林君受了刺激，憤而自殺。羅提出三個解決青年苦悶的方案：美術的生活、朋友的交際（尤其是男女交際）、確立新人生觀[27]。蔣夢麟與李大釗都同意，問題的癥結在於建立新人生觀，反抗頹廢的時代文明，改造缺陷的社會制度，創造有趣味有理想的新生活[28]。當年蔡元培提倡美育運動，認為要解決青年苦悶，單憑科學教育不夠，必須普及美育，目的是推動情感啟蒙，使人「保持一種永久和平的心境」、「活潑高尚的感情」；這種看法，顯然是同時代知識分子心有同感的。

《美育》雜誌

　　蔡元培提倡美育的努力，促成1920年《美育》雜誌的創刊。編輯都是1919年成立的「中華美育會」的成員，包括其1902年所協助創立的愛國女學及上海專科師範學校的教師。在短期內美育會便延攬了數百位全國美術及音樂學校的師生[29]。雜誌的編輯委員，包括音樂家吳夢非（1893-1979）、劉質平（1894-1978），美學家及佛學家呂澂（1896-1989），兼演員、劇作家、舞臺導演於一身的歐陽予倩（1889-1962），還有畫家、音樂家及

27　羅家倫（志希），〈是青年自殺還是社會殺青年──北大學生林德揚君的自殺，教育上轉變的大問題〉，《新潮》2卷2號（1919年12月），頁346-348。

28　蔣夢麟（夢麟），〈北大學生林德揚君的自殺──教育上生死關頭的大問題〉，《新潮》2卷2號（1919年12月），頁349-350；李大釗（守常），〈青年厭世自殺問題〉，《新潮》2卷2號（1919年12月），頁351-356。

29　有關「中華美育會」的成立經過及《美育》雜誌的創刊，請見，〈美育界紀聞〉，《美育》1期（1920年4月20日），頁78-81。

文學家豐子愷（1898-1975）等，多半是著名藝術家高僧李叔同（1880-1942）的弟子，而且大多留學日本。1901年李叔同就讀上海南洋公學時，曾師事蔡元培，因蔡的鼓勵而於1905年留學日本，就讀東京美術學校及音樂學校（東京藝術大學前身），專攻西洋畫與音樂，1906年與同學曾延年創辦「春柳社」，開中國話劇運動的先聲，演出《茶花女》等戲劇，曾由歐陽予倩擔任其劇作《黑奴籲天錄》及《熱血》的角色。後來李叔同攜日本妻子回國，在天津、上海教書，並擔任浙江兩級師範及南京高等師範的圖畫音樂教師。1918年在西湖靈隱寺剃度為僧，法號弘一。長於書法、篆刻、詩詞、戲劇、油畫、作曲填詞，所作歌曲如〈送別歌〉、〈憶兒時〉等，傳誦一時。1914年開中國裸體寫生教學的先河，也是中國木刻藝術的早期提倡者[30]。《美育》創刊號封面上的標題「美育」兩字，就是李叔同親筆書法（圖4.1）。創刊號還收錄其一幅油畫，題為〈女〉（圖4.2），那半裸的模特兒，據說是李叔同在留日期間認識的日本女人，後來成為他的妻子，在李叔同出家之後，黯然回到日本。圖的背後則是其小傳，譽其

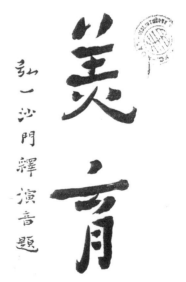

圖4.1　藝術家李叔同為《美育》雜誌封面題字。

---

30 參考陳星，《李叔同身邊的文化名人》（北京：中華書局，2005）。

圖4.2　李叔同油畫，
刊於《美育》雜誌1期
之首。

開中國「美育之先導」。李叔同對中國美育運動的具體影響，不
可忽略。

　　新文化運動的主流提倡「德先生」、「賽先生」，致力於中國
國民的知性啟蒙，《美育》雜誌則提倡美的概念，認為只有改革
人心，才能真正改革中國社會。雜誌創刊號宣言充分顯示其立
場：

　　　　我國人最缺乏的就是「美的思想」，所以對於「藝術」的
　　觀念，也非常的薄弱。現在因為新文化運動的呼聲，一天高
　　似一天，所以這個「藝術」問題，亦慢慢兒有人來研究他，
　　並且也有人來解決他了。我們美育界的同志，就想趁這個時
　　機，用「藝術教育」來建設一個「新人生觀」，抷想救濟一
　　般煩悶的青年，改革主智的教育，還要希望用美來代替神秘

主義的宗教。（頁1）[31]

　　此宣言無疑是呼應蔡元培的文章〈世界觀與人生觀〉及〈以美育代宗教說〉。「美的思想」、「美育」及「人生觀」，是新文化運動期間對抗科學至上的概念。

　　吳夢非在第四期上發表的文章〈對於我國辦學者的一個疑問〉，也充分顯示《美育》雜誌的綱領。文章指出，西洋教育界已經注意到「偏重理知教育的錯誤」，開始致力於「情意教育」（頁3）[32]。「情意教育」一詞是日文，後來中文翻譯為「情感教育」。吳夢非希望中國教育界要順著「世界的新潮流」，理解「人生決不是單靠物質生活」，並指出，北京大學在蔡元培擔任校長後，學生們在繪畫音樂上表現得很精采。吳提醒讀者：「這個時代，是教育改革的時代」（頁3）。「情感教育」（education sentimentale）是盧梭的主張所衍生的概念，他反對啟蒙哲學的科學理性，認為唯有傾聽情感（passions）所流露的本心和良知，才能學習道德的律法[33]。後來福樓拜（Gustav Flaubert）的小說《情感教育》（*L'Education sentimentale*, 1869），對情感（精神）與理性（物質）的辯證關係，多所著墨。所謂「情感教育」，在二十世紀初的中國、日本知識界是耳熟能詳的。

　　雖然《美育》的編輯多半留學日本，在談論美育概念時，幾乎都偏向德語系、英語系及法語系的理論家，尤其是德語系。

---

31 〈本志宣言〉，《美育》1期（1920年4月20日），頁1-2。

32 吳夢非，〈對於我國辦學者的一個疑問〉，《美育》4期（1920年7月底），頁1-7。

33 Jean-Jacques Rousseau, *Discours sur les sciences et les arts*.

主編吳夢非（1893-1979）在創刊號上的文章〈美育是什麼？〉，提到數年前德國發起的美育運動，指出其中提倡最力的是Alfred Lichtward（1852-1914），為著名藝術史家，曾任漢堡藝術博物館（Kunsthalle Hamburg）第一任專業館長。吳提到佛斯特著的《學校與品性》一書：「F氏[Friedrich Wilhelm Foerster]是歐洲大陸『倫理運動』的主唱者，他的宗旨是不靠託宗教，完全用修身來實施學校的德育」（頁4）[34]，並指出「美同道德上的關係，就是能夠養成我們人高雅的品性」（頁6）。吳指出，一般美學家對美學的解釋就是求真善美，並討論康德的三大著作：「《純粹理性批判》就是說我們人的智性力，《實踐理性批判》就是說我們人的意志實踐力，《判斷的批判》就是情的直接判斷。可見他說的美的本質，是根據哲學的見地，加上心理的見地，亦很明白的」（頁7）。智性力是求真，意志實踐力是求善，情的直接批判即說明美的本質。

在第二期的〈美育是什麼？（續）〉中，吳夢非指出，現代美學的發展融合了哲學、心理學，更受到生物學的影響。吳引用德國美學家哈爾德曼（Eduard von Hartmann, 1842-1906）：「美並不是實在，而是一種假象；美感亦不是實感，乃是假感」（頁1）[35]。又引用德國音樂家及教育家蘭艾（Paul Lange, 1857-1919）反駁哈爾德曼的言論，指出美是類似心理學上所說的「錯覺」：「美感是介乎假象和實象[……]亦就是一種錯覺，並不是像哈爾德曼所說的假象；亦並不是實象」（頁1）。吳繼而根據達爾

---

34 吳夢非，〈美育是什麼？〉，《美育》1期（1920年4月20日），頁3-7。
35 吳夢非，〈美育是什麼？（續）〉，《美育》2期（1920年5月31日），頁1-10。

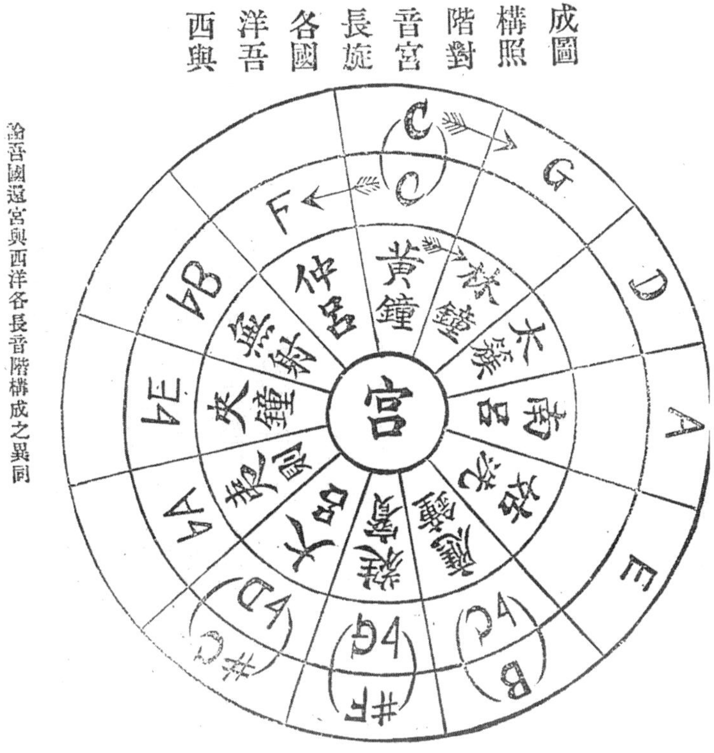

圖4.3　《美育》5期刊登黃學龍之論文〈論吾國還宮與西洋各長音階構成之異同〉，附此插圖（頁23）。

文（吳譯為「達渾」）的生物學理論，指出動物界也有審美的現象：「美是從生物生存持續的必要上發達下來，同種族生存上有關係的就是美，倘使沒有益處的就是醜」（頁1）。此處引用的是達爾文的「性擇」理論（sexual selection），說明審美能力是種系演化的動力：雌性動物選擇最美的雄性動物為配偶，以延續種系的生存。從十九世紀中葉以來，達爾文的「性擇」說在美學、哲

學、心理學、社會學及女性主義等方面，產生重大影響[36]。

　　吳夢非特別強調美育的情感教化，引用德國美學家伏爾愷脫（Johannes Volkelt, 1848-1930）的理論，指出美感的根本性質在於「感得」（吳提供德文語彙Einfühlung，英文為empathy，頁3），即中文的「移情作用」，或「情感的連通」。用今天西方情動力理論來看，就是一種「感染性的溝通」（contagious communication）或「情動力的傳輸」（affective transmission），亦即十九、二十世紀之交社會學及心理學所關注的「經常性暗示」（ordinary suggestibility）。此理論可以解釋為何傳統、情感、信仰、理念等能迅速而強力有效地代代相傳。柏格森因而對靈媒（mediumship）、催眠暗示（hypnotic suggestion）以及幻覺、幻象等心理病態十分感興趣，這種「心理之間的機制」（Inter-psychological mechanism）也形成其哲學基礎（頁9）[37]。吳夢非特別強調伏爾愷脫的主張，認為美育「並非人生安慰問題，乃是活動問題。並非消極問題，乃是積極問題」，也就是說，美育的傳輸機制是動態的，強調的是情動力的影響或被影響、即感染與被感染的力量，是連結國民情感的一種運動（頁4）。吳主張美育的根本精神除了提升個人高尚的品性，更是促成國民的情感融洽，而所謂情感的連通，就是「自他感情統一融和的狀態，亦可以看做共同情感的極致」（頁3）[38]。所謂「自他感情統一

---

36 參考彭小妍，〈以美為尊：張競生「新女性中心」論與達爾文「性擇」說〉，《中國文哲研究集刊》44期（2014年3月），頁57-77。

37 Cf. Lisa Blackman and John Cromby, "Affect and Feeling," *International Journal of Critical Psychology* 21（2007）: 5-22.

38 吳夢非，〈美育是什麼？（續）〉。

融和」，正是人生觀派一貫的主張：感情的特性是連通主體與客體，達到主客合一。吳夢非此處是從情動力的社會性角度，來說明美育運動的精髓──美育的目的是薰陶情感，而透過情動力的感染與被感染特性，可以促成國民主體性的重新創造。藝術，如同康德所說，是沒有目的的；美育則目的分明──透過情感的啟蒙達到國民的認同感。本書第五、六章對情動力有進一步的分析。

　　1920 年的《美育》雜誌雖只短暫出刊，卻提供了中國美育運動與人生觀運動合流的完整資料。該刊主張以「美育」來建設「新人生觀」，顯示 1923 年張君勱所啟動的人生觀論戰的論述基礎，早已在十九世紀末、二十世紀初的中國知識界展開。《美育》主張以美來取代宗教，充分貫徹了蔡元培「以美育代宗教說」的精神。其訴求主軸──以情感的啟蒙來改革「主智教育」──則彰顯了情感與理性的辯證。此類辯證，至朱謙之與袁家驊提倡的唯情論達到高峰。1922 年朱謙之在無政府主義刊物《民鐸》上發表的〈唯情哲學發端〉一文，及 1924 年出版的《一個唯情論者的宇宙觀與人生觀》，主張「真理」的認識並非透過「理性」，而是透過「真情」。1924 年袁家驊的《唯情哲學》主張真理是情感，而非理智；並以「真情轉化」的概念來統合宇宙與真我，打破「心物二元論」，本書第五章將詳細申論。透過《美育》雜誌的探討，我們知道美育運動是人生觀運動的一環，而人生觀運動是當年中國知識界集體性、組織性的思想運動，綱領清晰，辯證主題分明──提倡情感的啟蒙，目的是檢討啟蒙理性主義的偏頗。

美育與「美的人生」：李石岑、蔡元培

　　1925年美育運動方興未艾，由教育雜誌社編輯出版的兩本美育論集可知：《美育之原理》及《美育實施的方法》。前書由著名無政府主義者及哲學教授李石岑（1892-1934）領銜，其他作者包括美學家呂澂、胡人椿、黃公覺等。《美育實施的方法》由蔡元培領銜，作者包括畫家呂鳳子、教育家何仲英及雷家駿。蔡文中說明：「李石岑先生要求我說說『美育實施的方法』；我把我個人的意見寫在下面」（頁1）[39]。由此可見，這兩本書的編輯應該是李石岑以教育雜誌社的名義所規畫。李、蔡的兩篇文章原均發表於《教育雜誌》，李的〈美育之原理〉為1922年1月，蔡的〈美育實施的方法〉為1922年6月[40]。1925年兩篇文章分別加入其他文章集結成單行本，一方面繼續辯論美育的理論；一方面關切美育理論的實施，提出一個具體的看法：美育的目的在創造「美的人生」。

　　1913至1919年李石岑留學於日本，在東京期間與劉師培及日本無政府主義者大杉榮交好。李主編的《民鐸》雜誌被日本政府查封，回國後繼續在上海發刊。曾擔任《時事新報‧學燈》主筆，1926年接任《教育雜誌》主編。1927至1930年，前往法、英、德考察西方哲學。李石岑以提倡人生哲學著稱，於1925年著有《人生哲學》一書（見本書第六章）。以李石岑對人生哲學

39　蔡元培等，《美育實施的方法》（上海：商務印書館，1925）。

40　李石岑，〈美育之原理〉，《教育雜誌》14卷1號（1922年1月20日），頁1-8；蔡元培，〈美育實施的方法〉，《教育雜誌》14卷6號（1922年6月20日），頁1-7。

的關注，提倡美育運動是順理成章的（參見本書第六章末）。在
《美育之原理》一書中，李開宗明義便說：「夫教育上德智體三
育之說，由來已久；經最近兩世紀之實驗，知未足予吾人以最後
之滿足，於是有美育之提倡」（頁1）[41]。至於為何德智體三育不足
以令人滿足，李認為要問教育與人生的關係：「教育之第一義，
即在誘導人生使之嚮於精神發展之途以進」（頁2）。又指出，教
育原始的形式是德育及體育，到了社會分化發達、知識教化範圍
日廣，德育便不足以啟示人生。智育興起，以教授知識與技能為
主，雖有益於人生之實用，卻不足以引導人類走上「生命向上
之途」。十八世紀以來，德育「不脫傳襲的思想」，十九世紀以
來智育與體育過甚的結果，流弊是「前此軍國主義的歐洲大戰」
（頁2），亦即第一次世界大戰。因此，要著重「精神之發揚」，
就必須啟示「人類之本然性」，這正是美育的作用（頁3）。避免
偏重科學理性及無盡的物質追求所引致的戰爭威脅，追求「生命
向上之途」、「精神之發揚」、「人類之本然性」等，正是人生哲
學的主張。

　　為了彰顯美育的作用，李石岑比較「美育」與「德、智、
體、群」四育在根本原理上的差別：「德育所重在教，美育所重
在感」，而感化之力遠大於教化之力，原因是教乃由外部而強
加，「感則由內發」。最關鍵的概念是：「教之力僅貯藏於腦，
而感之力乃浸潤於心也」（頁11）。凸顯「心」與「腦」的對
比，正闡明了美育的作用在於「心」之所繫的情感，而非「腦」

---

41 李石岑，〈美育之原理〉，收入李石岑等著《美育之原理》（上海：商務印書
　　館，1925），頁1-13。

所掌控的理性。本書第二章已經討論張東蓀的《創化論》把consciousness翻譯為「心」；對人生觀派而言，心的直覺先於腦，是腦所不能企及的。雖然李石岑並未進一步推論，我們可以如此延伸他的概念：以身體的器官（「心」與「腦」）來談論情感與理性之所從出，「精神奠基於身體」的理論已經呼之欲出。張競生於1925年稍後提出的「美的人生觀」的概念，強調精神與身體的相互關係，本人專文〈以美為尊：張競生「新女性中心」論與達爾文「性擇」說〉已詳盡討論（參考注36）。李石岑引用席勒（schiller）所代表的新人文派思想，指出：「美育即德育〔……〕美育不特為德育之根本，同時為一切科學之根本」，因為美是「真理之顯現，真理之直觀」（頁7）。

　　在「美育」與「智育」的區別上，李石岑指出，智育的目標是追求真理，然而卻不見得一定能達到目標：「或言語文字所未能達，或自然科學所未能至，則智窮而去真仍遠」（頁11）。亦即，即使窮盡了智育，可能仍達不到真理。值得我們注意的是，真理乃「言語文字所未能達」的說法。如果真理是言語文字不能捕捉的，意味的是：真理是「思考」（腦）所不能達的。因此李強調真理「非思考」或「非理性」的層面；這與法蘭克福學派以「非思考」、「非理性」來對抗啟蒙理性，不謀而合。就美育與真理的關係而言，李石岑認為美的特性是「呈露真境」，並借用柏格森的說法：「美術由一種之感應，得徹入對象之裡面，而把捉其內部生命」（頁11）。亦即，主體在面對客體（對象）之時，由於主客的彼此感應融和，主體得以捕捉客體（及自身）的內部生命。因此，美與真「常相伴而生」，而「美育所含智育之量，多過智育所自含之量」（頁11）。

　　就「體育」、「群育」與「美育」的關係而言，李石岑認為德智體三育均包涵在「美育」的範圍之內，然而美育自身有其固有之領域，「其領域即為與德智體三域絕緣之美育」（頁9），而美育之本義則為「美的情操之陶冶」（頁4）。「體育」本來就是鍛鍊「身體之美」（頁3），而機械的鍛鍊，遠不如「美之環境」、「優美之心情」與「愉快之氣分」對身體的益處（頁11-12）。「美育」包含了「群育」的功能，根據英國美學家拉士金（John Ruskin, 1819-1900）的主張，美具有普遍性及調停力，因此美育「足以減少社會上之反目與階級間之鬥爭」（頁12）。在宗教與美育的關係上，李石岑認為兩者的目標皆「啟示吾人最高之精神生活」，而美是隨處可遇的，無論山水萬物宇宙，均能讓人感受到自然的壯闊優美，因此美育可以取代宗教（頁12）。李認為美育的目標是「人類本然性的充分發展」，並指出：「所謂人類本然性，即生之增進與持續」，也就是尼采所謂「生活意志」，柏格森所謂「生之衝動」（頁12-13）。生的滿足，在於生之增進與持續，人類不但追求努力正大的人生，而且企求「興趣之人生，所謂美的人生」（頁13）。

　　人生哲學畢竟是一種實踐哲學，當「美的人生」是美育的最高指標之時，主張人生哲學的知識分子也就傾向於規畫性的思考。呂澂的〈藝術和美育〉指出，藝術便是生命，美育的最高目標不僅是鑑賞藝術或創造藝術品，而是創造「人間藝術生活」（頁22），而且「完全的藝術生活不過人間永久的憧憬，多事的藝術家也不過畸零的人物。在這裡就少不得一番人間的努力，引導一般人走向那條路去，另開闢個人間世來。這引導、開闢的事

可便是所謂美育了」（頁23-24）[42]。此處「人間」是日文語彙，意指「人」或「人類」。呂指出，生命的根底是「對於一切生命之愛」，由此而「擴充著、前進著個體的生命，自然超脫地趨向創造一途」（頁17）。這顯然是引用柏格森的創化論。要創造藝術的生活，藝術家要以藝術「解決『苦悶』的人生」，「改變向藝術的人生」（頁22），並必須養成一般人鑑賞的能力，使「隨處能有美感，便覺到生活的趣味，而不絕充滿著清新的生活力」，這關係到「生活的根本態度」；這種生活的趣味，必須「從生命力最自然的發展流出」，而非表面快感的刺激（頁26）。呂說道：「藝術的真際是依美的態度開展的人生事實」，普遍地實現「藝術的人生」（頁26-30）。因此，藝術並非只是天才的專利，一般人只要是以美的態度來創造人生，都是藝術的人生。所謂美育，就是把正確的藝術知識傳遞給一般人；同時要「從事改造社會的運動」，使現實的社會和藝術的人生相容，並養成實施美育的人材（頁32-33）。

胡人椿在〈藝術教育概論〉中指出，從十八世紀末至十九世紀2、30年代，歐洲興起「新人文主義」，排斥啟蒙理性主義、實利主義、機械的人生觀等，提倡「主情主義、審美主義、有機的人生觀等」：「人的真實生活不像啟蒙主義者所說，全靠理智去做，乃是靠著敏銳的情感去做的。因此，教育不可僅僅磨練人的理智，應當提倡美學，以陶冶感情」（頁35-36）[43]。此處所說的「主情主義」，與朱謙之從1922起開始提倡的唯情論是相通

42　呂澂，〈藝術和美育〉，收入李石岑等著，《美育之原理》，頁15-33。

43　胡人椿，〈藝術教育概論〉，收入李石岑等著，《美育之原理》，頁35-56。

的。本書第五章指出，1924年袁家驊的《唯情哲學》及朱謙之
的《一個唯情論者的宇宙觀及人生觀》先後出版，可見此思潮
在中國哲學界曾風行一時。如本書第二章與第五章所述，1920
年代初創造社作家與朱、袁的淵源，見證了哲學上唯情論與文
學上感傷主義的相濡以沫。所謂唯情論與「感傷主義」，都意指
sentimentalism，思想來源是盧梭。

　　《美育之原理》書後的附錄，收錄了呂澂與李石岑的通
信。呂澂引用芬蘭美學家羅日拉（Kaarle Sanfrid Laurila, 1876-
1947）、德國藝術理論家菲德勒（Konrad Fiedler, 1841-1895）及義
大利哲學家克羅齊（Benedetto Croce, 1866-1952）的概念，與李
石岑討論美育理論[44]。美的態度，究竟是以「感情」（羅日拉之主
張）、「感覺」（菲德勒之主張）或「直觀」（克羅齊之主張）為
主？（頁84）。呂澂認為，主張「感覺」或「直觀」的理論家，
往往排斥「感情」，其實原因是他們並不了解「感情」究竟為何
物。呂認為感情「[無]非是精神活動，而其傾向若過程樣式之
體驗」，所有的精神活動均與自我構成一種關係，無論隱微或顯
著、無論精純或駁雜，所有的體驗都是感情，因此離開了精神活
動就沒有感情，任一種精神活動也不能離開感情而生（頁85）。
美的態度當然不例外：「美的態度，即以所體驗之特殊感情曰美
感者，區別於其餘態度；自其實言，美的態度，乃以一種精神
活動過程曰觀照的表出而成立」（頁85）。克羅齊認為直觀是美
的活動的本質，是內在的、純粹的。呂則認為，觀照對象[例如
繪畫或音樂]之所以成形，在於「表出」，而觀照的活動，如果

---

44 呂澂，〈附錄：論美育書〉，收入李石岑等著，《美育之原理》，頁83-90。

有所表白於外，也屬於「表出」，因此美的態度不僅止於內，而
是更廣。無論感情或美的態度，呂澂均強調其為「精神活動過
程」，也就是與觀照對象的感與應的相互關係。從呂的上下文可
看出這個精神活動的過程是動態的、相續的一感一應：觀照對象
「表出」創作者對自然、人生的解釋，使鑑賞者有所感，鑑賞者
所感得的便又「表出」為其個人的解釋（頁86）。從美學理論的
闡發，呂澂回到人生哲學的基調：「今人恃科學概念而有之知識
行為，亦僅適於機械的人生而已〔……〕人類之生，重在其有社
會性也，雖曰美的人生，當難異是」（頁88-89）。

　　李石岑的回信，同意呂澂對美育的定義：美育即是「由美
的態度以遂吾人之生」，然而認為呂過於強調美學理論，忽視了
美育實踐的方法。李主張「美育實一引導現實社會入於美的社
會之工具」（頁90-91）[45]。呂澂認為「以美育代宗教」的說法不能
成立，因為宗教重在「生之永續要求」，美術重在「生之擴張要
求」；李石岑則認為宗教（尤其是「侈言陰騭攻擊異派之宗教」）
「一味激刺情感」，而美育則「專尚陶養情感」，最重要的是，美
育的感化力量，遠大於宗教的教化力量，因此美育「確足以代
宗教而有餘」（頁92）。兩人的通信讓我們一窺美育運動的複雜
性；雖然知識分子同心推廣美育，然而在美育理論上各有主張，
並非人云亦云。

　　《美育的實施方法》一書，就專注在李石岑所關心的實踐問
題上。蔡元培從家庭教育、學校教育、社會教育三方面說明。
有關家庭教育，蔡認為即使不能推到優生學，至少也要從胎教

---

45 李石岑，〈附錄：論美育書〉，頁90-92。

談起，主張成立公立胎教院與育嬰院，設在風景及建築優美之處，庭園、廣場可供散步，室內裝修恬靜優雅。胎教院是給孕婦住的，從事的是「胎兒的美育」；所有的孕婦產兒後就住到育嬰院，第一年由母親自己撫養，第二年需要從事專業的母親，就可把嬰兒交給保母。如無公立設施，家庭教育也應仿此。三歲進幼稚園、六歲進小學，不僅美術，各種科目的教學都要符合美育的要求。在社會美育方面，他主張設置美術館、美術展覽會、音樂會、劇院、博物館等等。還要美化地方，舉凡道路、建築、公園、名勝、古蹟，甚至公墳，都要規畫。也就是說，其規畫的正是李石岑所謂的「美的社會」藍圖，從「未生」到「既死」都具備了。由此可見，美育的思想最終目的在改革現實社會，導向一個「美的社會」的烏托邦藍圖。張競生於1925年提出的「美的人生」與「美的社會」概念，絕非突然，第五章將論及[46]。視之為民初美育運動的延伸，實不為過。

小結：沈從文、冰心

　　蔡元培自1928年起擔任中央研究院院長，1937年七七事變後，指揮中央研究院各所陸續遷移到後方。同年11月從上海來到香港，次年5月在聖約翰大禮堂舉辦美術展覽會。原本想轉赴後方，因身體狀況不佳，香港的醫藥較為方便，未及時成行。

46　參考彭小妍，〈張競生的性美學烏托邦：情感教育與女性治國〉，收入李豐楙主編，《文學、文化與世變：第三屆國際漢學會議論文集》（臺北：中央研究院中國文哲研究所，2002），頁561-588。

1940年3月3日，七十二歲的蔡元培在家中跌倒，3月5日在香港養和醫院逝世[47]。

　　1940年蔡元培逝世數年後，小說家沈從文發表了一篇紀念文章〈美與愛〉，推崇其「以美育代宗教」的理念。沈惋惜現今的人只知庸庸碌碌地過日子，凡事只問政治與金錢，不知追求「生命」的意義。「蜻蜓點水的生活法」，只是「情感被閹割的人生觀」。沈指出生命的永生，無論生物繁衍後代或人類生產文學藝術，都源自於「愛」；之所以會追求永生，是因為在一切有生中發現「美」，也就是發現「神」。美無所不在，透過「汎神情感」可知生命最高的意義就是「神在生命中」（詳見第五章）。最後沈從文寫道：

> 　　我們實需一種美和愛的新的宗教，來煽起更年青一輩做人的熱誠激發其生命的抽象搜尋，對人類明日未來向上合理的一切設計，都能產生一種崇高莊嚴感情[……]我們想起用「美育代宗教」的學說提倡者蔡孑民老先生對於國家重造的貢獻。（17: 362）[48]

　　沈從文代表的是眾多知識分子對美育運動的認同。由於美育運動對求真、求善、求美的提倡，「真善美」在五四文藝界人

47　陶英惠，《典型在夙昔：追懷中央研究院六位已故院長》（上）（臺北：秀威資訊科技，2007），頁88-89。

48　沈從文，〈美與愛〉，《沈從文全集》卷17（太原：北岳文藝出版社，2002），頁359-362。本篇原載報刊及年代均不詳，只知是蔡元培逝世若干年之後的紀念文章。

人朗朗上口，奉為圭臬。冰心終其一生信奉真善美，我們耳熟
能詳。她於1919至1921年期間寫了164首詩歌，在《晨報副刊》
上陸續發表，對「青年人」訴說：

> 青年人！
> 從白茫茫的地上
> 找出同情來罷
>
> ——冰心，《春水》之三十四

同情與愛是冰心這些小詩中反覆出現的母題，真與美亦然：

> 真理
> 在嬰兒的沉默中
> 不在聰明人的辯論裡
>
> ——冰心，《繁星》之四十二

> 詩人呵！
> 緘默罷
> 寫不出來的
> 是絕對的美
>
> ——冰心，《繁星》之六十八

冰心的詩作受到印度詩人泰戈爾影響甚深。後者雖然於1924
年才由梁啟超及蔡元培的講學社邀請到中國訪問，其詩集《飛鳥
集》早已在中國廣為流傳。在上引詩中，冰心以「沉默」與「辯

論」相對。「真理」只存在於「嬰兒的沉默中」，理性的雄辯滔滔反而達不到真理；同樣的，詩人即使嘔心瀝血也無法用文字寫出「絕對的美」。換言之，真與美只存在於嬰兒不受理性污染的真情中，絕非語言、文字及理性所能捕捉。冰心的詩顯現情在宇宙人間沛然流動，並呼籲青年人追求真情；真理與美的關係不言而喻，真與美就存在於情之中，遠非理性所能企及。只要有情，真與美就不遠了──這正是1910、20年代美育運動者的主張。

　　二十世紀初蔡元培所領導的美育運動，具有兩方面的意義：一，它是跨越歐亞的跨文化運動，連結了中國、日本與歐洲的知識界；二，它是中國知識分子為了共同的文化綱領而發起的組織性運動。中國美育運動的成員大多有留學日本的經驗，其等所使用的美學、美育上的語彙，大多是直接挪用日本翻譯歐美概念的語彙。然而在理論上，卻幾乎完全引用歐美（尤其是德語系）的美學家和美育理論家。當時關心美育的知識分子如胡人椿，對歐洲美育思想從希臘哲學以來的思想傳承，瞭若指掌[49]，也熟知歐洲十八世紀末以來對啟蒙理性主義的對抗：「人的真實生活不像啟蒙主義者所說，全靠理智去做，乃是靠著敏銳的情感去做的。因此，教育不可僅僅磨鍊人的理智，應當提倡美學，以陶冶感情」（頁36）。康德、席勒等的美學理論，培斯塔羅奇、佛斯特等的美育理論，他們經常引用來提倡情感的啟蒙。

---

49 胡人椿，〈藝術教育概論〉，收入李石岑等著，《美育之原理》，頁35-56。胡人椿指出古代就提倡藝術教育，希臘哲學主張善即是美，因此認為提倡「美的教育」，如音樂、美術、體操、詩文等學科，就能達到使人從善的目的；中世紀黑暗時期，美育及其他文化衰落不振，到人文主義、新人文主義時期，美育又興起。

　　值得注意的是，知識分子在探討西洋的美育觀時，往往從自身哲學傳統中尋找對應的概念，進而重新塑造自己的傳統。如前文所述，王國維就指出，孔子、蘇軾、陶淵明、謝靈運等的「審美學」均以「無欲之境界」為審美的最高境界；言下之意，是可比擬康德的「無私欲」（disinterestedness）審美觀及叔本華的「無欲之我」。就跨文化研究的角度而言，與他者的接觸，正是檢討自我、重新認識自我，進而創新自我的開始。挪用他者的理論，賦予傳統思維現代的意義，不僅是以他者認證自我的價值，更是重新建立自身文化的起始。

　　林毓生認為現代中國主流論述是「全盤西化」、「全盤性反傳統主義」（totalistic iconoclasm）[50]，並把當年「打倒孔家店」的激烈革命口號視為主流，指出其破壞傳統之不可取。後來其《中國傳統的創造性轉化》一書，繼續指出五四主張徹底打倒傳統的錯誤，認為要建立中國的新文化，應該對中西方傳統的複雜性與獨特性都要有「開放心靈的真實的了解」（頁234）[51]；這個看法筆者是贊同的。首先，我們如果重新檢討當年的「主流」，高唱反傳統的陳獨秀本人是古文字、音韻學家；口口聲聲反封建的魯迅、郁達夫，私下常以舊詩詞發抒胸中塊壘。他們孕育於傳統文化，即使倡導打倒傳統，仍無法徹底擺脫之；其中的複雜微妙，值得探索。如同本書導言指出，余英時認為，胡適一向自認他提倡的白話文運動是「中國文藝復興」運動，可以類比歐洲的文

50　Yu-sheng Lin, *The Crisis of Chinese Consciousness: Radical Antitraditionalism in the May Fourth Era*（Madison: University of Wisconsin Press, 1979）.

51　林毓生，《中國傳統的創造性轉化》（北京：生活・讀書・新知三聯書店，1988）。

藝復興；胡從來無意徹底推翻中國傳統，而是希望為傳統注入新活力。導言也指出，余英時認為，五四徹底打倒傳統的啟蒙及革命論述，事實上是1936年共產黨員陳伯達與艾思奇所發動的「新啟蒙運動」所創造的，目的是為了自身啟蒙與革命論述的合法化。因此，所謂五四「全盤性反傳統主義」的說法，在新證據出現之後，值得商榷。其次，筆者重視的是，林毓生所主張的「對中西方傳統的複雜性與獨特性都要有『開放心靈的真實的了解』」，正是跨文化連結的關鍵。所謂「開放心靈」，與筆者近年來主張的「流動的主體性」相通[52]。然而筆者認為重點不在對中西方傳統有「真實的了解」，因為文化的接觸一定伴隨著對他者文化的「詮釋」，而「詮釋」的進行，往往是透過自身文化的視角。因此，所謂「開放心靈」，與其說是對他者文化「真實的了解」，不如說是充分體認這點：自我形成於與無數他者文化（不只是西方文化）的相互滲透過程中。跨文化連結的目的就是透過與他者文化的相互滲透，重新開創自我的文化。

　　林毓生所批判的徹底反傳統主張，是五四以來啟蒙理性至上的產物。筆者系統性地探討當年人生觀派的「非主流」論述，嘗試理解這些歷來被視為「保守主義者」的知識分子，為傳統文化的開創所作的努力。傳統思想的危機，促成王國維、梁啟超、張君勱、蔡元培等人敞開心靈，深刻檢視自身文化與他者文化的關係。他們從歐洲啟蒙以來情感與理性的辯證，連結到五四時期的

---

52 參考彭小妍，〈中元祭與法國紅酒：跨文化批判與流動的主體性〉，收入彭小妍主編，《跨文化情境：差異與動態融合──臺灣現當代文學文化研究》（臺北：中央研究院中國文哲研究所，2013），頁199-232。

情感與理性辯證，積極從事跨越歐亞的跨文化連結（參考本書第一章）。如同前文所述，他們固然服膺共同的文化綱領，卻絕非眾口一聲，而是經常以開放的態度相互針砭各自的理論見解。他們所展開的情感啟蒙論述，在藝術界、教育界推動了美育運動的展開，也孕育了近年及王德威所提出的「現代抒情傳統」及陳國球所提出的「抒情精神」的思想史背景（參考本書〈導言〉，注18、19）；在思想界則促成了新儒家傳統的形成，影響深遠。

　　也許科學理性至今還是中國或全球社會的「主流」，全球高教體系人文學科所得到的資源，遠在理工學科之下。但是在主流之外，卻不乏「非主流」的非理性及情感論述空間。從歐洲啟蒙時代的休姆與盧梭，到1960年代以來法蘭克福學派的非理性論述、德勒茲的情動力主張，中間還有1910年代西田幾多郎對「情的故鄉」的嚮往。中國五四時期人生觀派對唯情論的提倡，是歐亞反啟蒙論述中遺漏的一塊拼圖，下一章將詳論之。

第五章

朱謙之與袁家驊的「唯情論」
直覺與理智

直覺出的真理，所以和理知不同，即因一是實質的，而一是形色的。所謂實質，即依乎感情之活動，為主觀的自覺。所謂形色，就是端藉思維作用，以構成概念的知識和觀念。向來一般哲學家對於這個問題，各各的主張不同：像笛卡兒、斯賓諾莎和萊勃宜治［萊布尼茲］（Leibnitz）等，主張真理以判然明瞭的便是；像蘇格拉底和柏拉圖等，主張真理是概念的理知和觀念；這都是注重真理之形色，叫做形色主義。又像實驗主義者［詹］姆［士］和杜威等，主張真理是實際效用的知識，是注重真理之實質或內容，叫做內容主義。在我看來，他們都犯一個最大的毛病，就是把知識看作真理。即實驗主義是近於主情意主義的，而仍舊承襲唯知主義之弊，崇尚知識［……］生命哲學者有鑒於此，乃一改從前理知之弊，採用直覺方法，去體會真理，發現真理，既不是絕對主義者說的靜止絕對；也不是相對主義者說的相對；乃是「活的絕對」。活的絕對即是生活中單純統一的狀態——真情生命之流的本身，因努力而活動，因活動而創造的意義。靜止性和比較性，在「活的絕對」當中，都不能存在；只有不斷的努力，不斷的活動，不斷的創造，才算活的絕對之真理。

——袁家驊，《唯情哲學》（頁 141-144）

斯賓諾莎與萊布尼茲是反笛卡兒的理智主義的，袁家驊此處將三人並列為重真理之形色的「形色主義」，又把實驗主義者詹姆士與杜威批為偏重知識真理的「內容主義」，是否恰當，我們下文再詳談。此段引文主要顯示人生觀派的唯情論對唯知論（亦

即理智主義）的反動，主張哲學回歸人生（活的絕對）、回歸直覺，回歸「真情生命之流」。「活的絕對」也充分流露，袁家驊的唯情論批判以理知來追求真理無乃緣木求魚，只有「採用直覺方法，去體會真理，發現真理」，才能達到絕對真理。「努力」、「活動」、「創造」等跨文化語彙，顯然來自倭伊鏗與柏格森。

　　五四歷來公認是啟蒙的一代，代表科學的「賽先生」及啟蒙理性，當時被視為解救中國數千年封建沉屙的萬靈丹。然而同時也有反啟蒙理性運動的出現，以情感的啟蒙挑戰理性的啟蒙，這是學界向來忽略的一面[1]。1920年代爆發的科學與人生觀論戰，一般認為是擁護儒釋道的保守勢力對進步勢力的反撲[2]。實際上，如同本書第一章所述，人生觀派的領袖梁啟超率領旗下眾多知識分子，透過跨越中、日、德、法的人生觀論述連結，重新檢討西方文化過度倚賴科學理性的弊端，可視為跨歐亞反啟蒙運動的一環。在此跨文化連結過程中，包括日本的振興東洋倫理運動（以井上哲次郎及京都學派為首）、德國倭伊鏗的人生觀思想、法國柏格森的人生哲學，都是梁啟超等引以為據的跨歐亞反啟蒙思潮[3]；其基本訴求是，哲學的理性思辨應回歸生命問題的探討。在

1　有關當代中國的此類議題，見許紀霖，《當代中國的啟蒙與反啟蒙》；連結五四與當代的物質主義、唯心主義辯論，或科學富強、文明價值辯論，見許紀霖，《啟蒙如何起死回生》（北京：北京大學出版社，2011）；有關1980年代以降思考儒家思想與啟蒙運動，見甘陽，《儒家與啟蒙：哲學會通視野下的當前中國思想》（北京：生活・讀書・新知三聯書店，2011）。

2　例如D. W. Y. Kwok, *Scientism in Chinese Thought, 1900-1950*（New Haven and London: Yale University Press, 1965）.

3　參考本書第一章。

這波反啟蒙運動中，值得注意的是挑戰理性思唯的「唯情論」。深入了解這個概念的跨文化連結，會讓我們理解，唯情論主張的情感啟蒙，既挑戰啟蒙的理性主義，又繼承並修正了啟蒙的個人主義精神核心，啟蒙與反啟蒙之間的關係，錯綜複雜；啟蒙與反啟蒙事實上是一體的兩面，難解難分。本章的初稿在2013年初次發表時[4]，學界尚未見任何有關唯情論的研究，如今關心此議題的學者漸多，十分期待五四的啟蒙論述可以打破窠臼，掀起開創性的發展。

　　情感與理性的辯證，在五四時代成為公共議題。五四有關「唯物」、「唯心」——即科學文明與精神文明——的辯論，我們耳熟能詳；然而有關當時的「唯情」論，近三、四年才見學界關注。由本章起首袁家驊《唯情哲學》的引文顯示，五四思想界這場認識論辯證，直接大量挪用跨文化語彙，即來自日本翻譯西歐概念的漢字語彙。引文中的跨文化語彙通篇皆是：「直覺」（じかく）、「真理」（しんり）、「理知」（りち）、「主觀」（しゅかん）、「思維」（しい，現代日文為「思惟」）、「作用」（さよう）、「概念」（がいねん）、「觀念」（かんねん）、「知識」（ちしき）、「自覺」（じかく）、「實驗主義」（じっけんしゅぎ）、「生命哲學」（せいめいてつがく）、「體驗」（たいけん）、「單純」（たんじゅん）、「統一」（とういつ）、「絕對」（ぜったい）、「狀態」（じょうたい）、「相對」（そうたい）、「努力」（どりょく）、「存在」（そんざい）、「活動」（かつど

4　彭小妍，〈「唯情哲學」與科學理性〉，收入彭小妍主編，《跨文化實踐：現代華文文學文化》（臺北：中央研究院中國文哲研究所，2013），頁245-264。

う）等等。如果沒有這些來自日文的跨文化語彙，現代中國語境內的哲學討論完全不可能。然而，除了跨文化語彙，五四學者亦自創某些關鍵用語，顯示他們在思想上的創發。例如「唯物論」（ゆいぶつろん）、「唯心論」（ゆいしんろん）是日本知識界對應materialism及idealism的翻譯，而本章討論的重點——批判唯心論與唯物論的唯情論——則是五四人的發明。日文翻譯有「主情主義」（emotionalism）、「感情主義」（sentimentalism）等類似說法，用在描述十八世紀末到十九世紀歐洲新人文主義時代，對理性主義本位或「主知主義」（intellectualism）、主意主義（voluntarism）的反動[5]。假如我們對語言不夠敏感，很容易忽略五四人在認識論上的參與。

　　本書導論已經提到，思想史研究者許紀霖認為，1990年代以來中國的新啟蒙運動有如五四時期的啟蒙運動，對外來思想採取「兼容並包、全單照收的拿來主義引進方式」，沒有深入的理解；思想界雖有「尖銳的分歧」，焦點總是「表現在與中國語境

5　原隨園，《西洋概念史》（東京：門堂書店，1923），頁87-93；日本國立國會圖書館數位典藏。日文「感傷主義」也是譯自"sentimentalism"，對應的是歐洲十八世紀以來文學中的多情濫觴、感時悲秋；此思潮源頭是盧梭，後來發展為文學藝術上的浪漫主義。五四時期「感傷主義」一詞也經常使用，例如蘇雪林對郁達夫的批評：「『自我主義』（Egotism）、『感傷主義』（sentimentalism）和『頹廢色彩』，也是構成郁氏作品的原素。他的作品自《沈淪》到最後，莫不以『我』為主體，即偶爾捏造幾個假姓名，也毫不含糊的寫他自己的經歷」（頁300）。見蘇雪林，〈郁達夫及其作品〉，《二三十年代作家與作品》（臺北：廣東出版社，[1979] 1980），再版，頁298-309。本書原為自1932年起，蘇雪林在武漢大學擔任新文學課程時的講義。

有關的價值選擇上，而沒有深入到知識論層面」[6]。然而，1920年代的唯情論，正是從知識論層面批判啟蒙理性主義，主張情感的啟蒙才是根本，包括1924年袁家驊的《唯情哲學》及朱謙之（1899-1972）的《一個唯情論者的宇宙觀及人生觀》[7]。這兩本書均由上海的泰東書局出版，此書局是創造社的機關刊物，出版過《女神》、《創造季刊》、《創造週報》、《創造月刊》。如果知道兩位作者此時的年紀，會讓人大為驚嘆；正因年輕，文字間對真情生命的禮讚毫不掩飾。袁家驊寫作此書時年僅二十一歲，為他作序的顧綏昌當時年僅二十。1922年顧未滿十八歲時，就在《時事新報》發表第一篇論文〈感覺與認識論〉，獲得該報主編張東蓀讚揚[8]。張東蓀是中國第一批到日本學習哲學的學者，1918年翻譯的《創化論》，是人生觀派的理論基礎，本書第二章已討論。張東蓀身為人生觀派的大將，慧眼識英雄，不因其年少而廢其言。袁、顧兩人為好友，後來先後從北京大學英文系畢業，均曾留學英國。日後袁成為著名語言學家，專攻少數民族語言及漢語方言，任教北京大學、西南聯大；顧則成為英國文學教授，任教

6　許紀霖，《當代中國的啟蒙與反啟蒙》，頁12-13。

7　袁家驊（袁家華），《唯情哲學》（上海：泰東書局，1924）；朱謙之，《一個唯情論者的宇宙觀及人生觀》（上海：泰東書局，1924）；收入黃夏年主編，《朱謙之文集》卷1（福州：福建教育出版社，2002），頁455-512。

8　顧綏昌，〈往事・回憶・展望〉，收入北京圖書館《文獻》叢刊編輯部、吉林省圖書館學會會刊編輯部編，《中國當代社會科學家第6輯》（北京市：書目文獻出版社，1983），頁304-317；朱建成，〈顧綏昌〉，收入莊毅主編，《中華人民共和國享受政府特殊津貼專家、學者、技術人員名錄　1992年卷第2分冊》（北京：中國國際廣播出版社，1996），頁131-133。

四川大學、武漢大學、中山大學、廣州外語學院[9]。

　　唯情論並非天真爛漫的囈語，朱謙之從少年時期起的掙扎與轉變即透露端倪。其早年人生經歷，充分反映五四時期新舊、東西文化雜陳的年代，儒釋道與虛無主義、無政府主義、共產主義等外來意識形態競逐，年輕人不知人生所為何來，在精神上徬徨痛苦。朱謙之早期信奉虛無主義，因在北京大學就讀時「受厭世哲學洗禮」（即梁漱溟所教授的佛學），曾於1919年企圖自殺（1: 9）[10]。1920年10月與互助社同志分派無政府主義傳單，友人被捕，為了營救友人，朱挺身而出，入獄百餘日，在獄中閱讀《誠齋易傳》、譚嗣同的《仁學》、《孫文學說》等書（1: 8-9）。後因兩位友人入獄，對李大釗等人的共黨革命徹底失望：「我因痛恨陳獨秀，用李寧［列寧］政府的金錢，來收買工人，做他的野心革命的犧牲，所以對於唯物史觀的革命論者非常失望，而

9　有關袁家驊生平，參考〈袁家驊先生學術年表〉，收入王福堂、孫宏開編選，《袁家驊文選》（北京：北京大學出版社，2010），頁198-201。

10　原題〈虛無主義者的再生〉，為與楊沒累（1898-1928）的來往信件，原載《民鐸》4卷4號（1923年6月）。後出版為《荷心》（上海：新中國叢書社，1924）。朱謙之、楊沒累，《荷心》（根據1927年南京中央書局版），收入黃夏年編，《朱謙之文集》卷1（福州：福建教育出版社，2002），頁1-38（本文為信件三，頁5-15）。本文形式是寫給情人（即第一任妻子）楊沒累的自剖。文中說1909年7月5日「實行自殺」，又說三年前其十七歲時（1916）即「蓄意自殺」。此處1909年應為1919年之筆誤（1: 9）。沉溺虛無的深淵導致自殺的衝動，在五四時期曾是相當嚴重的社會問題，有三個自殺事件成為公眾議題：1918年晚清知識分子梁濟（梁漱溟之父，本書第三章已提及）、1919年厭世自殺的有為青年林德揚、1919年爭取婚姻自由的女青年趙五貞。參考楊華麗，〈論「五四」新思潮中的「趙五貞自殺事件」〉，《中國現代文學論叢》9卷1期（2014年6月23日），頁172-183。

欲從根本上去求改造人心了！」（1: 11）[11]。朱到西湖皈依佛門，甚至想組織一種「宗教的新村」，結果發現僧界變形的家長制組織虛偽，無法忍受（1: 11）。於是浪遊西湖，與郭沫若、鄭振鐸、袁家驊等徜徉水光山色，受到「自然的陶冶溶化」及「文學家的洗禮」。這段期間，正是郭沫若以文壇新人發跡之時，《女神》出版了，朱獲贈郭的校訂本，自問：「我現在的泛神宗教，安知不是受這位『女神』之賜呢？」（1: 13，詳見下文）。因此唯情論的創發，與創造社的醞釀成立，幾乎是同步的。朱又與其師梁漱溟、友人黃慶等，相約討論學問，最後由「好亂的心理」轉而「望治」，因西湖所見「宇宙之美」也生了「愛美的心」（1: 13）。此後朱「把虛無主義走到盡處」，致力於闡發孔家思想（1: 13），唯情論就是這種背景下的發明，是由悲觀絕望到樂觀面對生命的體悟。1924年《一個唯情論者的宇宙觀及人生觀》出版時，朱謙之也不過是二十五歲年紀。北大哲學系畢業後，1929年赴日本研究歷史哲學，後來任教暨南大學、中山大學，最後在北大哲學系擔任教學研究[12]。

　　1922年朱謙之就已經在無政府主義刊物《民鐸》3卷3號上發表〈唯情哲學發端〉一文，指出「大宇宙的真相，就是渾一的

11　根據《聯共（布）、共產國際與中國蘇維埃運動（1927-1931）》（北京：中央文獻出版社，2001），十月革命後蘇聯就挹注大量資金及人力資源，扶植中國共產黨的勢力，培植列寧所謂的「職業革命家」。參考陳相因，〈「自我」的符碼與戲碼——論瞿秋白筆下「多餘的人」與〈多餘的話〉〉，《中國文哲研究集刊》44期（2014年3月），頁79-142（見該文注118）。

12　黃夏年，〈朱謙之先生的學術成就與風範〉，收入黃夏年編，《朱謙之選集》（長春：吉林人民出版社，2005），頁1-16。

『真情之流』，浩然淬然的在那裡自然變化，要間斷都間斷不了的」。這可能是「唯情」及「真情之流」二詞在思想史上的首度出現。在同期的〈通訊代序〉，朱謙之告訴李石岑：

> 人自祖先以來，本有真情的，自知道懷疑以後，才變壞了！拆散了！所以弟近來倒轉下來極力主張信仰[……]由懷疑去求真理，真理倒被人的理知趕跑了，懷疑的背後，有個極大的黑幕，就是「吃人的理知」；而無限絕對的真理，反只啟示於真情的信仰當中。沒有信仰，沒有宇宙，沒有人生，乃至人們親愛的，更情愛[的]，都要把他搗碎成為「虛無」，可憐憫的人們呀！懷疑的路已經走到盡處了！為什麼不反身認識你自己的神，為什麼不解放你自己於宇宙的大神當中呢？」（3: 99）[13]。

之後〈唯情哲學發端〉改以〈發端〉為題，收入1923年出版的《周易哲學》起首[14]。本書第四章已指出，李石岑是美育運動的推手之一，而美育與人生觀運動是合流的。李主編的無政府主義刊物發表了朱謙之的〈唯情哲學發端〉，其間的相互關係確鑿。

---

13 朱謙之，〈通訊代序〉（1922），《周易哲學》，收入黃夏年編，《朱謙之文集》卷3，頁99-100。此通訊原發於《民鐸雜誌》3卷3號（1922年3月1日），頁1-3。

14 朱謙之，〈發端〉（1922），《周易哲學》，《朱謙之文集》卷3，頁101-106。〈唯情哲學發端〉一文原發表於《民鐸雜誌》3卷3號（1922年3月1日），頁1-11。按《民鐸雜誌》每一篇文章均單獨編頁碼。

1924年在唯情論的闡發上，朱謙之、袁家驊的基本主張相同：真情即真理、生活即真情之流、真我即宇宙、我和非我的融合等；然而朱進一步由真情生活論及政治理想及經濟理想，這是袁所未觸及的層面（詳見下文）。仔細分析兩人的唯情論著作，可清楚得知，當時知識分子對西方哲學思潮，用功甚深，在不同思想脈絡間有所取捨；與西方進行對話之餘，他們進一步建立自己的思想體系。本章一方面以兩人相關著作佐證唯情論在當時的萌發；一方面顯示，為了反駁理性至上的趨勢，唯情論如何主張情感的啟蒙，系統性地重新建構人生觀與宇宙觀。袁家驊的《唯情哲學》於1924年4月首度面世，朱謙之的《一個唯情論者的宇宙觀及人生觀》則於同年6月問世，都由上海泰東書局出版。兩書在短時間內由同一出版社連續推出，顯然是經過規畫的出版策略。

朱謙之的〈唯情哲學發端〉

按照發表先後，首先討論1922年的〈唯情哲學發端〉一文，此文詮釋《周易》的「情」觀，為唯情論奠定理論基礎。〈發端〉的遣詞用字，例如「生命」、「創造」、「進化」、「神祕的直覺」、「變化」、「流水」、「綿延」、「物質」、「空間」、「真的時間」等，並非傳統學術固有的語彙；朱謙之的理論受到張東蓀1918年所譯《創化論》的啟發，毫無疑義。然而柏格森創化論對生命的詮釋乃奠基於記憶與物質的討論，朱謙之對生命的詮釋則標舉「真情之流」。從美學觀點來看，情感在認知過程中扮演了關鍵角色，這是美育運動及人生觀運動所強調的；而朱謙

之則進一步主張「真情之流」，認為充塞宇宙萬物的「情」即生命，亦即宇宙本體。其開創的唯情論在認知論與本體論上多所闡發，卻鮮少人論及；「真情之流」所謂的「情」，不僅是情感或愛情，而是宇宙本體的核心。

〈發端〉起首引用北宋理學家程顥（1032-1085）的「仁者以天地萬為一體」，論道：

> 本體本自現成，本自實現，並不是超出我意識中的現象世界，即此意識中的現象世界便是：——當下更是。會得時則上看下看內看外看，都莫不是汪洋一片的「真情之流」，就是真生命了！就是神了！何等樂觀！何等輕快！所以我們要實現本體，實在不用什麼工夫，只須一任其自然流行便得［……］我這套唯情哲學，雖由於心的經驗，但也不為無本，大概都具於《周易》中。《周易》告訴我們，宇宙萬物都是時時刻刻在那裡變化，而為學的方法，也只是簡簡單單的要「復以見天地之心」［……］我的學就是《周易》的學，——孔聖傳來的學，這無可諱言。（3: 101）

在五四一片打倒孔家店的撻伐聲中，朱謙之的唯情論大力發揚孔學，貫徹其師梁漱溟1921年《東西文化及其哲學》的主張：孔子是人生哲學。此段引文在義理上最重要的概念是「真情之流」即本體——朱強調，此本體並非「超越意識的」現象世界，而是「在意識中」的現象世界，即在「當下」中。用西方現代哲學的概念來看，朱謙之認為本體不是超越物質世界的（transcendent），而是內在於物質世界、充斥宇宙的

（immanent）。其所闡發的真情，並非一般意義下的感情或情緒，而是與晚近西方情動力理論相通的概念。此處我要引用德勒茲的情動力與生命動能（forces）的理論來對照朱謙之的「真情之流」，讓我們對後者的認識論有進一步的理解。此處引用德勒茲的概念並不足怪，因為德勒茲的理論受到柏格森思想的啟發[15]，而柏格森的《創化論》則對應或批判斯賓諾莎和尼采的思想。從此角度來看，柏格森所體現的西方哲學傳統，是朱謙之與德勒茲思想的共同來源。而有別於德勒茲，朱謙之主要從《易經》以來的儒家傳統擷取論述資源；柏格森理論透過日譯的跨文化語彙所帶來的概念與傳統儒家概念的相互印證，則是其不可或缺的論述工具及策略。

真情之流：此意識中的現象世界，即內在本體

對德勒茲而言，生命的倫理（ethics）有別於宗教上善惡分明的道德（moral）；斯賓諾莎及尼采對傳統本體觀的批判，意味著從「超越本體」（the ontology of transcendence）到「內在本體」（the ontology of immanence）的過渡。尼采主張的「上帝已死」（the death of God），不只是宗教上的意義，更重要的是認知論及本體論的涵義──這句話事實上是對「理性」的反動（a defiance of the dominance of Reason）[16]。德勒茲認為尼采的哲學

---

15 Gilles Deleuze, *Le bergsonisme* (Paris: Presses Universitaires de France, 1966); Gilles Deleuze, *Bergsonism* trans., Hugh Tomlinson and Barbara Habberiam (New York: Zone Books, 1988).

16 Paolo Bolaños, "Nietzsche, Spinoza, and the Ethological Conception of Ethics,"

是一種「游牧思想」（nomadism），排拒宇宙本質論（universal essences）的敵視生命，而是要創造、增進、禮讚生命[17]。游牧思想意味的是生命的自由不受理性規範束縛。尼采主張生命的動能──情動力的初始就是動能（power），生命就是追求動能的欲望（Wille zur Macht）。Macht一般譯為「權力」（power），Wille zur Macht很多人翻譯成 will to power。事實上 Macht 意指「生命力」，亦即生命的潛能或動能，與英文的 force、energy、potential 都是同義字[18]。這些表達生命力的語彙，來自十九世紀物理學新興的熱力學（thermodynamics）概念[19]。方東美雖然用了「權力欲」一詞，但明白這實際上是「生命欲」：「生命欲即是權

Minerva: An Internet Journal of Philosophy 11（2007）. 本文發表於網路集刊，無頁碼。

17 Ibid., "Nietzsche's philosophy is both a critique and an introduction of a counterculture, that of "nomadism"—a philosophy that does not seek to be bound to abrogated universal essences that are hostile to LIFE (thus, nihilistic), but rather seeks to create, enhance, and celebrate LIFE."

18 德勒茲《千高原》的英譯者 Brian Massumi 曾簡短說明 force 與 power 不應混用："Force is not to be confused with power. Force arrives from outside to break constrains and open new vistas. Power builds walls"（p. xiii）. Cf. Gilles Deleuze and Félix Guattari, *A Thousand Plateaus: Capitalism & Schizophrenia*, trans. Brian Massumi.

19 有關熱力學與嚴復及天演論，請參考王道還，〈《天演論》中的熱力學〉（見第二章，注15）。熱力學對西方現代生物學、哲學的發展有深刻影響，包括達爾文、斯賓塞、尼采、柏格森、李歐塔等，均受到熱力學的啟發；當然，進入生物學與哲學之後，難免超出了熱力學的原意。亦請參考筆者有關張競生研究的會議論文，彭小妍，"Food and Sex: Zhang Jingsheng's Regimen Theory and Thermodynamics,"「文化交流與觀照想像：中國文哲研究的多元視角」學術研討會，2016年12月8-9日。

力欲。權力之擴大即是生命之拓展」（參考本書第六章）。吳稚
暉的〈一個新信仰的宇宙觀及人生觀〉（1923）也指出「權力乃
生意志」：「『宇宙是一個大生命』，他的質，同時含有力。在適
用別的名詞時，亦可稱其力曰權力。由於權力乃生意志。其意
是欲『永遠的流動』」（頁517-518）[20]。有關吳稚暉與人生哲學討
論，請參考第六章之一節「人生哲學與五四及其後」。

　　如前述，朱謙之在〈通訊代序〉中主張信仰真情，批判理
性：「真理倒被人的理知趕跑了［……］無限絕對的真理，反只
啟示於真情的信仰當中［……］為什麼不反身認識你自己的神，
為什麼不解放你自己於宇宙的大神當中呢？」（3: 101）。這裡所
說的「信仰」，不是信仰尼采所要打倒的神，而是信仰充沛於宇
宙萬物中的大神——真情之流：「『真情之流』，就是真生命了！
就是神了！」〈發端〉強調從「窮理盡性」而「窮神知化」，這
是傳統儒學的概念：「只要實實落落去窮盡其神，我便能充周
發達，以到聖而不可知地位，那時我便是神了！神便是我了！」
（3: 113）。換言之，生命本身就是神；這比柏格森人生哲學禮讚
生命衝動，更進一步。對他而言，愛美是到達神的最初門路：
「要窮神必先愛美，萬物非美不相見［……］我們的視聽言動，
喜怒哀樂都是和神周流貫徹［……］神不可知，我們卻可由他美
的意象上，默識個體段，這便是博文約禮的工夫，一旦窮到盡
處，就所見無非美者」（3: 111）。由美的欣賞、情的陶冶開創新
的人生觀；以美育代宗教，乃當時蔡元培主導的美育運動的主

---

20 吳稚暉，〈一個新信仰的宇宙觀及人生觀〉（1923），收入汪孟鄒編，《科學與
　　人生觀之論戰》。

張。朱謙之揭露神之美與真情在人世宇宙間處處彰顯，排斥超越
現世的宗教觀。他提倡「絕對自由的真情生活」，認為「當下便
是樂土，我們更何忍毀滅人生，去求那超於人間的希望的『涅
槃』？」（3: 100）。由外在超越到內在超越，以生活當下、宇宙
萬物為本體，這就是朱謙之「真情之流」的理論主軸。梁漱溟在
《東西文化及其哲學》中的文化三期重現說，預言文化第三期將
走入印度棄絕現世的第三條路，朱謙之雖然承認梁漱溟此書對自
己的影響，卻不能贊成他「無生」的主張，兩人思想在此分歧：

> 我於這書[《東西文化及其哲學》]出版時，實受極大的影
> 響，假使沒有這本書，或者我到今日，還停止在「無生」的
> 路上，不過梁先生本是講佛學的人，他最後又歸到「無生」
> 上去，那就絕不敢贊成了，這就是我和梁先生思想分歧的原
> 因了」。（3: 14）21

　　人生觀派知識分子的同中有異、彼此批評、相互發明，實乃
其論述活力的明證。

情存於一感一應之中

　　就情動力理論而言，情動力產生於居間狀態，在恍惚忘我中
醞釀（Affect is born in *in-between-ness* and resides as accumulative

---

21 朱謙之，〈虛無主義者的再生〉，《朱謙之文集》卷1，頁5-15。

beside-ness[22]）；情動力是身體與身體、物體與物體（即body）之間互動的能量（forces of encounter），乃連結人與物、人與世界的生命動能，永不休止、永遠變化（a supple incrementalism of ever-modulating force-relations）[23]。情動力的真正能量取決於這種持續醞釀的能量相互關係（force-relations）中，情動力就是一種動能（potential）：身體（及物體）具有感染與被感染能力（to affect and to be affected）的情感動能[24]，也就是行動與感應的能力（the capacities to act and to be acted upon）。

有關真情之流，朱謙之闡釋北宋理學家程頤（1033-1107）

---

22 恍惚忘我（beside-ness）意為 "being beside oneself in a sane sense"。Cf. Stanley Cavell, *A Pitch of Philosophy: Autobiographical Exercises*（Cambridge, Mass.: The Jerusalem-Harvard Lectures, 1994), pp. 144-145。Cavell認為對美國詩人愛默森（Emerson）而言，"besideness"就是體驗絕美的藝術時的 "abandonment"，亦即梭羅（Thoreau）所說的 "ecstasy"，使人超越自我。

23 Malissa Gregg and Gregory J. Seigworth eds., *The Affect Theory Reader*（Durham and London: Duke University Press, 2010). 書中指出 "Affect is in many ways synonymous with force or forces of encounter [...] Affect can be understood then as a gradient of bodily capacity—a supple incrementalism of ever-modulating force-relations—that rises and falls not only along various rhythms and modalities of encounter but also through the troughs and sieves of sensation and sensibility, an incrementalism that coincides with belonging to comportments of matter of virtually any and every sort. Hence, affect's always immanent capacity of extending further still: both into and out of the interstices of the inorganic and non-living, the intracellular divulgences of sinew, tissue, and gut economies, and the vaporous evanescences of the incorporeal (events, atmospheres, feeling-tones)" (p. 2).

24 同前注："In this ever-gathering accretion of force-relations (or, conversely, in the peeling or wearing away of such sedimentations) lie the real powers of affect, affect as potential: a body's capacity to affect and to be affected."

的「感通之理」及「生生」的概念，說法與當前的情動力理論不謀而合：

> 因為宇宙的流行變化是一感一應，一感一應如是相續不已。感不已，應不已，於是生命就『恆久而不已』[……]這不已就是生生的真諦！但須知在這生生中，又非有強安排，這一感便是無心感之，一感就有一應，這一應便是以無心應之。如動靜、屈伸、往來、消息、寒暑、晝夜、上下，這都是自然而然的隨感而應，沒有絲毫杜撰出來。這麼一說，就宇宙進化都成立於這一感一應的關係上了[……]一感一應，互為其根，看來徹首徹尾只是一個浩浩無窮，只是渾一的「真情之流」罷了。（3: 125-126）

此處「宇宙的流行變化是一感一應，一感一應如是相續不已，於是生命就『恆久而不已』」，不就是情動力理論所說「持續醞釀」、「能量互動」、「永不休止」、「永遠變化」的情動力？一感一應相續不已，正是情動力理論所彰顯的「情動力就是一種動能」：身體（及物體）「具有感染與被感染力的情感動能」、也就是具有「行動與感應」的能力。此處朱又指出，在生生不息的真情感應中，一感一應相續不已均是「無心」；情動力理論指出情動力的恍惚忘我（beside-ness），正與其相通。朱認為「宇宙進化都成立於這一感一應的關係上」，不正是情動力理論所說的「生命動能的相互關係」（force-relations）？

朱謙之特別強調「宇宙進化」、「宇宙流行變化」，充分反映柏格森的創化論，這是西方情動力理論隱而未揚的：「宇宙之

生全靠這一感在那裡滾動；這一感便不住的感，就成為永遠流行的進化」。朱又強調情之恆動，曰「天地間翻來覆去，都只有動，靜是包括在動中的。若謂靜不能流行，則何以謂之『靜而生陰』。看生這一字，可見靜就是動〔……〕這一感一應之理，便可見一動一靜之妙，只此一動一靜之妙，便括盡了天下事物」（3: 128）。那麼，情從何而來呢？朱明白宣示：「情不是別有一個東西，即存於一感一應之中」（3: 128）。情的一感一應持續不已，不就是說明了情之恆動？因此，情就是感應、動靜、陰陽、屈伸、往來、消息、寒暑、晝夜、上下等等的互相感應關係，亦即宇宙生命的流行進化。

　　梁漱溟在《東西文化及其哲學》中經常引用《周易》，朱謙之進一步以《周易》為唯情論的理論根本。從情的流行變化，朱謙之進而發展時間、空間的概念，認為感的時候是「永不間斷的綿延」，就是《周易》所說的「時」；靜的時候則「向空間頓時發散」，成為分段的生命，就是《周易》所說的「位」。情雖不能用時間空間來談，但除去時間空間就沒有情。對朱而言，「時位是互相關係的，位非時無以顯其位，時非位無以徵其時，只有在『真情之流』裡，這兩者融合為一，便所有矛盾的現象，相反而即是相成」（3: 129）。「相互關係」一語彙，其實就是情動力的能量相互關係（force-relations）概念。朱以柏格森的時間空間概念來演繹，認為《周易》的「時」是「變化流動永不間斷的綿延」，是大宇宙全體的實在；相對的，分段為時時時刻的分位時間，是分位的實在。宇宙是什麼？朱用柏格森的「真時」概念說明：「所謂宇宙，就是從『真的時間』，時時流出分位，復趁這分位而擴充發達，把分位的靜止相，都給打碎了；那當下就發現

『真的時間』了〔……〕守著這當下，便是真的時間了！便是無窮的、完全的、不間斷的流行進化了！」（3: 131）。這與柏格森對「當下」的看法若合符節：每一刻都是綿延不已的當下。（參見第二章「真時」與「抽象時間」的討論）

情的「已發」、「未發」（not yet）與無限可能

朱謙之認為，情的一感一應不已之根本原理，就是「調和」，也就是「中」。進化就是「調和了又不調和」，「因有無限的不調和，所以有無限的調和」。他引用宋元之際理學家張澄（？-1143）的說法：「易之為道，貴中而已矣」。又說：「調和是變化的特徵，這個變化，即是要實現那無窮無盡的預定調和，這便是進化」（3: 126）。繼而用黑格爾辯證法的正（thesis）、反（antithesis）、合（synthesis），說明清代思想家戴震（1724-1777）的「一陰一陽之謂道」，並認為宇宙的生生不已，全因為生命自身這一感一應不已的情動力，顯示生命是「極自然，同時又極有法則」，也就是戴震所說的「生者至動而條理也」（3: 125）。朱謙之此處正是發揚其師梁漱溟的看法。在《東西文化及其哲學》中梁引用《周易》的概念說明：「看宇宙的變化流行，所謂變化就是由調和到不調和，或由不調和到調和。彷彿水流必求平衡，若不平衡，還往下流」（頁118）[25]。「調和」與「中」的概念，當然來自傳統儒家；相對的，西方情動力概念強調的是情動力的衝擊。

---

25 梁漱溟，《東西文化及其哲學》。

朱謙之一方面說明一感一應的情動力流行與「調和」的關係，一方面問：「這流行是突變呢？還是漸變呢？」跟隨梁漱溟的思路，朱也引用《周易》，指出漸變是常態，必到時運既終時，才有激進的突變。但即使是突變，也是漸進的，逐漸醞釀，必須那「潛滋暗長的動因，直到薰習成熟了，才忽然突變起來」。此處所謂「潛滋暗長的動因」，說的不就是情動力的潛能嗎？情在未發之際，沉潛醞釀，暗中漸進滋長，直到不得不發之時才浮現為真情之流，此即「已發」：

> 「調和」為進化的重要原素，教我們由調和去發現那存於天地萬物的本體——情，只是一個情，流行於已發之際，自自然然的會綿延進化，自自然然的要求調和，若不調和，還往下流。由這不斷的「自調和而不調和」，「不調和而調和」，就成了進化，時時刻刻都沒休息。（3: 127）

如此，在已發（真情之流）、未發（潛滋暗長的下流，即暗流）的持續更送中，真情的流行由調和到不調和，復由不調和到調和，前進不已。朱謙之引用《周易》「化」的概念，說明「進化是漸，所以調和，所以生生不已」（3: 127）。生生不已就是生命無限。

我們回頭看情動力理論。所謂affect，其特質之一就是生於「已發未發之際」（not yet）。研究者最常引用的，是斯賓諾莎的身體潛能概念：身體若由大腦管控，究竟有多少能耐？相對的，身體如不服從大腦，從自然法則（自然是肉體的、物質的；corporeal）來看，身體究竟有多少潛能是未發的、是經驗所未知

的[26]？斯賓諾莎這段話是批評笛卡兒的心物二元論。對笛卡兒而言，身體只是筋骨、肌肉、血管、神經、皮膚等物質所組成的一具機器（automaton），是由大腦（mind）控制的[27]。斯賓諾莎卻指出，隸屬自然法則的身體所具有的未發潛能，絕非大腦所能掌控。對德勒茲而言，斯賓諾莎這種身體潛能概念，乃從超越本體進入內在本體的關鍵，也是斯賓諾莎的「戰爭吶喊」（war cry），亦即對理性的挑戰[28]。笛卡兒主張神超越一切，斯賓諾莎則提出反對意見，主張「內在超越」（immanence），可參考德勒茲的《哲學上的體現問題：斯賓諾莎》中的第十四章〈斯賓諾莎對笛卡兒的反動〉[29]。第六章將進一步討論此議題。

---

26 Cf. Malissa Gregg and Gregory J. Seigworth eds., *The Affect Theory Reader*: "In what undoubtedly has become one of the most oft-cited quotations concerning affects, Baruch Spinoza maintained, 'No one has yet determined what the body can do'" (p. 3). Cf. Paolo Bolaños, "Nietzsche, Spinoza, and the Ethological Conception of Ethics": "For indeed, no one has yet determined what the body can do, that is, experience has not yet taught anyone what the body can do from the laws of Nature alone, insofar as Nature is only considered to be corporeal, and what the body can do only if it is determined by the mind."

27 Cf. René Descartes, "La description du corps humain et de toutes ses fonctions" [Description of the Human Body and all its Functions, 1648], in *Oeuvres de Descartes* [Complete Works of Descartes] (Paris: Léopold Cerf, 1897-1913), v. 11, pp. 223-290.

28 Paolo Bolaños, "Nietzsche, Spinoza, and the Ethological Conception of Ethics."

29 Gilles Deleuze, "Spinoza Against Descartes," in *Expressionism in Philosophy* [*Spinoza et le problème de l'expression*, 1968], trans. Martin Joughin (New York: Zone Books, 1990), pp. 155-167. 德勒茲指出："Against Descartes, Spinoza posits the equality of all forms of being, and the univocity of reality which follows from this equality. The philosophy of immanence appears from all viewpoints as

　　情動力生於已發未發之際的概念，也可以連結到馬克思主義者雷蒙・威廉斯（Raymond Williams, 1921-1988）的「情感結構」（structures of feeling）理論。威廉斯認為所謂歷史、經驗都是已發生的過去，那麼，如何理解「當下」（the present）？已成的、明確的體制是固定不變的，隸屬社會；當下流動的、超脫或企圖超脫固定體制規範的，則隸屬個人。「思想」（thought）是過去的、固定的；相對的，「看法」（thinking）則是動態的、彈性的，比方說意識或感覺，直到這些意識或感覺走向固定化。藝術品、文學作品特別能體現當下的意義，因為創作的完成並非終點；受眾「閱讀」的動態經驗使得文藝作品本身就是一種形成的過程（formative process），每一次「閱讀」都是屬於個人的、特定的當下。在虛構、夢境、下意識中萌發的想像力與精神狀態，是社會體制無法管控的。在社會共識與個人實際感受之間有一種張力，有些潛藏的看法或感受是在社會體制之外的，這些看法與感覺的確是社會性的、實質的，但是尚醞釀未發，與已發的、定義分明的（fully articulate and defined）共識之間關係盤根錯節。這些醞釀未發的感受代表新世代的特質，可能逐漸造成足夠壓力，乃至促成社會體制的改變；也就是說，「情感結構」的改變會促成社會體制的變動[30]。所謂情感結構，是互相連結、充滿張力、在變化過程中、社會性尚未彰顯的，而一旦形成社會體制，

---

the theory of unitary Being, equal Being, common and univocal Being" (p. 167). 筆者對德勒茲此書書名及關鍵語彙的翻譯，與現行中文翻譯不同。請參考第六章的深入分析。

30 Raymond Williams, *Marxism and Literature* (Oxford and New York: Oxford University Press, 1977), pp. 28-212.

固定化之後，新的情感結構又將形成，周而復始；通常在文藝作品中特別能觀察到新的情感結構的形成。威廉斯以維多利亞時期的小說來說明：維多利亞初期的意識形態（意指新教工作倫理）認為貧窮、負債、私生不法的個別案例是道德淪喪的可恥象徵，然而狄更斯、布朗特姊妹等的小說則透露出當代社會的情感結構。他們描寫的這類社會邊緣案例，看似個別存在，連結起來就暴露出這是整個社會失序所造成的一個普遍現象。果然後來新的意識形態（意指社會主義）形成，與貧窮相關的問題不再被視為可恥、失德，問題的癥結彰顯了，體制與情感結構間的緊張關係也紓解了（頁134）。

　　朱謙之的真情之流已發與未發交相更迭的概念，也連結到革命：

> 進化都是一任自然，人們不應加以催迫，即在革命時候，也都是順著自然而然，不是強安排也［⋯⋯］宇宙是無窮的流行，也就是無限的革命──革命是進化必經的徑路［⋯⋯］同時革命即同時創造［⋯⋯］生是永遠沒有間繼，也永遠沒有完全的成功，就可見無時不有流行，即無時不在創造中，無時不望見著「未濟」的路程。（3: 127-128）

　　此處柏格森的影響確鑿。所謂「無限的革命」看似隱喻，目的似在說明進化是「未濟」的事業。然而到了1924年的《一個唯情論者的宇宙觀及人生觀》，即可看出此處朱所謂的「革命」，是在現世建立美好社會的烏托邦願景，稍後將詳論之。

神即「美的本體」，「情」即本然之美

> 宇宙萬有，其根柢惟一──神，神無聲無臭，然却是常表
> 示出來。因其無所表示，所以無所不表示，由神而表示為宇
> 宙萬有，而後大小遠近千蹊萬徑的「情」，才躍然可見，而
> 神在萬有中挺然露現了（3: 139）。

這就是說，神是宇宙萬有的反照，宇宙萬有則是神的「真
情」的展現。朱謙之反對以虛無為神，認為《周易正義》所說
「盡神之理，唯在虛無，因此無虛之神以明道之所在，道亦虛無」
為誤謬，老莊之學的「忘象之論，更是誤人」（3: 139）。對朱而
言，神來自有、來自明。萬有以神明為體，雲行雨施、品物流
行，都是神的發用流行，無一不美麗。朱謙之引用宋代朱震（?-
1138）於1136年撰寫的《漢上易傳叢說》：「乾為美，又為嘉美之
至也」。然而，感官所體驗到的世界，是一時之美，不算極致；
要由這些美的秩序，達到「那不可感覺永久理想之美，──就是
神了」，正是《二程遺書》中所說的：「神是極妙之語」。因此，
神即「美的本體」。朱謙之認為，《孟子》所說「充實之謂美」，
證明了孔門重美的本體（3: 141）。

對朱謙之而言，充塞宇宙、能見之美，只是一個個「意
象」，也就是「『真情之流』之緣感覺而現者」。一切意象之內，
還有「真正的本體的自身」，就是神的真情（3: 142）。清代惠棟
（1697-1798）《周易述》云：「嘖情之未動者也，在初為深，故
曰深情，聖人見其嘖，而擬諸其形容，象其物宜而情始見」。朱
謙之如此解說：

「情」是本然之美，流行於已發之際，斂藏於未發之時，
當其未發而靜，便叫做「噴」，已發而動，便化身為美的，
相對的，有限的東西，才為種種的意象而出現了。（3: 143）

情潛藏於未發之時，情已發而動，便化身為形形色色的意
象，是「美的」、「相對的」、「有限的」；神則是「美的本體」，
是宇宙的統一，也就是絕對的、無限的。那麼，人眼所能見的、
有限的、美的東西，是物質嗎？朱謙之的回答是否定的：「依易
理看來，物質只有可能性，如常人自以為有質礙的空間性的物
質，其實在意想中還證明明是一個意象，可見物質不過意象，舉目
而存只有意象而已，變化而已〔……〕假令有一物質，亦必非僅
僅一種定體。而為在變遷歷程的活動體──就是意象了，所以
周易言象不言物」。朱提到，桌子只是一個形象，並非物質的存
在：「好比棹子這個形象，若認他是有物質的存在便錯了」（3:
143）。揣摩上下文，應是此意：例如，木頭若為一物質，並非
一種固定的物體，而是可以變化為桌子、椅子、床等諸種意象；
其實木頭本身，也是從樹苗長成大樹，鋸斷樹幹整理而成的，所
以木頭也只是一個意象而已。朱認為形形色色的意象均從情而
來，內在於一切意象的「宇宙的統一」就是情，所以萬殊的共相
即為情。如此看來，情就是生生不息。

如何去認識神呢？朱謙之主張用形而上學的方法，也就
是「神秘的直覺」（Mystic Intuition，朱提供的英文）。在儒家
來說，這就是「默識」：「以神的智慧作自己的智慧，打開真情
之眼，以與絕對無比不可言狀的『神』融合為一，這就是孔門
所謂『默識』了」。神不是言說可得的，不是靠觀念和符號，

只能由默識而得（3: 107）。所謂默識，就是「必須人們自己極力拋棄我底那知識，如文王之『不識不知，順帝之則』，使自己自樂自進順從神的智慧才得」（3: 108）。何謂神的智慧？「即人人所固有，先天所自具的良知」；只要「一任良知」便能達到神（3: 109）。朱謙之指出，神是宇宙萬有的本體，因此在我們自身和宇宙萬有中，隨時隨處都可默識神，都可求智慧，這就是周易所提倡的「窮神」的根本方法；所謂格物，也就是窮神（3: 111）。這也就是他在〈虛無主義者的再生〉中所說的：「閉住理智之眼而大開真情之眼」（3: 15）。

朱謙之主張「泛神的宗教」：宇宙即是神，神即是宇宙，神也潛在人自身之內。神與情雖是同一件事，但是神是真情之流的主宰。朱主張「心、神、我合一」，泛神宗教「本於堯舜禹湯文武周公孔子之道」。朱認為《周易》哲學的根本教義，就是「天之神道，只是自然運行的大道理，換句話說，就是『泛神的宗教』。」（3: 138）。

把神等同於自然的生生不息（God or Nature），是斯賓諾莎著名的理論，充分顯示他的內在本體觀[31]。對斯賓諾莎而言，自然有兩個面向，一是動態的、創生的過程，即正在創生中的自

---

31 Steven Nadler, "Baruch Spinoza," in Edward N. Zalta, ed., *The Stanford Encyclopedia of Philosophy* (Fall 2016 Edition), Online Posting: https://plato.stanford.edu/archives/fall2016/entries/spinoza/(accessed on July 20, 2018): "Spinoza's metaphysics of God is neatly summed up in a phrase that occurs in the Latin (but not the original Dutch) edition of the *Ethics*: 'God, or Nature,' *Deus, sive Natura*: 'That eternal and infinite being we call God, or Nature, acts from the same necessity from which he exists' (Part IV, Preface)."

然（natura naturans），也就是柏格森所說的生之動力及創化；另一是此創生過程產生的靜態的產物，即已創生的自然（natura naturata）。前者就是斯氏所說與神合一的自然[32]。斯賓諾莎反對神是自然的創造者，反對神的超越性，於1656年僅十七歲時即被阿姆斯特丹的西葡裔猶太社群（serphardic community）永遠驅逐[33]。雖然朱謙之的泛神宗教與斯賓諾莎的神與自然合一是相通的，兩者之間有一個最大的不同點：對斯賓諾莎而言，美、醜、善、惡是從人的角度來判斷，是個別的偏見；就自然的角度而言沒有美醜善惡，宇宙的法則是無關善惡的，只要合乎生存目的（self-preservation）的就是美、善[34]。1927年方東美的《科學哲學與人生》，就直指斯賓諾莎「始也主張泛神論，終乃完成無神論」（頁254）[35]。方東美個人是泛神論者，其1979年的《生生之德》對此多所闡發，承接了朱謙之的泛神論主張。對方氏而言，泛神論是人神合一，而神是一種創造力、一種無限愛的精神，主體無限愛的情感經驗與客體的生生之德相呼應，與儒家的仁愛觀是相通的[36]。這種內在本體論是人生觀派哲學家的共同點。

32　Will Durant, *The Story of Philosophy: The Lives and Opinions of the Greater Philosophers*, pp. 171-173.

33　Steven Nadler, "Baruch Spinoza."

34　Will Durant, *The Story of Philosophy: The Lives and Opinions of the Greater Philosophers*, p. 174.

35　方東美，《科學哲學與人生》（上海：商務印書館，[1927] 1936），頁253-254。

36　方東美，《生生之德》（臺北：黎明文化事業公司[1979] 1980），第3版。

朱謙之與沈從文、吳稚暉、鷗外・鷗

最能反映朱謙之泛神論的五四作家是沈從文，其鄉土作品如《鳳子》（1932-1937）描寫來自都市的工程師，見證了苗鄉儺戲的敬神儀式後，領悟到科學理性的不足，說道：

> 我自以為是個新人，一個尊重理性反抗迷信的人〔……〕
> 看看剛才的儀式，我才明白神之存在，依然如故。不過它的
> 莊嚴和美麗，是需要某種條件的，這條件就是人生情感的素
> 樸，觀念的單純，以及環境的牧歌性。神仰賴這種條件方能
> 產生，方能增加人生的美麗。缺少了這些條件，神就滅亡。
> （7: 163）[37]

特意彰顯科學理性與宗教情感的對立，沈從文顯然是以文學作品回應科學與人生觀論戰，足見這場論戰在當代知識分子心靈烙下的深刻印象。類似的例子在沈從文的鄉土作品中俯拾皆是。1946年的〈虹橋〉，明顯回應美育運動的「以美育代宗教」說。故事中三位美術學校的畢業生，1941年對日抗戰期間深入藏區，尋思以專業報國。途中突然天際出現一抹瑰麗彩虹，三人欲以畫筆捕捉這剎那天然美景，最後都徒然無功。其中一人認為此美景使人油然生出宗教心，藝術是無法取代宗教的：「這個那能畫得好？簡直是毫無辦法。這不是為畫家準備的，太華麗，太幻異，太不可思議了。這是為使人沉默而皈依的奇蹟。只能產生宗

---

37 沈從文，《鳳子》，《沈從文全集》卷7，頁81-166。

教，不會產生藝術的」（10: 390）[38]。另一人認為許多人具有「狹窄人生觀」，無法領略自然的滋潤（10: 391）。他有感中國革命連連，破壞了農村的美好大地，因此呼籲思想家重新認識貼近土地的多數農民：「這點認識是需要從一個生命相對原則上起始，由愛出發，來慢慢完成的。政治家不能做到這一點，一個文學家或一個藝術家必需去好好努力」（10: 392）。第三人認為鄉下人「信仰簡單，哀樂平凡」，都市人應該學習他們「接受自然的狀態，把生命諧和於自然中」（10: 395）。

1940年蔡元培過世後若干年，沈從文發表的紀念文〈美與愛〉就直接呼應朱謙之，提出「泛神」的概念：「美固無所不在，凡屬造形，如用泛神情感去接近，即無不可見出其精巧處和完整處。生命之最高意義，即此種『神在生命中』的認識」（17: 360）[39]。又說：「一個人過於愛有生一切時，必因為在一切有生中發現了『美』，亦即發現了『神』」（頁359）。沈批評現在的「思想家」逐漸成為「政治八股交際公文註疏家」，情感虛偽，無論政治、哲學、美術都淪為商業化，「背後都給一個『市儈』人生觀在推行。換言之，即『神的解體』！」，又指稱這類「假道學」、「蜻蜓點水的生活法」，是「情感被閹割的人生觀」（頁361）。最後沈呼籲一種「美和愛的新的宗教」，並讚美「用『美育代宗教』的學說提倡者蔡子民老先生對於國家重造的貢獻」（頁361-362），這在第四章已經討論了。由此篇文章，可知五四知識分子十分清楚人生觀派與美育運動在思想上的相互支援，而

---

38 沈從文，〈虹橋〉，《沈從文全集》卷10，頁384-398。

39 沈從文，〈美與愛〉，《沈從文全集》卷17，頁359-362。

提倡泛神宗教的朱謙之更是當時的名流。

　　朱謙之青年時代在西湖的冶遊與愛情，轟動一時，由沈從文1935年的短篇小說〈八駿圖〉可窺其一二。此文諷刺八名同時訪問青島的大學教授都在情感方面生病了，即上文所說的「情感被閹割」：滿腦子自由戀愛、情慾解放，卻為禮教束縛，不敢輕舉妄動，苦惱萬分。他們同住在海邊的「天然療養院」中，有一天教授丙接到了一個喜帖，是上海X先生寄來的。1923年教授丙執教於杭州的大學時，與X先生同事。當時X先生與第一任妻子共同主張「精神戀愛」：「這是個從五四運動以來有戲劇性過了好一陣子熱鬧日子的人物！這X先生當時住在西湖邊上，租了兩間小房子，與一個姓□的愛人同住。各自占據一個房間，各自有一鋪床。」兩人共同生活、讀書、散步、寫作，但堅決避免性交，只為了保持永遠的精神戀愛。X先生甚至著書提倡這種精神戀愛的好處（8: 208-209）[40]。此處指涉的，正是朱謙之與楊沒累的故事。1923年朱謙之出獄後，與楊沒累談戀愛，當年6月在《民鐸》上發表的書信體文章〈虛無主義者的再生〉，就是他倆墜入情網的見證。1924年出版的兩人三十五封書信集《荷心》，第八封信中楊沒累寫道：「謙之，我們還要想想我們如果願望我倆的『愛』的長生，就當永遠避開那些『戀愛的葬［禮］』，和那種『戀愛的墳墓』［……］當永遠免除那性欲的婚媾！」（1: 18）[41]。可見他們之間始終維持柏拉圖戀愛，是楊的主張。從同書中附錄的楊母信件，可知楊之所以堅持不性交，是因為無法負擔

---

40 沈從文，〈八駿圖〉，《沈從文全集》卷8，頁197-225。

41 朱謙之、楊沒累，《荷心》，《朱謙之文集》卷1，頁1-38。

孩子，而且她身體屢弱，恐不勝生育的折磨；為了楊能繼續學習音樂，兩人合議實行三年的「純愛生活」（1: 34-36）。著名的無政府主義者吳稚暉的信，也收為附錄。他提醒楊沒累：

> 朱先生也是同亮月綠草一樣，是自然的，是物質的[……]理智是情的奴隸，定可隨意使之服役，定不「吃人」。我是主張明白理智，不要情其目而理智其實在，那就要吃人了[……]指定了幾件東西，同楊先生做一個終身目標，乃是以理智，選擇了，套住了情，使情不得自由，於是不得山林花柳風月，兩人便減興趣，豈非把你們兩人吃了嗎？（1: 36-38）

吳稚暉所謂「理智是情的奴隸」，乃休姆在《人性論》中的名言（參考本書導言）。吳顯然不同意兩人的做法，認為情乃身體所從出，而人的身體畢竟是物質，理應順從自然的召喚。如今朱、楊兩人執意精神戀愛，卻是以理智束縛了情感、使理智跟禮教一樣吃人，因此吳力勸楊沒累收回純愛生活的決定。作為無政府主義者，吳稚暉一貫主張身體的物質性及情慾的自然性，這在他1923年的重要文章〈一個新信仰的宇宙觀及人生觀〉中，清楚可見（參考本書第六章）。朱、楊實行精神戀愛，又不惜出書宣告於世，是當年沸沸揚揚的驚人之舉。1928年楊沒累病逝，給朱謙之極大的打擊（頁69）[42]。後來受熊十力與蔡元培支持，以中央研究院社會科學研究所的特約名義赴東京留學（頁71）。赴

---

[42] 朱謙之，〈奮鬥二十年〉，《朱謙之文集》卷1，頁65-86。

日前，朱與胡也頻、丁玲及沈從文在上海經常來往。1932年從日本歸國後，他到廣州中山大學教書，與出身大家閨秀的女學生何絳雲戀愛，跟第一次戀愛時一樣高調。何經常協助他編輯文稿，在1934年《文化哲學》的書後序中，他特別提到何絳雲對該書的貢獻，並昭告天下兩人的濃情蜜意：「沒有她，這一部書也許不會成功，就使成功，也決不會含著這樣濃厚的詩的情緒的」（6: 389-390）。《奮鬥二十年》提到，兩人於1935年何畢業典禮之後結婚，婚後生活美滿（1: 82）。沈從文這篇1935年的小說中，X先生的第一任妻子因「違反人性的理想」而弄壞了身體，終至香消玉殞；而即將結婚的第二任妻子是「上海交際花」。這種坊間八卦式的寫法，雖扭曲事實，目的卻是彰顯沈從文整篇作品所諷刺的對象：知識分子「被閹割」的情感，提倡柏拉圖戀愛的矯情。自命為鄉下人的沈從文，一向歌頌苗族男女愛情與身體欲望的結合[43]。沈雖然大力擁戴朱謙之所提倡的泛神宗教，對其所實行的「精神戀愛」，明顯不以為然。

　　1935年新感覺派的鷗外・鷗也在作品中影射朱謙之璀璨的情史。當年5月在《婦人畫報》28期中，鷗外・鷗發表了〈股份ISM戀愛思潮——OGAI'ONIC-LOVE〉[44]一文，首先討論近代文明及古代文明的界線：機械的有無。其次他宣稱「近代文明勢必為五官的文明——官能的文明」：

---

43 Hsiao-yen Peng, "Miao Romances," in *Antithesis Overcome: Shen Cong wen's Avant-gardism and Primitism* (Taipei: Institute of Chinese Literature and Philosophy, Academia Sinica, 1994), pp. 125-145.

44 鷗外・鷗，〈股份ISM戀愛思潮——OGAI'ONIC-LOVE〉，《婦人畫報》28期（1935年5月），頁1-4。

那是和官能以外之世界的宗教哲學世界，沒有交涉的官能享樂底社會。即是為理性，為不思索，為官能，為實驗。故近代文明生出近代精神；近代精神置其基本於官能的實驗，置之於享樂。（頁1）

由「文明」、「理性」、「精神」、「宗教哲學」等跨文化語彙，可知鷗外是在回應科學與人生觀的討論；論戰雖然早在1923年爆發，到30年代中期菁英知識分子仍在《婦人畫報》之類的通俗刊物上就題發揮，可見這些概念已經走入日常。說「近代文明」是「官能享樂底社會」，當然符合新感覺派作品所充斥的官能享樂主義，以及他們對「近代」或「現代」的執迷。把「理性」等同於「不思索」，看來奇怪；但如果理解新感覺派向來對「機械」的迷戀，也就有邏輯可循：機械是科學理性的產品，是「不思索」的。鷗外似乎跟科學派站在一起。這句話值得玩味：「近代文明生出近代精神；近代精神置其基本於官能的實驗，置之於享樂」。官能是身體，而身體是要「實驗」的，要「享樂」的，亦即要在不同的身體上操練五官的感覺，要享受沒有固定伴侶的性愛。也就是說，「近代精神」奠基在身體官能的不斷實驗和享樂上。把身體比做可以實驗的物質，將近代精神視為奠基在身體（即物質）上，鷗外是從科學的角度，主張精神與物質合一。

鷗外提到自己的作品〈研究觸角的三個人〉（1934）[45]：「研究

45　參考彭小妍，《浪蕩子美學與跨文化現代性：1930年代上海、東京及巴黎的浪蕩子、漫遊者與譯者》（臺北：聯經出版，2012），頁234-239。

觸覺視覺的ABC三大學生徒的訴於感官的戀愛是有其存在之必
然的價值的」，又說「戀愛乃生殖本能」（頁1）。接著批評精神
戀愛：

> 完全離開了肉體的Platonic love（柏拉圖的戀──亦稱唯
> 情至上上之愛：鷗外註）這種東西，不能存在。它的發端，
> 它的根［柢］是放在純粹非性的精神生活上面的。
> 　這種戀愛，在浪漫派的作品中非常觸目皆是。（頁1）

　　所謂「柏拉圖的戀」、「唯情至上上之愛」，除了指涉唯情論
者朱謙之，還有他唯恐天下不知的精神戀愛，還能是誰呢？新感
覺派的作品嘲笑浪漫主義，他們作品中只有性沒有愛，反覆描寫
的是朝三暮四的男女。鷗外揶揄道：「戀愛是刷在於點了火的捲
烟肚腹上的字。（不可倖免的與捲烟愉快的偕亡的字呵！）」（圖
5.1）（頁2-3）。戀愛就是印刷在捲烟上的文字，點了火抽完菸，

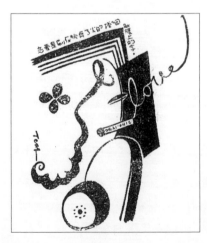

圖5.1　唯情至上上之愛：戀愛是刷在
於點了火的捲烟肚腹上的字。

文字也就一起燒掉了；性愛如果是「戀愛」，壽命只不過一支菸的時間！

袁家驊的《唯情哲學》

顧綬昌為《唯情哲學》作序，首先指出，「形而上學與認識論的爭辨，差不多是全部哲學史的中心問題」：包括古希臘的玄學家與「中感覺癖的原始的認識論者」的論爭，中世紀至近世紀末傾向神學的形而上學家與認識論者的辯論；到十九世紀前半葉科學狂熱，認識論終於占上風。顧認為，認識論從Protagoras、柏拉圖、亞里士多德以降，經過伽利略、笛卡兒，至康德集其大成；形而上學派則到二十世紀初柏格森提出「直覺法」（頁13），才得以振興[46]。此處所謂「形而上學」，就是五四科學與人生觀論戰──或科學與玄學論戰──期間，掀起知識界波濤大浪的「玄學」。顧認為認識論的理論基礎是由「感覺」到「知覺」，進而獲得「概念」或「知識」；而對顧而言，柏格森所主張的「直覺」，是超越「感覺」的。顧指出，康德的認識論最大的方法論錯誤是「範疇的先天根性說」[a priori categories]（頁8）。顧認為，形而上學只要徹底擺脫「神學臭味」（頁9）或「神學的色彩」（頁11），認識論就無法抹滅形而上學的價值。

然而，顧綬昌固然認同柏格森的形而上學，也指出柏氏方法學上的誤謬：柏氏所謂直覺是「理智的同情」（intellectual

---

46 顧綬昌，〈唯情哲學序〉，收入袁家驊，《唯情哲學》，頁1-15。文中提到的哲學家名字，除了康德以外，均用英文。

sympathy），不能成立，因為直覺與理智是兩回事；柏氏為了找尋科學的根據，以感覺的時間性來證實直覺的存在，是最大的錯誤；柏氏對直覺的詮釋仍不脫神祕色彩。對顧而言，袁家驊的唯情論是形而上學的重要成就，一方面既鑰除了神學的束縛，又消解了柏格森的神祕色彩；它致力於闡釋直覺的方法，也批判「理性派、意志派的虛妄」。

袁家驊所謂的「唯情哲學」，簡而言之，是透過直覺方法，以情融合自我及宇宙本體的人生哲學，與朱謙之的唯情論互相呼應。袁開宗明義便指出，「我的存在，是生命全體之意義和價值的問題」；「我的存在，是單一的」，「真我」與「假我」並非二元對立；「假我」固然可能在一時間束縛、蒙蔽「真我」，然而生命仍然永續存在。要了解我的存在，就必須擺脫「假我」的束縛，探討「真我」的領域（頁1-2）[47]。何謂「假我」？是受到「理知」束縛的我，是「物質的我」，「現象的我」，是固定狀態；從假我到真我，是直接的「自覺工夫」，是「一線往前的生命努力」（頁4-5）。真我是本來的我，是自存的，反省內心的活動便能得到：「本著心的發生，向內不住地追求，最後得到最純真的一點，便是『情』」。真我是絕對超越的，超越主觀客觀、時間空間，「至小無內」，「至大無外」，因此「真我無人我的區分，無相對的關係」：「真我就是大我，就是無我」（頁6-8）。換言之，所謂「真我就是真情的我，本體的我」，而「宇宙是真我—情—本體進化途中的現象」，所以「真我即宇宙自我的生命實體」（頁9-13）。袁家驊對「真我」的詮釋，來自傳統學術。閔

---

47 袁家驊，《唯情哲學》。

建蜀認為，傳統儒家以「真我」為「內在超越的創造體」；到新儒家時期，「真我」的探究仍然是核心議題。根據閔建蜀的看法，臺港新儒家牟宗三主張「人通過自身的靈性體悟，就會發覺『我』的本來面目的『真我』，儒家的『仁』、『誠』、『良知』、道家的『自然無為』、佛家的『自性清淨心』，也就這麼給『體悟』出來了」。[48]對於牟宗三的進一步分析，詳見本章「牟宗三、胡適與杜威」一節。

　　袁家驊的理論思辨，充分顯露跨文化實踐的特色。例如他贊同倭伊鏗對生命行動力的看法；袁所謂從假我到真我的「一線往前的生命努力」，就是倭伊鏗人生哲學的根本概念。然而袁也批判倭伊鏗的知行相互關係說，進而引用王陽明的說法，主張「知行合一」。對袁而言，「知」是正心的工夫，「行」是修身的工夫，而工夫就是「生活方法」（頁132-134）。袁主張，「因生活上實際的努力，遂從行為中體悟真理，這種從行為中體悟出的真理，就叫作直覺的真理」，這種直覺的真理，是「絕對而無差別相的」（頁141）。同樣的，袁一方面由柏格森得到靈感，一方面又透過中國固有的理念來與之對話，繼而進一步轉化出自己創新的概念。袁同意柏格森的「生之動力」的說法，認為「真情源頭，就是生之衝動」（頁98、271）。對袁而言，真我就是真情的人生，是「一線綿延」、和「真間相密合」、「創造進化的」──這是直接指涉柏格森的《創化論》及「綿延」（la durée）、「真的時間」或真時的概念。然而，柏格森主張的綿延，是「記憶之

---

48 閔建蜀，《傳統智慧中的真我》（香港：香港中文大學出版社，2013），頁385。

堆積」，如雪的堆積；袁所主張的綿延，則是「感情之自然，是
生命之神祕的發動和流行」，如水般的流動（頁9、67、183）。
袁認為柏格森將記憶概括精神全體，是錯誤的（頁65），又批判
柏格森對理知與直覺的看法：柏格森雖主張精神的一元論，認為
理知誤謬百出，同時卻又承認理知是必要的、是可以獨立永存
的，而且主張直覺無法取代理知，因此柏格森仍然無法擺脫精
神與理知的二元論；其所主張的直覺是「知情混淆的直覺」（頁
281-283）。相對的，袁家驊所主張的「直覺」，是一元的，是明
代陳白沙（陳獻章，1428-1500）所說的「疑」與「覺悟」，也就
是「明」與「覺」的工夫；袁所主張的真情，也就是王陽明所主
張的「良知」，並非自然科學家所說的「理知」：「我所肯定的理
知，就是良知，是從感情觸發的理知；而我所否定的理知，就
是主知論者說的理知，是相離感情而自行分立的理知」（頁114-
118）。因此，我們可以說，袁所主張的直覺，與陸王心學派的
「心即理」哲學命題相通；如眾所周知，陸王心學派是挑戰宋明
理學的。對袁而言，由心或真情所發出而悟得的知，才是真知；
理知受物質與空間限制，只是幻影。

袁家驊對西方哲學及心理學上有關知、情、意的辯論，十
分熟悉。對袁而言，真理是感情，而非理知；主知論者固然錯
誤，主意論者也不徹底。袁批判康德的「意志自由的道德實體概
念」；相對的，袁不承認因果論，也不承認道德法，主張「任情
自由論」，所謂任情的絕對自由，是「大我」、「無我」的努力，
沒有物的觀念：

　　情的活動，就是精神生命的流行，永不固著於空間物質上

面，而是和真時合一，所以他的自由，是擁抱萬有，而不落在萬有的中間；似這樣的絕對單一，故有絕對自由的可能。（頁160-168）

此處所謂「真時」，就是精神（情），也就是朱謙之與袁家驊所謂的「真情之流」。相對的，「空間就是物質」，因為「物質所在處，便是空間」。這是袁反覆申論的概念：「我和科學家的主張相反，我主張真時就是精神（情），因精神流動而成時間，真時即真情之流」，並指出，「物質是精神的外象，是精神的表面；而精神的存在，不必賴物質，物質乃不能離精神而獨立」（頁262）。

袁家驊認為情是知與意的基礎：「在全體上，無論意志理知和各種複雜的感情作用，實都拿『情』作其生命，作其根底」，並認為「精神統一之命脈在感情，感情自身就是統一」。袁指出「理知是發源於感覺，而感覺不離感情，所以理知不會離感情而單獨存在」（頁73、77），「意志」是「『知』『情』的混合物，並不能獨立存在」（頁100）。袁批判德國的主意論者以意志來說明精神全體，尤其是叔本華與尼采，認為尼采的「超人」是「為權力意志而存在，為生活間［開］展而存在」（頁230）；超人把感情的內在生命，用一己之私埋沒了，因此得不到純粹的真實。袁則主張「情人」，指出超人是「向權力進行的意志」，情人則是「向本體活動的感情」（頁226）。袁認為情人的超越［亦即transcendentalism］，是「本然的含在的」［亦即immanent］，而超人的超越，「是意構的虛妄的」，懷抱極端的個人主義，以小我、假我為活動的範圍，結果是「自促其生命的分離」。袁心目

中的情人則知「大我就是無我，無我就是真我，所以他並不為我，並不認個人的小我為真我」（頁228-230）。因此袁家驊以大我及無我為真我的概念，等於是既繼承又修正了啟蒙以降的極端個人主義概念。袁並將情人的概念與藝術及生命連結起來：「情人的藝術，就是生命藝術，離生命別無藝術，藝術決不能超脫生命」（頁251）。這顯然是呼應蔡元培的美育概念。

「情人」與「超人」

1924年袁家驊提倡的「情人」論，乍聽之下似乎怪異，但如果知道捷克作家米蘭・昆德拉（Milan Kundera, 1929-）於1990年也曾提出此說，便能心領神會。小說《永恆》（*Immortality*, 1990）寫道：

> 歐洲一向以理性文明著稱，但我們同樣可說歐洲是一個主情的文明；歐洲創造了一種人，姑且稱之為有情之人：情人。
>
> （Europe has the reputation of a civilization based on reason. But one can say equally well that it is a civilization of sentiment; it created a human type whom I call sentimental man: *Homo sentimentalis.*）（頁196）[49]

---

49 Milan Kundera, *Immortality*, trans. Peter Kussi（New York: HarperCollins Publishers, [1990] 1991）.

昆德拉所說的「情人」（*Homo sentimentalis*），與啟蒙時代以來的「理性之人」（*Homo rationalis*）相對，也有別於工業革命以來謹守新教工作倫理的「經濟人」（*Homo economicus*）。所謂歐洲創造的「情人」，族繁不及備載，包括盧梭、歌德、福樓拜、小仲馬（Alexandre Dumas fils,《茶花女》作者）、巴斯特納克（Boris Pasternak,《齊瓦哥醫生》作者）等，他們的文學作品五四讀者耳熟能詳。中國自古以來尊情的傳統，不絕如縷。《易經》曰：「利貞者，性情也。乾始能以美利利天下」。魏晉士大夫標榜「情之所鍾，正在我輩」；晚明以來的情觀，尊崇「有情人」（頁52）[50]。晚清以來文藝界的有情人，包括蘇曼殊、李叔同、郁達夫、郭沫若、徐志摩、冰心等。「情」如此受五四人生觀派推崇，良有以也。

袁家驊致力於打破心物二元論，認為情是心、物的連結與

---

50 參考夏咸淳，〈晚明尊情論者的文藝觀〉，《天府新論》1994年第3期，頁51-56。最近研究請參考楊儒賓，〈情歸何處——晚明情性思想的解讀〉，「東亞儒學與中國現代性」國際學術研討會發表論文，新竹：國立清華大學人文社會學院，2018年10月6至7日。楊指出明代理學家主張「超越之情」，「相偶論」的情論由反超越論的儒者提出，而明末清初王夫之、方以智等人則提出「超越之情」與「相偶論」的統一。所謂「超越之情」即：「當情由私人性的情感提升為超越之情，其性質與本體同化時，其地位雖獲得前所未見的提升，但相當程度，也距離世俗之情越加遙遠」。相對的，王陽明的致良知說滲透入明代戲曲小說中，「顯示了情欲的徹底彰顯」；而「情欲論的解讀後來因與五四時期的全盤反傳統運動連結，成為晚明情論的主流」。由於本會議論文發表時未寫完，所謂「相偶論」需參考楊氏另一篇文章〈從體用論到相偶論〉：「依據相偶性，真正的道德不須逆覺溯源，它就是兩個相對應的人倫之間的合理關係[……]是相互主體的倫理關係」（頁56）。參考楊儒賓，〈從體用論到相偶論〉，《清華人文學報》6期（2011年12月），頁31-80。

統合，更是我與非我的合一，並修正朱謙之的「泛神論」（袁作「汎神論」）：「泛神論常為一般具有感情的人們所信仰，但感情最深的人，必從泛神論引到唯我論」（頁221）。應該「由我直覺會證我即萬有，萬有生命即我，由何必說什麼神呢？從此可見情人並無取於泛神論；情人所主張的就是唯我論〔……〕怎能妄說宇宙萬有是非我呢？」（頁222）。袁指出真我生命——也就是情——的本質是「純一」與「整體」，有如王陽明說的「唯精」「唯一」：「一切個體的生命，根本上自是混同，這個純一的混同，便是整體。我是純一的，所以我即『整體』」（頁18）。袁認為「真我是和天地萬物合一的」，這也就是真我的純一，也就是情（頁24-25）。又指出，「感情生活是把對象溶化在自身當中」（頁189），換句話說，情之所至，是主客不分的；同時主張「靈肉合化觀」（頁250），心靈與身體是融合的：「靈肉合化觀的真義，就是肉的靈化，肉即靈的表現，使肉化作靈一般」（頁251）。對唯情論者而言，宇宙與人生「渾然一體，根本合同」：

> 唯情主義〔……〕抱一種形而上學的態度，覺得真生命——本體，是沒有物我的差別，沒有相對的關係；故人生和宇宙，真我和本體，其實際生命——本體上關係，並非差別，並非相對，乃是渾然一體，根本合同的。（頁264）

主張「沒有物我的差別」，也就是否認心物二元論、我與非我的二分。袁又主張體用合一，而要達到體用合一，端賴「反省內觀的直覺法」，以達到「真情轉化」：

　　我的真性，即是情之體，我的行為，即是情之用；而反省
內體，就是真體運用，真性發現的道理。能不間斷地反省內
觀，則情之用不息，其體亦不滅。在這個真情轉化的當中，
即體即用，本無二致。而我和本體，人生和宇宙，也血脈相
連，不能分開。我能反省內觀，則外體的假我，可化為烏
有，脫去宇宙外象的圈套，而和本體運通為一了。所以反省
內觀的直覺法，是一貫無間的方法。（頁257）

　　袁家驊一方面批判心物二元論，一方面發展「無」與「絕
對」的概念。袁認為，柏格森由觀念上來著眼，因此無是沒有
意義的，所以會在《創化論》中否認無的觀念。但如果從實在
（reality）上論，「無」就是「無限」（infinite），而所謂無限就是
「真情的本體，生命的實在」（頁18-21）。對袁家驊而言，情是
完全無限的，所以就是「絕對（absolute）」；真情生命就是絕對
的真理，絕對的本體，也是活動的絕對，超乎靜與動的劃分（頁
152）。袁批評柏格森的缺點是只主張生命的動態，卻不知生命
的靜與動是不可分的。

　　「無」與「絕對」的說法，並非袁家驊的發明；京都學派的
西田幾多郎早已在十九世紀末、二十世紀初就發展出「絕對無」
（absolute nothingness）的概念，其來源是老莊哲學的「無」。
「實在」、「本體」等漢字語彙，也是西田的前行哲學家首發其端
的，翻譯自西洋哲學的概念[51]。如本書第一章指出，西田以佛教

51　請參考上山春平，〈絕対無の探究〉，收入上山春平編，《西田幾多郎》（東
　　京：中央公論社，1970），頁7-85。中文討論請參考吳汝鈞，《京都學派哲

「一切有情」的概念，批判啟蒙理性的壓抑人性。西田之所以能
成就京都學派在日本哲學界的領導地位，端賴前行哲學家已創造
出的一套語彙，奠定了他的思想發展基礎。而日本現代哲學在概
念語彙上的翻譯與發明，實有益於促進中國思想界走上現代哲學
的途徑。顧有信（Joachim Kurtz）指出，二十世紀初第一批中國
學者和留學生（如王國維、藍公武、張東蓀等[52]）開始前往日本
學習哲學，隨即將上課講義、教科書和哲學史翻譯成中文。稍後
如賀麟、張東蓀等，認為日本哲學術語「有失典雅」，企圖將日
譯改為與中國固有思想相通的語彙，以顯示「中國和西方思想具
有相容性」，「哲學的探討具有普世性」。例如賀麟將日譯的「純
粹理性」改為「純粹理衡」，影射的正是王充（27-96）在一世紀
的著作《論衡》；但是這種主張並不成功[53]。此類研究，有助於我
們理解中、日、西方哲學概念及語彙的跨文化連結，值得進一步
探討。

朱謙之的《一個唯情論者的宇宙觀及人生觀》

　　朱謙之的《一個唯情論者的宇宙觀及人生觀》原是1924年

學七講》（臺北：文津出版社，1998）；黃文宏，〈西田幾多郎論「實在」與
「經驗」〉，《臺灣東亞文明研究學刊》3卷2期（2006年12月），頁61-90。

52 參考戴晴，《張東蓀和他的時代：在如來佛掌中》（香港：中文大學，
2009），頁119。作者指出張東蓀在東京帝國大學哲學系就讀期間（1905-
1911），「與藍公武、馮心支一同擠住在本鄉丸山新町」。

53 顧有信（Joachim Kurtz）著，祈玲玲譯，〈一個哲學虛構概念的本土化——論
康德 "Things in Themselves" 的中文譯法〉，收入孫江、劉建輝主編，《亞洲概
念史研究・第一輯》（北京：生活・讀書・新知三聯書店，2013），頁47-65。

在濟南第一師範學校的演講稿，導言開宗明義說道：「這次演講是完全以我真情認識的真理為依歸的。曉得怎樣探求真理，就曉得怎樣去作我的生活」（1:457）[54]。這兩句話言簡意賅，點出全書的主旨：真理的認識並非透過理性，而是透過「真情」；真理的探求，也就是人生的實踐。這正是梁啟超所領導的人生觀派的一貫主張。早在1921年，朱的老師梁漱溟指出《東西文化及其哲學》的用意是「就自己所要做的生活下一番酌量」。因西洋人「未聞大道」，「中國人蹈襲西方的淺薄」、「東覓西求，都可見其人生的無著落」，兩者「都未曾嘗過人生的真味」，因此梁立意要把「我看到的孔子人生貢獻給他們」[55]。朱謙之的《一個唯情論者的宇宙觀及人生觀》一方面承接其師對生活的關注，一方面強調情理相輔相成，認為科學的格物與人生哲學的真情主張是一以貫之的。後來張競生的《美的人生觀》（上海北新，1925），採取相同的立場（見本章結論）。方東美的《科學哲學與人生》（上海商務，[1927] 1937）亦然：「宇宙人生乃是一種和諧圓融的情理集團，分割不得。科學不能違情以言理，猶之哲學不能滅理以陳情。科哲合作，理情交得，然後人類思想與文化乃臻上乘」（參見本書第六章）。情感與理性是科學與人生觀論戰以來，兩陣營反覆辯證的主題，從《一個唯情論者的宇宙觀及人生觀》於1924年面世起，我們就見證了情理相融的理論。

　　此書延續1922年的〈唯情哲學發端〉，進一步延伸〈發端〉

54　朱謙之，《一個唯情論者的宇宙觀及人生觀》（1924），《朱謙之文集》卷1，頁455-512。

55　梁漱溟，〈東西文化及其哲學自序〉，頁3-4。

中未曾觸及的議題，一方面呼應袁家驊的《唯情哲學》，一方面
發展人生觀派的實踐理念。朱謙之首先申論客觀的真理與主觀
的我之間的複雜關係。真理是公，我是私，因此，「要講真理便
不可不除去有『我』之私」（1: 457）。然而，朱也不完全否定主
觀，因為：「真正的主觀，是存在於自我的底子的『情』〔……〕
這點『情』是個人的真正主觀，同時和普遍的主觀相符合」（1:
458）。朱主張人和人雖不同，卻有同的地方，也就是「能夠判
別是非的『真情』」；這就是「人類共通的真理」（1: 458）。換句
話說，人與人共通的真情就是人類共通的真理。對朱謙之而言，
真情即真理，是一而變化、變化而一的；表示出來的真理因時地
情境不同而變化，真情卻是永恆不變的。朱指出，胡適所主張的
實驗主義只是一個假設，它固然是五十年來的真理，五十年前
的真理已不適合今日，在五十年後實驗主義也不見得是真理。
所以假設不是永久存在的，並非普遍的真理（1: 461-462）。朱認
為，真理並非「實在」的摹本，真理就是實在（1: 462）；和實
在符合的真理，才有「永久存在性」（1: 462）。而所謂實在，就
是「實的存在，是一種永古不變的天經地義」（1: 461），也就是
「生活」──宇宙即是實在，即是真理（1: 462）。

　　朱謙之主張，要追求真理，就必須遵從《大學》所說，從
格物做起，並指出，如Berkeley、王陽明等的「主觀觀念論」
（subjective idealism），以為「心外無理、心外無事」，卻不知宇
宙萬有都不能外於心（1: 462）。如果「把我看得比宇宙還大，
我不是宇宙的產物，宇宙是我的產物」，把自己無限擴大，而天
地小，那麼就是虛無的本體論（1: 463）。朱認為，「充塞宇宙
都是理，即是心也」，而本體就是「宇宙萬物的內的生活」（1:

462）。對朱而言，格物和致知是同一件事，應從追求宇宙公共的真理，反之於身，若只將主觀視為真理，那就是「把浩浩無窮的真理，結成一大塊的私意了」。因此他認為真理最重要的就是「宇宙性」。他贊成陸象山所說：「宇宙便是吾心，吾心即是宇宙」（1: 464）。

東西文化一元論

朱謙之提倡「東西文化一元論」，認為全宇宙是一個整體，因此無論東方、西方「同是這個心，同是走一條路，也只有這一條路可走」。朱批評梁漱溟的說法：西方文化的根本精神是意欲的追求，中國文化的根本精神是意欲的調和持中，並認為以意欲來說生活是不對的，因為「生活只是真情之流，是超過意欲的一種至純粹的動。這一動便是生命的路，也就是東方西方唯一的路了」（1: 465）。梁漱溟的錯誤，在於忽略了西方不同的哲學流派有不同的主張，例如希臘哲學：「如 Socrates 注重人生，Aristotle 之主張中庸，Plato 派之泛神思想，何嘗不可說是中國人的態度」（1: 465）。就中國文化而言，孔家有主內的孟子，有主外的荀子；陸象山偏於內觀，朱熹偏於經驗；王陽明時代也有湛甘泉及羅整菴兩派與其駁難，「豈不應該都歸入西洋態度」（1: 456）？梁漱溟以佛教代表印度，以唯識代表佛家，朱也不贊同；因為佛教在印度只風行一時，婆羅門更適合作為印度的代表：而「梁先生把印度思想看作『無生』，實在大誤。不但印度人不是真個主張『無生』，並且讚美生的文字，如對於性愛，比別的地方要看得神聖些，尊重些」（1: 467）。相對的，朱謙之主張，無論西

方、中國或印度哲學，都有三種流派：第一條路是唯物學派（如英美派、墨子、順世外道）、第二條路是講生命真理的正統派（如希臘派、儒家、婆羅門）、第三條路是唯心學派（如希伯來派、老莊、佛家）（1: 466）。朱謙之用的語彙是梁漱溟的第一條路、第二條路、第三條路，由上下文判斷，應該就是唯物派、人生哲學派、唯心派。其全書的重點是正統派，也就是人生哲學的詮釋。

　　1920年代的人生觀派普遍認為儒家屬於形上學及生活哲學，朱謙之則特別強調生活哲學的系統性，認為儒家除了是形上學及生活哲學，在社會問題（包括政治經濟）方面也具有系統性的見解。他認為儒家思想就是「研究心的生活」，從孔孟、周敦頤、程顥、朱熹、程頤、陳白沙、湛甘泉，到龍溪、雙江、東林學派，於宇宙、人生、心性各方面理論都越來越進一層；清儒在政治、實用、心性方面也有發明。更甚者，朱謙之指出，康有為的《大同書·禮運注》「發揮大同小康三世三統之旨」，梁啟超的《先秦政治思想史》，都使儒家在政治思想史上有長足的地位。朱認為儒家思想的「進化」是從宇宙觀（宋儒）、人生觀（明儒）到政治哲學（清儒），而現在是儒家思想的「綜合時代」，也就是「全生命的哲學的時代」（1: 469-470）。朱對儒家傳統的「進化」的詮釋，對東西文化一元論的主張，反映在日後的著作《大同共產主義》（1927）、《國民革命與世界大同》（1927）、《到大同的路》（1929）中；對朱而言，儒家傳統政治的傳統精神就是大同思想，而朱主張的是超國家的組織：「相信人類依共同生活團體的擴大，必至有超越國民國家的全人類的組織，《禮運》所謂『天下為公』，就是我們理想的最高團體」

（1: 522）[56]。這種天下大同的思想，充滿烏托邦精神，正是張競生
1925年《美的人生觀》及《美的社會組織法》追求的目標。（見
本章結論）

　　在談宇宙觀時，朱謙之首先指出，有關宇宙本體究竟是精神
還是物質的形而上學問題，從西方哲學起到如今數千年來，始終
未有定論。因此英美實驗主義者如詹姆士及杜威主張不談形而上
學〔這不符合事實，請參考以下的牟宗三、胡適與杜威一節〕，
相對的，歐洲的倭伊鏗（朱稱之為「歐根」）、柏格森則談生命
的流動概念，來替形上學開一條新路。至於中國方面形上學的
傳統，包括《繫辭》、周敦頤的《太極圖說》、張載的《正蒙》；
到了胡適、梁漱溟等，主張拋開形上學不談，朱謙之認為是「現
在漢學的末流」（1: 471）[57]。朱主張必須談形上學，特別批判了排
斥形上學的斯賓塞及實驗主義，並指出，斯賓塞及實驗主義者認
為宇宙的本原非人智所能知，而學者所研究的，只不過是現象罷
了。朱認為這種「不可思議論」是誤謬的（1: 472），並引用倭
伊鏗及柏格森的理論，指出人類的精神總是企圖超越知識的限
制，「本原問題本是我們所不免的思議而不能不思議的」；如果
昧於不可思議論，就是違背哲學家「窮理而致知」的天職了（1:
472）。

56　朱謙之，《大同共產主義》（上海：泰東書局，1927）；收入黃夏年主編，《朱
　　謙之文集》卷1，頁513-569。

57　朱謙之，《一個唯情論者的宇宙觀及人生觀》。

對心理學及辯證法的批判

　　朱謙之提及其舊作〈現代思潮批評〉的意見：根據心理學的研究，知、情、意是精神作用的基礎，叔本華又證明了「智」是「意」的派生，而「意」包含了「情」的作用。因此，情是精神的最後本體（1: 473）。朱此時強調，作為宇宙本體的情，是絕對的，既不可分析，亦不可辯證，並批判心理學對心的分析：

　　　　若如前從心理狀態以內發現的，在分析的着眼點上，把整個的心割成七零八碎，以為那不可分析的心，就是本體了。却不知依分析所得的東西，只是割據心的變現行相的一片一段，並不是本體，却正是本體所否定的。因為本體是永不間斷，所以不可分析，並且生命是活動的，如何可作靜態分析呢？只因從前沒有看到這層，所以一面把不可分析的情，認為「本體」，一面把可分析的宇宙，認為「現象」，因此主張破壞宇宙，以後歸於本體——情，其實從頭 [到] 尾，就沒有認識——整個的心——真生命，這是我從前以分析認識本體的一大錯誤。（1: 474）

亦即：情、本體、宇宙是合一而不可分割的，而這也就是「整個的心」與真生命。

　　用辯證的方法來講本體，朱謙之認為也是不對的。辯證法以有無、善惡相對，最後不得不推到「超越有無的『無之又無』的『無』」及「無善無惡」的境界。然而，把「無」當作「情」來看，會流入虛無主義的弊病；「無善惡」也並非「善」的境界；

「由辯證所得的，仍不出辯證的境界，絕不是真實的境界」（1:
474）。他認為老子所說「天下萬物生於有，有生於無」，是以本
體為「無」，「這種宇宙觀完全是運用理智方法錯誤的結果」，
「却不知本體當下便是，超開當下而求本體，都是胡思亂想也」
（1: 477）。對朱而言，虛無論是危險的。朱主張「絕對之為絕
對，即在其無始無終，生生不息，所謂『活潑潑地』，在天地萬
物萬事上觸處便見」（1: 477-478）。朱認為「萬有在流動變化中
之中，是永遠向無限的方面生化，刻刻增大，刻刻創新，是永沒
有間斷的時節」（1: 478），並認為代表中國道理的是「生」，是
「絕對的表示」，「有生命就有表示」，否則就會歸到「無生」的
路上去。而朱自己「是以絕對信仰的態度承認生命原理的」，信
仰「這世界」，也就是當下的世界：「我是真正的真正的『現世
主義者』，很相信存在於這世界一切，都是『真情之流』，浩然
淬然，一個個的表示都是活潑潑地，都是圓轉流通的」（1: 479）。

　　此外，朱謙之曾經主張明心見性，極端反對「感覺」，以為
感覺透過感官無從知道事物的實相，因此而否認科學。如今了
解這是錯誤的，不應「否認科學與形而上學之結合的統一」（1:
474）。朱主張要有格物的工夫，「先在物理上理會」，然後透過
直覺的方法，「直接默識物的本體」：

　　　　固然我們講格物，不必像朱子所說「今日格一物，明日格
　　　一物」那樣完全客觀的態度，但我們却要先在物理上理會，
　　　才有個商量處，因為宇宙萬物凡耳目所接觸的部分，都是本
　　　體派生的模型，所以我們認識方法，如果只在外面末上做工
　　　夫，則所謂知，總不免於不完全的毛病，反之直接默識物的

本體——由感覺直追到事物的根極，於是置身當中，把能覺的我加在所覺當中，不在外邊轉，而且不藉力於反析，而全賴於直覺，不僅以知道外面的輪廓就夠了，還要絕對的默識本體，所以這種方法，雖從感覺下手，而所得境界不以感覺為止。（1: 474）

這段話清楚地說明，朱謙之所謂「直覺」的定義：「由感覺直追到事物的根極，於是置身當中」，也就是「把能覺的我加在所覺當中」；換句話說，就是（能覺的）主體與（所覺的）客體的合一。透過這種主客合一的直覺工夫，就能「默識本體」。這正是人生觀派的一貫主張。

朱謙之認為，充塞在大自然、宇宙內的，無處無物不是本體，凡感性所生的歌、舞、詠、嘯，「無時不聽憑直覺，即無時不是本體，無時不與天地同流」（1: 475）。朱強調：「宇宙萬有，絕不是理智得來，只能永遠緘默去証會的」，並認為，程明道因此而主張觀天地、生物、氣象，陳白沙因此而主張隨處體認天理。朱引用《易經》：「觀其所感（所恆、所聚），而天地萬物之情可見矣」。格物工夫是羅整菴所謂「物即我，我即物，渾然一致」，「心盡則與天為一」，而陳白沙所謂「往古來今四方上下都一齊穿紐，一齊收拾，隨處無不是這個充塞，色是信他本來」，就是「見本體」（1: 475）。對朱謙之而言，「宇宙本體就是生命本身」，是「有情中的現象世界」，也就是「當下」（1: 480）。只要透過直覺、同情的工夫，「撒毀物和我之間的壁障」，就能「捕捉物的內部生命」（1: 480）。中國從《繫辭》所描寫的伏羲氏開始，「一切山川草木都是情的化身——由神的

真情而流出」；而這套唯情論及「泛神思想」歷經神農、黃帝，到《周易》，得到完整的發揮（1: 481）。1923年的《周易哲學》對此已有充分解析：「大概《周易》千言萬語，都只是這『情』字，別無其他」（3: 103）[58]。文中又指出：

> 人的『情』本來毫無欠缺，雖著了理知，而這天植靈根，依然存在。所以我們所能作的，只需把向外逐物的頹習，倒轉下來，真情一提起，理知就沉下去，那就復歸於『真情之流』了。（3: 104）

司馬長風、黃建中

朱謙之認為可以用情的概念來貫穿儒家思想；孔子、孟子是唯情論者，朱也自稱是唯情論者（1: 470）[59]。所謂「唯情論者」的說法，因被主流五四啟蒙論述長期遮蔽，後來雖似乎不見評家關注，但值得提起的是，到了1970年代仍見華語世界有學者使用。二戰後從中國大陸避居香港的新文學史家司馬長風（1920-1980），於1976年的散文集《唯情論者的獨語》說道：「在思想世界裡，一切『唯』字號的思想，不管是唯心論，唯物論，唯生論，都是唯我獨尊的霸道意思〔……〕不過唯情論不是什麼政治上的主義，只是一種人生態度」（頁1）[60]。司馬長風是梁啟超的信

58　朱謙之，《周易哲學》。

59　朱謙之，《一個唯情論者的宇宙觀及人生觀》。

60　司馬長風，《唯情論者的獨語》（臺北：遠行出版，1976），頁1-8。

徒，認為儒家主張的「仁」，所教誨的就是「不忍之情」，並指出，經歷了五四「打倒孔家店」的風暴之後，仍然自命儒家的人（意指新儒家）要受考驗，看這不忍之情「在生活中是否實踐出來」；又說：「偉大的唯情論者必須攀上善和美的高峰」（頁7）；司馬顯然是指涉五四時期的唯情論。在香港執教的陳國球，致力於宣揚司馬長風的學術，曾寫了一篇紀念文章〈詩意與唯情的政治──司馬長風文學史論述的追求與幻滅〉（1983）[61]。受到司馬的影響，陳從1980年代以來就著手提倡文學的抒情傳統。陳雖不曾提起朱謙之與袁家驊的唯情論，但以抒情傳統論述延續了唯情論的生命。晚近在大陸文學界，「唯情」的概念逐漸擴散。2013年，雲南大學的施海濤研究司馬長風，指出其《中國新文學史》的「唯情性」[62]。湯顯祖研究有以「唯情」為題的，例如〈湯顯祖的「唯情」文學觀〉（2001）及〈湯顯祖唯情文學觀的邏輯解析〉（2013），均以「唯情」說明湯顯祖的至情論[63]。

在哲學界，據筆者所知，五四之後曾使用「唯情」說法的，是黃建中（1889-1959）。黃於1917年自北京大學畢業後，在北京朝陽及中國大學從事倫理學之研究及講授。1921年赴愛丁堡大學及劍橋大學學習哲學。歸國後陸續任教國立中央大學、中央

---

61 陳國球，〈詩意與唯情的政治──司馬長風文學史論的追求與幻滅〉，《感傷的旅程：在香港讀文學》（臺北：臺灣學生書局，2003），頁95-170。

62 施海濤，〈試論《中國新文學史》的對立性與唯情性〉，《學術探討》12卷6期（2012年6月），頁100-103。

63 左其福，〈湯顯祖的「唯情」文學觀〉（湘潭市：湘潭大學碩士論文，2001）；肖鷹，〈湯顯祖唯情文學觀的邏輯解析〉，《河北學刊》33卷4期（2013年7月），頁71-75。

政治學校、四川大學，並於1944年由四川大學出版歷經長年寫作修訂的《比較倫理學》。1949年來臺，在省立師範學校任教，持續修訂本書，過世後交由臺灣商務印書館出版，1960年通過審查，成為部定大學用書。1925年黃曾銜蔡元培之命，赴愛丁堡參加第一次世界教育會議，主張「以生活和協代生存競爭」，顯然是受到演化生物學影響；1944年初版的自序指出：「本書從生物學方面追溯道德行為之由來」（頁2）[64]。1960年三版的序指出此書受到「中和人生觀」、相對論、互助論、「突創進化論」的啟發（頁2）。第十三章將道德之源頭分為「唯理宗」與「唯情宗」：「倫理學之有唯理唯情二宗，猶知識論之有觀念感覺二派矣［……］知識論既有調和觀念感覺兩派之說矣；倫理學亦有融通唯理唯情兩宗而調和於其間者，則自我實現說（The thory of self-realization）是矣」（頁270）。北大作為五四革命啟蒙論述的溫床，是人盡皆知的常識；但一般不熟知的是，創發唯情論的朱謙之、袁家驊也是北大人，黃建中亦出自北大，若說黃此書傳承了北京大學的唯情論傳統，亦不為過。

牟宗三、胡適與杜威

　　從蔡元培、梁啟超以來，與啟蒙理性主義對話的人生觀論述，在第二次世界大戰以後的延續痕跡，應在走避港臺的新儒家群體中探討。例如黃冠閔對牟宗三（1909-1995）《五十自述》（1959）中的「生命修辭」研究。牟宗三早年就讀北京大學哲學

---

64 黃建中，《比較倫理學》（臺北：臺灣商務印書館，[1961] 1965），臺2版。

系，1949年在臺灣師範大學及東海大學任教，1960年應聘到香港大學，1968年擔任香港中文大學新亞書院哲學系主任。1974年退休後，任教新亞研究所，其後又任教於臺灣大學、臺灣師範大學、東海大學、中央大學，直至1995年辭世於臺。戰後飄零港臺的新儒家，歷經國族的顛沛流離。黃冠閔指出，在《五十自述》中，牟氏的「獨體」（當個體意識到自己是主體時）、「證苦證悲」、「覺情」（覺悟向道之情）等用語，顯示出國族、個體形成的命運共同體除了「慧命的連帶」，還有「由記憶修辭所串起的情感連帶」（頁119）[65]。一方面牟的「獨體不只是涉及生命原則，也不停留在動態原則上，而是由提出理性原則，不同於理智（知識或審美）的另一種理性原則，此即，實踐理性的原則」（頁125）。黃認為，這顯然是康德的模式：要「安頓生命」，純粹理性、審美判斷力都不足，唯有依賴實踐理性。然而另一方面，牟氏說：「這個『理性的律則』，一覺便出現，剎那即有獨體。不覺便不出現，剎時即無獨體。」黃認為這幾乎是意指良知，是仰賴直觀的，是使理性律則能顯現的直觀。而根據牟氏晚期的看法，這是康德所不容許的「智性直觀」（智的直覺）。那麼為何牟氏在此沒有提及主張直觀、生命、動態宗教的柏格森？黃認為「生命動態與理性律則之間的對立成為不同理論型態的選擇，一旦將兩者融合也將面對一種內部的緊張。這就是牟宗三論述中隱含的二元論問題」（頁125）。而對牟宗三而言，「自述的文字乃是一種情感意義的重新配置」，也是「記憶所希望產出的

---

65 黃冠閔，〈寂寞的獨體與記憶共同體：牟宗三《五十自述》中的生命修辭〉，《臺大文史哲學報》87期（2017年8月），頁119-150。

真理」，是一種「情感真理的證道」（頁131）。

　　仔細閱讀《五十自述》，牟宗三雖如同黃冠閔所說，「強調『理智』的優先性」（頁125），但牟對非理性層面亦相當關注，認為生命本身是「『非理性的』，不可思議的」；並指出，就「生命相續」而言，每一個生命實際上通著祖宗、民族及宇宙的生命：「生命之連綿不斷、息息相關，亦即其連綿性與感通性」（頁154-155）[66]。黃冠閔認為，這種生命修辭就是證道的修辭，「明顯地揭露了自傳中記憶編寫所蘊涵的宗教性」，亦即「儒家宗教性」（頁146）。本書第三章曾指出，梁漱溟由唯識佛家的觀點，認為「生活就是『相續』」，而宇宙即「由生活相續」。根據《五十自述》，牟宗三在北京大學就讀哲學系，一向心儀其師熊十力；雖素來跟老師梁漱溟「始終不相諧」，但「敬佩他」是「克己守禮之君子」（頁101-102），而其思想上受到梁之影響，十分明顯。牟對北大發起的新文化運動的看法，與梁及人生觀派的看法若合符節。牟反對理智主義，但認為情感不能脫離理性，而生命必須生根於思想及義理，由下述可知：新文化運動「求中國好」的動機是正確的，但到後來「轉為淺薄的乾枯的理智主義，餖飣瑣碎的考據，轉而為反思想反義理。因為五四時的新文化運動，本無在生命中生根的積極的思想與義理，只是一種情感的氣機之鼓蕩」（頁94），意指偏離了理性的浪漫情懷。牟又說：「西方的學問以『自然』為首出，以『理智』把握自然；中國的學問以『生命』為首出，以『德性』潤澤生命」（頁89）。這不正符合梁漱溟所說：近世西方人「理智的活動太強太盛」；

---

[66] 牟宗三，《五十自述》（臺北：鵝湖出版社，[1959] 1989）。

「理智與我們內裡的生命是無干的」；西方以理智征服自然，中國人「無征服自然態度而為與自然融洽遊樂」；人生哲學「微妙與形而上學相連占中國哲學之全部」（參考本書第三章）。

　　牟宗三與胡適的交惡，尤能看出兩人的學術路線不同。《五十自述》指出，北大有些「僵化了的教授」只停留在「經驗層上，知識層上」，尤其是胡適，而其實「自明亡後，滿清三百年以來，皆然」（頁88）。這顯然是批判胡的實驗主義及考據學，從牟宗三《周易的自然哲學與道德函義》（1936）於1988年之自序即可確知[67]。牟在大學時代自學周易，未畢業即已完成此研究。1931年牟就讀三年級，胡適曾閱讀部分文稿，說：「你讀書很勤，但你的方法有危險」。牟辯說：「我講易經是當作中國的一種形而上學看，尤其順胡煦的講法講，那不能不是一種自然哲學」。牟描述胡的反應：「他聽了我的話，很幽默地說：噢，你是講形而上哲學的！言外之意，那也就不用談了！」（頁1）。牟後來寫了一封信給胡繼續辯解自己的方法無危險，據理力爭，並且「不恭維他［胡適］的考據法」（頁2），從此就得罪了胡適。因此《五十自述》中，牟認為胡蓄意「排除異己」（頁95），使牟當年畢業後無法留任北大，抗戰時期流亡到昆明也無法在雲南大學任教（頁92-93）。

　　科學與人生觀論戰期間，胡適與李大釗、陳獨秀都是科學派大將，不贊成形而上學是可以理解的。余英時曾於香港新亞書

---

67 牟宗三，《周易的自然哲學與道德函義》（臺北：文津出版，［1936］1988）。原出版為《從周易方面研究中國之玄學及道德哲學》（北京：大公報社，1936）。

院與牟宗三共事，1995年4月12日牟過世後，寫了一篇追憶文章，提到胡適在1931年8月28日的《日記》中「記錄了七十五個選秀生的成績。牟先生的分數是八十分，但胡先生在分數後面加了一條注語，說：頗能夠想過一番，但甚迂」[68]。胡適這篇日記記載：

> 這七十五人中，凡九十分以上者皆有希望可以成才，八十五分者上有幾分希望。八十分為中人之資。七十分以下皆絕無希望的。此雖只是一科的成績，然大致可卜其人的終身。（150）[69]

胡既然給了牟八十分，顯然認為牟只是「中人之資」，不提拔其擔任教職，是理所當然的。然而牟一定讓胡深刻印象，因為七十餘名學生中，胡只給了五人正面評語，其中三人是九十分，一人九十五分，說牟「頗能夠想過一番。但甚迂」（頁151）。是褒貶兼而有之，而且這還是五個評語中字數最多的。胡適可能料想不到，日後牟宗三會在1950、60年代之後成為新儒家掌門人，名重一時。

胡適1910年留學美國康乃爾大學農科，1915至1917年於哥倫比亞大學師事杜威。1919至1920年杜威來華，五次講演由胡適口譯發表，本書第三章已討論。胡適所撰〈實驗主義〉（1919）

---

68 余英時，〈追憶牟宗三先生〉，《中國時報・人間副刊》，1995年4月20日，39版。

69 胡適，《胡適日記1931-1937》卷6，曹伯言整理（合肥市：安徽教育出版社，2001），頁150-151。

一文提到：「杜威［……］把歐洲近世哲學從休［姆］（Hume）和康德（Kang）以來的哲學根本問題一齊抹煞，一齊認為沒有討論的價值。一切理性派和經驗派的爭論，一切唯心論和唯物論的爭論，一切從康德以來的知識論，在杜威的眼裡，都是不成問題的爭論，都可『以不了了之』」（頁67）[70]。這種說法不夠精確，如果我們全面檢視杜威的著作，可知其始終在討論西方哲學這方面的問題。例如，杜威的《哲學的改造》（1920）一書從西方傳統哲學的社會歷史條件、精神文化、科學發展等背景，說明情感、欲望與想像在哲學中所扮演的角色，實際上是有心重新檢討現代哲學的理智主義[71]。眾所周知，杜威的經驗主義是將科學的實證方法運用到哲學上；但是杜威主張科學方法，並不贊成科學主義、理智主義。劉放桐主持復旦大學團隊的三十七冊《杜威全集》，指出：「如果沒有超越直接的經驗和實踐，沒有記憶、想像等高於實踐和直接經驗的活動，就不可能有哲學等精神形態。在杜威看來，與哲學的產生直接相關的不是理智、科學、事實，而是情感、想像、價值」（頁41）[72]。《哲學的改造》指出，哲學的起源跟科學及詮釋不相干，而是隱喻的；哲學出自於恐懼與希望的象徵，形成於想像與暗示（頁7）[73]。結論明白表示：情感與科

70　胡適，〈實驗主義〉，收入葛懋春、李興芝編，《胡適哲學思想資料選》上（上海：華東師範大學出版社，1981），頁45-90。

71　此書乃根據1919年杜威在東京帝國大學的演講整理而成。Cf. John Dewey, *Reconstruction in Philosophy*（New York: Henry Holt and Company, 1920）。

72　劉放桐，〈杜威的哲學概念及他對傳統形而上學的批判〉，《天津社會科學》6期（2011），頁39-46。

73　John Dewey, *Reconstruction in Philosophy*: "The Material out of which philosophy

學應合作無間，實踐與想像應緊密結合（頁212-213）[74]。此外，杜威恐怕也不會贊成胡適徹底否定形而上學，胡適並未真正理解老師的思想；如前所述，朱謙之認為英美實驗主義者如詹姆士及杜威主張不談形而上學，也並非完全了解杜威。

在〈杜威的形而上學〉中，蓋爾（Richard M. Gale）指出，杜威反對的是傳統形而上學，因為無法透過有效查證（effective inquiry）來證實。杜威認為傳統形而上學的本體論將真實的存在（true being）安置於永恆固定、超越感官經驗的實在之中（timelessly immutable, super-sensible reality），例如柏拉圖的「理型」（forms）、亞里士多德的「本質」（essences）、普羅提諾（Plotinus, 204-270）的「永恆唯一」（the eternal one）、黑格爾的「絕對觀念論」（the Absolute）及傳統神學的上帝。這種傳統形而上學的本體論看輕「在流變中的世界」（ontological downgrading of the world of becoming），因此妨礙了此類終極概念的查證（頁479）[75]。這點若參考杜威的中期著作〈哲學與美國生活〉（1904）

---

finally merges is irrelevant to science and to explanation. It is figurative, symbolic of fears and hopes, made of imaginations and suggestions, not significant of a world of objective fact intellectually confronted."

74 John Dewey, *Reconstruction in Philosophy*: "When philosophy shall have co-operated with the course of events and made clear and coherent the meaning of the daily detail, science and emotion will interpenetrate, practice and imagination will embrace. Poetry and religious feeling will be the unforced flowers of life. To further this articulation and revelation of the meanings of the current course of events is the task and problem of philosophy in days of transition."

75 Richard M. Gale, "The Metaphysics of John Dewey," *Transactions of the Charles S. Peirce Society* 38: 4（Fall 2002）: 477-518.

即可知，此文明確指出：傳統形而上學的根本問題，徹底反映在笛卡兒的心物二元論中。心物二元論充分顯示需求、欲望與理性、理想的二分，這種二分正顯示，在非民主社會中，少數人的「高尚」精神生活奠基於多數人的「低下」經濟生活，並受其限制（頁76）[76]。

　　杜威對心物二元論的批判以及哲學實踐的主張，在晚期的〈身體與心靈〉（1928）中也清楚可見。杜威說明當代美國「實用主義」（pragmatism）的用意，乃是回到科學與哲學不分家的時代（意指古希臘），因為兩者都與藝術密切關聯；當時科學與藝術都以techne這個字來表示，目的是結合理性與實踐（頁25）[77]。希波克拉底（Hippocrates, B.C. 460-370）派主張哲學的整體觀，認為哲學、科學、醫學不可分；要了解身體不能對事情沒有整體的知識（頁26）。當前教育、宗教的問題，例如基本教義派對演化論的攻擊，是因為身心的二分，以及商業的物質主義及知識分子對生命的不屑一顧，這些都由於知識與實踐的分離；因此身心必須視為整體（頁27）。文章結束說：「要實踐身心的完全合一，必須仰賴哲學與科學在藝術中的統合，尤其要在最高的

---

76 John Dewey, "Philosophy and American National Life" (1904), in *The Middle Works, 1899-1924* (Carbondale and Edwardsville: Southern Illinois University Press, [1977] 1983), 3: 73-78. 此段原文如下："the entire dualism of mind and matter haunting the footsteps of historical philosophy is, at bottom, a reflex of a separation of want, of appetite, from reason, from the ideal, which in turn was the expression of the non-democratic societies in which the "higher" and spiritual life of the few was built upon and conditioned by the "lower" and economic life of the many." (p. 76)

77 John Dewey, "Body and Mind" (1928), *The Later Works, 1925-1953*, 3: 25-40.

藝術中──也就是教育的藝術中──統合」（頁40）[78]。杜威對身心二元論的批判，一方面回歸古希臘融合科學、哲學、藝術的主張，一方面堅持理論與實踐合一，與五四人生觀派並沒有根本上的差別。由此看來，本章起首的袁家驊引文指出「實驗主義者」如詹姆士和杜威等雖然主情意，但基本上是「唯知主義」，實際上顯示其對實用主義片面的理解。要對某個哲學家下論斷，應該觀察其整體的著作。

　　蓋爾指出，杜威所提倡的形而上學，是一種「經驗主義的形而上學」（empirical metaphysics, 頁483）。雖然杜威的實用主義哲學主張，有意義的理念或假設必須能夠透過未來經驗證實（a meaningful idea or hypothesis [must] be empirically verifiable by future consequences, 頁484），但同時杜威也像聖經的先知（a Biblical prophet），充滿使徒的熱情，要把自己所經驗的真理傳遞出去，解救世人（頁477）。蓋爾認為這種矛盾（inconsistencies），是由於杜威對所謂「經驗」（experience）的定義模稜兩可，有時是限定性的（limited），有時是普遍性的（all-inclusive）[79]。雖然杜威一生強調其經驗主義信念，但是始終沒有真正擺脫黑格爾的絕對觀念論（頁501）。杜威並未終結所有的傳統形而上學，而

78　原文如下："The full realization of the integration of mind and body in action waits upon the reunion of philosophy and science in art, above all in the supreme art, the art of education."

79　例如引文：" 'Experience' is a word used to designate, in a summary fashion, the complex of all which is distinctly human," *The Later Works*, 1: 331。出自 *Reconstruction in Philosophy* 於1948年再版的未完稿導言，"The Unfinished Introduction"。

是發展出一套「極度神祕的哲學」（a highly mystical philosophy, 頁497）。羅蒂（Richard Rorty）的文章〈杜威的形上學〉則指出，將杜威的《自然與經驗》（*Nature and Experience*, 1925）這本書看成是一個形而上學體系（a metaphysical system），才是正確的（頁72）[80]。

如果仔細檢驗杜威晚期的《自然與經驗》，尤其是其中第二章〈有風險的與穩定的生命〉（1925）[81]，便能一窺杜威為何企圖結合科學與哲學，進而建立了一套「自然主義形而上學」（naturalistic metaphysics）。杜威所謂「有風險的生命」（existence as precarious），意指人類學所顯示的，俗世經驗世界的不確定性、不可預測性及不可控制的風險（LW1: 43）[82]，包括瘟疫、饑荒、穀物歉收、疾病、死亡、戰敗等。為了追求穩定與安全感，人類開始以規律的事物來減輕及控制風險，於是有了神話、巫術及宗教的儀式行為或建制，而這些儀式或建制又深入道德、

---

80 Richard Rorty, "Dewey's Metaphysics," *Consequences of Pragmatism* (Minneapolis: University of Minnesota Press, 1982), pp. 72-89. 羅蒂指出：" Dewey's book [*Nature and Experience*] consists, very roughly, of accounts of the historical and cultural genesis of the problems traditionally dubbed 'metaphysical,' interspersed with recommendations of various pieces of jargon which, Dewey thinks, will help us to see the irreality (or, at least, the evitability) of these problems. It is easier to think of the book as an explanation of why nobody needs a metaphysics, rather than as itself a metaphysical system." (p. 72)

81 John Dewey, "Existence as Precarious and As Stable," (1925), LW1: 42-68.

82 此句原文："We confine ourselves to one outstanding fact: the evidence that the world of empirical things includes the uncertain, unpredictable, uncontrollable, and hazardous."

法律、藝術及工業層面，哲學及俗世道德也逐漸由此類信仰及建制而產生（LW1: 42-43）。對杜威而言，自然的風險經驗及自然本身的規律原則，與一切人為建制經驗（包括自然科學），是密不可分的（請看《自然與經驗》第一章）。也就是說，經驗與被經驗的對象（the experienced）是密切相關的；理論必須靠推理（reasoning），但推理的長期過程中有許多部分會脫離被直接經驗的對象（LW1: 11）。笛卡兒派的問題，就是看輕經驗，直到伽利略、牛頓的出現才扭轉這個趨勢（LW1: 14-15）。無庸置疑，杜威企圖以科學的經驗主義及實驗方法來建立哲學體系。

　　然而，科學的經驗主義，對哲學體系有什麼影響呢？在書前的〈序〉中，杜威認為傳統哲學最大的問題是放棄了探討實際「經驗的真正本質」（the true nature of experience），只是設定純粹理論性的穩定（a purely theoretical security and certainty），而這種傳統哲學的「實質論」（traditional notion of substance，指亞里士多德的理論）也讓物理學破解了[83]。此處所謂「經驗的真正本質」，究竟指的是什麼？我們也要注意，與此同時，杜威也認為現代科學是有問題的，現代科學只是以數據及共相（similar properties）來取代傳統哲學的「固定實質」論（fixed substances），同樣是淺薄的經驗主義（LW1: 5）。如此看來，杜威固然不同意傳統哲學的「固定實質」論，也不認同現代科學的「淺薄的經驗主義」，但認為「經驗的真正本質」才是值得追求的。所謂「經驗的真正本質」，究竟應如何理解？自然及日常的經驗是紛亂的（messy），哲學家透過經驗主義一連串的

83　John Dewey, "Preface," *Nature and Experience*, LW1: 1-9。

試誤實驗（trial and error），從紛亂中找尋秩序，作為未來的指導原則。杜威之所以反對傳統形而上學，是因為其出發點是理論先行，「由上而下」；杜威主張的是「由下而上」，從日常生活經驗中找出引導未來的「絕對經驗」（Absolute Experience），也就是他所說的「經驗的真正本質」。在第二章中杜威指出，「絕對經驗」象徵的是自然中穩定與風險根深蒂固的合一（the ineradicable union in nature of the relatively stable and the relatively contingent, LW1: 56）。象徵穩定力量的絕對經驗必須出自於代表風險現實的日常真實經驗，一旦「終極現實」（ultimate reality or supreme reality）從中產生，「風險現實」作為尋找「終極現實」的跳板（springboard），就必然淪為「表相」（it obligingly dissolves into mere appearance, LW1: 56）。然而，絕對、永恆與涵蓋一切的絕對經驗，一旦成為完美的邏輯而容不下其他的規律（separate patterns, LW1: 57）時——更別提容不下任何縫隙與漏洞之時——就失去了意義，也淪為充滿矛盾的表相[84]。這種黑格爾式的辯證法，顯示杜威的確沒有完全擺脫黑格爾式的終極真理；這就是為什麼評家認為杜威建立了一套「自然主義形而上

---

[84]「由上而下」（top down）、「由下而上」（bottom up）是David L. Hildebrand 的用語。杜威的實證主義哲學極為複雜，Hildebrand的導讀專書很有幫助。他指出，杜威的目的是在紛亂的自然中找尋出有效的查證及邏輯的規律，以引導未來事件的秩序；其用意是從日常生活的經驗中找到更高度的條理（it is in experience that one finds patterns of inquiry and logic useful for ordering and directing future events … he is suggesting that philosophy seek greater coherence with life as experienced *throughout* the day）. Cf. David L. Hildebrand, *Dewey: A beginner's Guide*（Oxford, UK: Oneworld Publications, 2008）, pp. 4-5。

學」。

　　我們不妨再看看第一章的結尾。杜威指出，哲學雖然採取經驗主義的方法，但並不妨礙其探討「更宏大的自由人道價值」（the larger liberal humane value, LW1: 40）。哲學家必須體認，從日常（ordinary）、普遍（common）、實際（concrete）的經驗──亦即「生活」或「人生」（life）──可以發展出「判斷與價值觀的內在標準」（inherent standards of judgment and value, LW1: 41）[85]。最後杜威批判主張「外在超越」的哲學家（the transcendental philosopher），因為他們蒙蔽了日常經驗探討宏大人道價值的潛能。由此，我們可以下一個結論，杜威的實證哲學的目的，是從日常生活或人生本身探討「內在超越」。如前所述，朱謙之與袁家驊的唯情論就是以內在超越來批判外在超越；不僅杜威與人生觀派如此，新儒家亦如是。這是現代哲學發展的普遍趨勢。值得注意的是，對杜威而言，哲學雖然應該採取經驗主義的方法，並由外在超越轉移到內在超越，但探討的目標與傳統哲學並無二致：「宏大的自由人道價值」。

　　杜威之所以如此看重「由下而上」、「由內而外」的哲學方法，主要是因為達爾文主義的影響。波普（Jerome A. Popp）的

---

85 原文如下："The serious matter is that philosophies have denied that common experience is capable of developing from within itself methods which will secure direction for itself and will create inherent standards of judgment and value"（p. 41）；"To waste of time and energy, to disillusionment with life that attends every deviation from concrete experience must be added the tragic failure to realize the value that intelligent search could reveal and mature among the things of ordinary experience（p. 41）.

專書指出，杜威是第一位揭櫫演化論旗號的哲學家[86]。我們若看杜威中期的〈達爾文主義對哲學的影響〉一文（1907）[87]，可知達爾文主義的興起對杜威的哲學思考是個關鍵。這篇文章指出，達爾文主義的石破天驚，不在於對宗教本身的衝擊，而是讓科學界與哲學界驚覺到，從希臘哲學以來認為固定不變、永恆穩定的物種（species），實際上竟然是隨機演變出來的。關鍵在於「設計論與隨機論的對比」（design *versus* chance, MW4: 8-11）。傳統物種觀認為宇宙萬物是有目的性的（the idea of purpose, MW4: 8），所有的生物均按照特定的型式（a specific type），逐漸成長到完美的狀態。由於這種有目的性的調節原則（this purposive regulative principle）乃肉眼所不可見，所以這應是出於一種理想的或理性的力量（an ideal or rational force）。然而，這種完美的型式乃透過肉眼可見的改變而逐漸完成，因此可以說理性的力量是透過可感知的物質來彰顯其終極目的。結論就是：這是大自然的機制，在物質界中有一個精神力量主導著，此精神力量只能透過理性來了解（MW4: 8-9）。設計論於是有了兩方面的效果，一是大自然和科學有了共同的目的性，而這種目的性的終極或宇宙性格（the absolute or cosmic character of this purposefulness）也讓人的道德及宗教努力有了價值。在此情況下，支撐科學與道德觀的是一個共同的原則，兩者之間的協調也就得到了保障。這種認識論在歐洲風行了兩千年，儘管偶爾

---

86 Jerome A. Popp, *Evolution's First Philosopher: John Dewey and the Continuity of Nature* (Albany: State University of New York Press, 2007).

87 John Dewey, "The Influence of Darwinism on Philosophy" (1907), MW4: 3-30.

有挑戰及爭論；例如天文學、物理學及化學的發現排斥了目的論（MW4: 9）。另一方面，動植物學、胚胎學及化石研究，卻加強了設計論的說法；生物對環境的絕佳適應、生物器官的完美組合、胚胎生長的早期已經預設了後來器官的功能、低等生物似乎是高等生物的寫照等，凡此種種均奇妙無比。一直到十八世紀末，這些學問都是神學與唯心哲學（idealistic philosophy）的主要根據（MW4: 9）。

杜威1907年這篇文章繼續說明，相對之下，達爾文的「天擇說」（natural selection）震撼了傳統的知識論。《物種原始論》（*On the Origin of Species*, 1859）證明了生物的適應是因為繁殖過剩，在生存競爭（the struggle for existence）中不得不持續演變（constant variation），過程中對生存有利的演變留下來，對生存有害的就去除了。這種隨機論完全排斥了任何設計論的可能，因此反對者視達爾文主義為唯物論（materialism），認為達爾文使宇宙的存在變得意外、偶然（making chance the cause of the universe, MW4: 9）。杜威指出，達爾文主義的出現，意味著知識論轉移的契機（the twilight of intellectual transition, MW4: 8）。柏格森與倭伊鏗的人生哲學對唯心論、唯物論的批判，就是在此知識論轉移的浪潮中出現，第二章已討論。第六章在討論方東美時，亦有詳細分析。筆者於2014年的文章〈以美為尊──張競生「新女性中心」論與達爾文「性擇」說〉曾指出，達爾文的「性擇說」在知識界所衍生的解讀，導向了身心合一、精神與物質合一的普遍看法，無論對現代美學、現代哲學、心理學、社會學、甚至女性主義等均影響深遠，此處不贅。（請參考本書導言）

小結：唯情論與張競生的唯美主義

五四時期對唯情論呼應最力的，莫過於「性博士」張競生的烏托邦作品《美的人生觀》（1924）與《美的社會組織法》（1925）[88]。張氏在《美的人生觀》自剖：「我所提倡的不是純粹的科學方法，也不是純粹的哲學方法，乃是科學方法與哲學方法組合而成的『藝術方法』」（vi）[89]。這說明了張氏企圖在科學派與人生觀派的科哲二分之外，尋找另一種可能性——以藝術方法來融合科學與哲學；這顯然是響應蔡元培的美育運動。如本書第四章所述，李石岑在〈美育之原理〉（1922）中就主張「美育者發端於美的刺激，而大成於美的人生」，又主張「美育實一引導現實社會入於美的社會之工具」。第四章亦論及蔡元培的〈美育的實施方法〉（1922）規畫「美的社會」藍圖，從「未生」到「既死」都具備了。張競生的「美的社會」並非憑空出現，充分顯示人生哲學的實踐哲學精神，其所提倡的「美的人生觀」及「美的社會」，實乃人生觀派理念之拓展。張在《美的人生觀》進一步主張「唯美主義」，指出「美能統攝善與真，而善與真必要以美為根底而後可。由此說來，可見美是一切人生行為的根源了，這是我對於美的人生觀上提倡『唯美主義』的理由」（頁212）。眾

88　彭小妍，〈性啟蒙與自我的解放：「性博士」張競生與五四的色慾小說〉，《超越寫實》（臺北：聯經出版，1993），頁117-137；Howard Chiang, "Epistemic Modernity and the Emergence of Homosexuality in China," *Gender and History* 22:3 (November 2010): 629-657.

89　張競生，《美的人生觀》（上海：北新書局，[1925] 1927），第5版。原為1924年北京大學哲學課程講義，1925年5月由北京大學出版。

所周知，五四是一個主義的時代，卻少有人注意當年「唯情主義」與「唯美主義」的互相發明。張競生稱其「美的社會」為「情愛與美趣的社會」，即是明證。

《美的社會組織法》所提倡的「情人制」，正是呼應袁家驊的「情人」概念。袁的「情人」，簡而言之，是「有情之人」；張競生的「情人」，也出於此意，但更標舉愛的意義，不僅是男女之愛，還有家國、人類、眾生之愛。張氏主張「愛與美的信仰和崇拜」（頁47）[90] 及「情人的宗教」（頁78），雖然響應蔡元培的「以美育代宗教」說，但也稍加修正：「與一班宗教僅顧念愛而遺卻美的用意不相同，即和一班單說以美代宗教而失卻了愛的意義也不一樣」（頁49）。對張競生而言，藝術教育包含了情感教育與性教育，亦即，心靈的情感啟蒙不能忽略身體的啟蒙。張認同人生觀派及美育運動的情感啟蒙，但進一步進入身體啟蒙的領域；「靈肉合一」是其烏托邦理論的基礎。因此1926年其《性史》的出版乃順理成章，但因其探討女性情慾及女子性高潮所出之「第三種水」，卻招來「性博士」的譏諷，使其理想主義者的聲譽一落千丈[91]。學界不乏張競生性學的相關討論，但卻不知其烏托邦思想與人生哲學的關聯。筆者將就此議題另撰專論。

---

90 張競生，《美的社會組織法》（北京：北新書局，[1925] 1926）。原於1925年9月4日至25日連載於《京報副刊》，後於1925年12月由北京大學出版社出版。

91 Cf. Hsiao-yen Peng, "*Sex Histories*: Zhang Jingsheng's Sexual Revolution," in *Critical Studies: Feminism/Femininity in Chinese Literature*, eds. Peng-hsiang Chen & Whitney Crothers Dilley（Amsterdam: Editions Rodopi B.V., 2002）, pp. 159-177.

　　1920年代初期牽動中國思想界的唯情與理性的辯證，在中國傳統思想界是周而復始的問題，例如宋明的程朱「理學」與陸王「心學」之爭[92]。人生觀派對啟蒙理性的批判，主要透過人生哲學作為一種實踐哲學的主張。對朱謙之而言，真理的探求就是人生的實踐；如欲透過理性來求得真理，無乃緣木求魚。在申論唯情論之時，無論朱謙之或袁家驊均縱觀古今橫貫中外，旁徵博引，體現了跨文化的意識及實踐。從中國與歐洲思想交流史來看，絕非單純的歐洲向中國輸入的單向關係，而是相互影響的雙向關係。1935年朱謙之在廣州國立中山大學擔任歷史系主任時，曾作系列演講，申論「中國思想對於歐洲文化之影響」，主張「十八世紀歐洲的『哲學時代』實受中國哲學的影響，尤其是受宋儒理學的影響」（頁294）[93]。書中指出，「中國文物之西傳形成了歐洲文藝復興之物質基礎」，「耶穌會教士接受的中國文化形成了啟蒙運動的精神基礎」[94]。五四時期知識分子學貫中西，不但國學基礎深厚，對西方思想史從古希臘到現代發展同樣熟悉，恐怕不是「拿來主義」一詞可以輕鬆打發的。這種說法，可能原因是學者並未仔細閱讀當時人的著作，甚至不知有《唯情哲學》這類著作的存在。未盡讀其書，焉能蓋棺論定？

　　中西思想的跨文化連結，是值得深究的課題。例如，袁家驊的唯情論與德勒茲概念的相通不可等閒視之，由《唯情哲學》下

92　馮友蘭將宋明儒家分為程朱理學與陸王心學兩派。馮友蘭，《中國哲學簡史》（北京：北京大學出版社，1985），頁312-351。

93　朱謙之，《中國思想對於歐洲文化之影響》（臺北：眾文圖書公司，[1940] 1977，重刊）。根據1940年上海商務版重印。

94　朱謙之，《中國思想對於歐洲文化之影響》，見〈重刊記〉，無頁碼。

列引文可清楚看出：

> 生命和人格，是「將在」（To be），也就是「即在」
> （Is），換言之，他是當創造時，就是成熟，因他是永遠的創
> 造，所以是永遠的成熟。（頁214）

把「將在」和「即在」合而為一，「本在」（Being）就從這
裡跳了出來。明白說，生活無窮進化，道德也無窮進化，這無窮
進化，就是「將在」，也就是無窮地和「即在」相接近相融合，
而「本在」卻含在這無窮的生活，無窮的道德當中。這樣的生
活，這樣的道德，便是情人主張的生活，情人主張的道德（頁
237）（上述引文中的英文詞彙，皆為原著所加）。

袁此處所說的「將在」（To be），與德勒茲在《千高原》中所
闡釋的「流變」（becoming; devenir），異曲同工；而以becoming
概念來詮釋being的本體論，早已發展於亞里士多德的著作《形
而上學》（Metaphysics）中。柏格森的創化論，儒家傳統思想中
「生生之謂易」的概念，何嘗不是此意？

五四時期創造社等浪漫派對情感的謳歌，眾所周知，五四一
代也被稱為「浪漫的一代」。然而當時思想界所發展的唯情論，
卻少有學者注意；深入探討當時知識界的唯情論與啟蒙理性的辯
證，對所謂「五四啟蒙運動」的複雜內涵將有別開生面的認識。

第六章

方東美的《科學哲學與人生》

科哲合作，理情交得

　　宇宙人生乃是一種和諧圓融的情理集團，分割不得。科學不能違情以言理，猶之哲學不能滅理以陳情。科哲合作，理情交得，然後人類思想與文化乃臻上乘，否則理張而情乖，或情勝而理屈，都覺輕重失平。二者有其一，則思想的破綻立顯，文化之危機必至，人類活潑潑的生命精神勢將支離滅裂枯索萎絕了。（頁1）[1]

　　上引方東美（1899-1977）《科學哲學與人生》（1927）的〈自序〉中一段話，顯示此書延續五四喧騰一時的科學與人生觀論戰，也等同於為論戰做了一個總結：「宇宙人生乃是一種和諧圓融的情理集團，分割不得」。引文充分說明，情與理不能偏廢；唯有哲學與科學相互配合，各得其所，「人類思想與文化乃臻上乘」。若有偏廢，無論「理張而情乖，或情勝而理屈」，都會導致思想的破綻及文化的危機，而「人類活潑潑的生命精神」便枯萎破碎了。我們要注意的是，《科學哲學與人生》——唯情論亦然——自始至終談論的是普遍「人類」或「人」的思想文化問題；許紀霖認為，五四的科學與人生觀論戰只關心「與中國語境有關的價值選擇上」（頁12-13）[2]，但本書所探討的人生觀派眾多文獻顯示，許氏這種說法是值得商榷的。1910年代初至1920年代末，人生觀派的唯情論致力於情感啟蒙，批判啟蒙理性主義；人生觀派在認識論上的貢獻值得我們重視。

1　方東美，〈自序〉，《科學哲學與人生》（上海：商務印書館，[1927] 1936），頁1-2。

2　許紀霖，《當代中國的啟蒙與反啟蒙》。

若看《科學哲學與人生》第三章，就能明白方東美如何解析歐洲近代哲學思想變遷的問題，饒富趣味。方引用路易・喀洛爾（Lewis Carroll, 1832-1898）的童話《阿麗斯幻境探奇記》（*Alice's Adventure in Wonderland*, 1865），比喻歐洲人好不容易掙脫中世紀宗教制度的束縛之後，不是偏向物質科學、就是偏向精神主義哲學，想藉此二者探求宇宙真理，卻總不得其門而入。話說阿麗斯墜入深洞後，到了仙境花園「小如鼠穴」的門口，想一探奧祕。只見玻璃桌上一把小巧的鑰匙，開了門後，自己軀體太大，無法進入。回頭看桌上，有一瓶果汁（果子露），上書「請嘗試之」。喝下後，身子縮小成一尺長，正想進入花園，鑰匙卻還在桌上，根本搆不著。遂伏地痛哭，自言自語地安慰自己，彷彿幻作兩人對話，可笑至極。忽又發現桌下有一玻璃盒，內有一餅乾，上面也寫著「請嘗試之」。吃下之後，身子突然長成一丈，拿到了鑰匙，卻又身子巨大，進不了門。不禁感嘆：「一夜過來，我已非故我了［……］倘若我昨是今非，試問我是誰？世界上究竟有我的地位麼？這真是一個極大的疑團」。無計可施之下，她無意中戴上了兔子的白手套，身子竟又縮小成二尺長。但鑰匙在桌上拿不到，還是開不了花園的門。於是她自哀自憐，淚流成河。此故事如何比喻近代歐洲的哲學思想演變？方說：

> 假如我們把這個美麗的花園關作「情理」的集團，關作宇宙理境與人生情趣的連續體，則三四百年來歐洲學術史上所演的故事，亦不過是吃果子露，吃餅乾，戴手套三件趣事而已。那些碧眼浪髮，隆鼻白面，自視為天之驕子的歐洲人，亦不過是可憐的阿麗斯而已。（頁87-88）

　　方東美以上述這個故事的「三件趣事」，來比喻近代歐洲思想的三個轉折點。首先，歐洲人從中世紀的宗教及封建制度解放出來之後，發現宇宙深幽無窮，於是想拿一把金鑰匙——物質科學（即唯物論）——來解開宇宙的奧祕。結果科學的輝煌成就前所未有，人生的地位卻降低了：「科學的甘露吃下去，而人生曼妙的倩影反而縮小了」。第二轉折點，為了糾正「宇宙理境之擴大，人生情趣之低微」的弊病，就用另一把金鑰匙——精神主義的哲學（即唯心論）——來點化人生，結果人生卻變成一尊「龐然大物的活佛」：「所謂自然律乃是人類心智的指令」。如此只肯定精神生命，否定物質世界，「其末流遂助長宗教的虛無主義之氣焰，把人類入世的熱腸又燒斷了」。第三轉折點，物理學與相對論出現，修正了物質科學的唯物論與精神文明的唯心論二分的兩極獨斷趨勢，「一方面刻繪新宇宙，他方面認識新人生」。方東美預言「宇宙理境與人生趣味將發生重大之變化」，但因此第三轉折正在「流衍激宕，系統未完成」，所以暫時存而不論。

　　方東美以阿麗斯夢遊仙境的故事為比喻來談論哲學，也許是空前，但非絕後；德勒茲在《意義的邏輯》（*Logique du sens*, 1969）中發展著名的「流變」（becoming）概念，就是受到阿麗斯在童話故事中反覆變大、變小的啟發（頁7-8）[3]。哲學與文學相互發明，是方東美此書的特色。阿麗斯的故事，早在1922年

3　Deleuze, *Logique du sens* [The Logic of Sense]（Paris: Les Édition de Minuit, 1969）. 對德勒茲而言，阿麗斯故事演繹了「意義的弔詭」（或「理性的弔詭」）（les paradoxes du sens），是「意義」與「無意義」（或「理性」與「非理性」）（le sens et le non-sens）的遊戲，一個「渾沌／宇宙」（un chaos-cosmos）。見 "Avant-propos（de Lewis Carol aux stoïciens）" pp. 7-8.

就由趙元任譯成《阿麗斯夢遊奇境記》，上海商務印書館出版。
1928年沈從文出版了一部仿諷小說《阿麗思中國遊記》，專事嘲
笑老大中國的腐敗及新式文人的洋派，其中〈八哥博士的歡迎
會〉一章，眾西洋鳥類包括夜鶯、雲雀齊聚一堂，競相吟唱相濡
以沫。沈所諷刺的對象，顯然是胡適等歸國學人及徐志摩等浪
漫派詩人的新詩[4]。相對的，方東美前一年出版的《科學哲學與人
生》，則以歐洲浪漫派詩歌來佐證古希臘到十八、十九世紀西方
人宇宙觀的變化，詳見下文。

　　方東美對文學的喜愛，在南京金陵大學哲學系求學期間即表
露無遺。桐城派方苞是其十六世嫡祖，因家學淵源打下深厚的國
學基礎。金陵大學是教會大學，星期日在大學禮拜堂做禮拜時，
方東美經常不按校規讀聖經而看小說，差點就被開除。1918年
方氏和左舜生等加入少年中國學會，同年杜威來華，次年到南京
講學，方氏以流利英文代表少年中國學會南京分會致歡迎詞。
杜威在金陵大學教授西洋上古哲學史，方氏很欣賞此課程，但
後來不喜其提倡的實用主義，便與老師分道揚鑣。1919年方氏
在《少年中國》月刊1卷7期上發表〈柏格森「生之哲學」〉一
文。1921年由金陵大學畢業，得學校推薦前往美國威斯康辛大
學就讀，曾轉至俄亥俄州立大學修習黑格爾哲學，1924年從威
大畢業。方東美自學德、法文，可直接閱讀德、法哲學，又自學
佛經。在威大期間曾撰寫 "A Critical Exposition of the Bergsonian
Philosophy of Life"（柏格森人生哲學之評述），立論精采、英文

4　沈從文，《阿麗思中國遊記》，《沈從文全集》卷3（太原：北岳文藝出版社，
　　2002），頁76-109。

優美，獲得研究柏格森及懷德海的權威麥奇威（Evander Bradley McGilvary, 1864-1953）教授激賞，發給系裡師生傳閱。在柏格森研究的功力上，五四學者或無人能出其右。1924年回國，在武漢大學及中央大學任教，戰後轉至臺灣大學，直至1973年辭世[5]。1957年由香港Union Press出版 *The Chinese View of Life: The Philosophy of Comprehensive Harmony*（中國人的人生觀）[6]。

　　方東美是否為新儒家，有些爭議。蔣國保指出，在儒學方面，方東美輕《論語》，重《周易》、《中庸》，反對獨尊儒家、力主三教並重，反對孟子以降的「道統」觀念並主張恢復先秦儒學；此立場受到主張道統及學統的牟宗三批評（頁3-21）[7]。在〈現代新儒學發展的軌跡〉中，劉述先引用白安理（Uumberto Bresciani）的說法，認為1920年代第一代第一群新儒家為梁漱溟、熊十力、馬一浮、張君勱，第一代第二群新儒家為馮友蘭、賀麟、錢穆及方東美，第二代第三群新儒家是唐君毅、牟宗三、徐復觀，第三代第四群是余英時、成中英、杜維明、劉述先（頁4）[8]。劉氏對新儒家三個時代歷史任務的描述，值得參考：

5　孫智燊，〈學生時代的方東美先生〉，收入楊士毅編，《方東美先生紀念集》（臺北：正中書局，1982），頁155-175。

6　中文翻譯本，見方東美著，馮滬祥譯，《中國人的人生觀》，收入方東美，《中國人生哲學》（臺北：黎明文化，1980），頁75-255。

7　蔣國保，《方東美與現代新儒家》（合肥：安徽人民出版社，2013）。根據蔣氏，牟宗三在〈儒家系統之性格〉一文中，批判方東美喜《周易》、《中庸》而不喜理學家、《論語》及《孟子》，並批評方氏以美學的態度來講儒學。

8　Umberto Bresciani, *Reinventing Confucianism: The New Confucian Movement* (Taipei: Taipei Ricci Institute, 2001). 見劉述先，〈現代新儒學發展的軌跡〉。

　　二十世紀二十年代新儒家對「五四」運動作出回應。四十
年代新儒家嘗試創建自己的哲學系統，六十年代流亡港臺的
新儒家由文化的存亡繼絕轉歸學術，為之放一異彩。八十年
代海外新儒家晉升國際，倡議與世界其他精神系統交流互
濟。這便是現代新儒家思潮發展的指向。（頁5）

　　1920年代新儒家對五四的回應，即是以情感啟蒙批判啟蒙
理性主義，這正是本書的主要論點。姑且不論歷代新儒家內部主
張的爭議，劉述先認為其師方東美思想豐富而具有創造性（頁
458-490）[9]。筆者認為，方東美的創造性實來自他豐富的跨文化涵
養，能自由出入中國傳統學術、西方哲學及中西文學，旁徵博
引左右逢源。其身後由學生於1980年整理出版的《中國人生哲
學》，仍不改早年《科學哲學與人生》的旨意及燦爛文采。以下
詳述之。

哲學史與文學

　　上述方東美的歐洲思想三個轉折點，無論我們是否同意，其
治哲學史的方法，倒是值得我們參考。方氏不僅歐洲科學、哲學
發展如數家珍，也經常以中西古典與現代文學印證科哲理論，隨
處信手拈來，充分展現跨文化實踐；既跨語際，也跨學科、跨歷
史分期。例如，在說明古代希臘民族與近代歐洲民族宇宙觀之

9　劉述先，〈方東美先生哲學思想概述〉，收入羅義俊編，《評新儒家》（上海：
　　上海人民出版社，1989），頁458-490。

差異時，他引用英國詩人柯勒律治的詩作〈詠愁詩〉（Dejection,
an Ode）以及〈眾民族的命運〉（The Destiny of Nations: A
Vision）。前一首詩反映古希臘的宇宙觀沾染「物格化」的色
彩，所以他們的宇宙是有限的；影響所及，數學及歐幾里德幾
何學也拘泥於「物體大小的型態、廣狹的方位、結構的法式」，
均難以激發人類偉大的心智，缺乏「抽象超逸的理想」。因此，
詩中說「見到，而非感到，星星多麼瑰麗」（I see, not feel, how
beautiful they［those stars］are！）[10]。相對的，後一首詩反映近代
歐洲民族設想宇宙是一種「廣漠無涯的系統」，五官所見只是滄
海一粟；應該運用「理智的玄想，情感的妙悟」才能領悟宇宙的
無限，因為感官印象所得只是粗淺的符號，所象徵的是宇宙無
窮的事理。所以詩中說「凡身體感官所得，均是象徵性的」（All
that meets the bodily sense I deem symbolical）[11]。方東美又引歌德
的《浮士德》（Faust）對偉大宇宙的歌頌：「何等壯麗的景象！
但，唉，只不過一場景象！／我如何領悟你，無垠的穹蒼？」
（Welch Schauspiel! Aber ach! ein Schauspiel nur!/Wo fass'ich dich,
unendliche Natur?）[12]（德文詩為原文所引用，頁91）。方也舉出
英國詩人華茲華斯（William Wordsworth, 1770-1850）的〈序詩〉
（Prelude）對宇宙無窮的禮讚，引用凱慈（即濟慈［John Keats,
1795-1821］）在〈希臘古甕頌〉（Ode on a Grecian Urn）的詩句

---

10 方東美譯為古詩：「懷情不易感／脈望盡無遺！」（頁90），雖精采絕倫，但
　不易理解，故筆者重譯為白話。以下亦同。

11 方東美譯：「五識取塵境，／獨影不帶質」（頁90）。

12 方東美譯：「乾坤渺無垠，生世渾如寄，晏息向君懷，馳情入幻意！」（頁
　91）。

「美即是真，真即是美」（Beauty is truth, truth beauty）。此處引用的都是歐洲浪漫派的詩人，藉以說明「近代詩人的宇宙觀與科學的宇宙觀——至少關於「無窮」一點——真是體合無違了」（頁94）。以浪漫文學來佐證近代歐洲的思想發展，方東美當然不是唯一。本書第一章已指出，倭伊鏗極力推崇浪漫主義驅使主體回歸自然；第二章也論及創造派作家與柏格森《創化論》的呼應。人生觀論述與浪漫主義文學的惺惺相惜，不言而喻。

　　方東美認為在科學上，近代數學的革命就是函數的發明；比起歐幾里德幾何學而言，函數趨重「無窮」之抽象分析。亦即，在文化轉機之時，出現了新精神與新符號。方總結說：「希臘民族精神的基本符號是物質的、個別的形體；近代歐洲民族的精神符號乃是無窮的空間」。近代歐洲因宇宙無窮的觀念而產生了偉大的科學系統，物理學包括哥白尼、伽利略、開普勒（Johannes Kepler, 1571-1630）的天文學；物理學有牛頓（Isaac Newton, 1642-1726/27）；化學有鮑以爾（Robert Boyle, 1627-1691）、拉敷阿西葉（Antoine Lavoicier, 1743-1794），均分析空間系統、空間質數（頁95）。此類科學發展，均為劃時代的創見。

近代科學的二元論

　　方東美認為，近代科學雖成就厥偉，但卻是西洋民族的不幸，因其重視自然科學的探討導致藐視人性。於是近代西方人就像可憐的阿麗斯，「一旦把科學甘露吃下去，轉使自身的倩影縮小了」（頁125）。他引用懷特海（方作「懷迪赫」）的《自然之概念》（The Concept of Nature），指出近代科學家因為要實現簡約

的數學理想，將全整的宇宙二元化，分成物質及其初性、心靈及其次性，結果使得科學、哲學都產生了大問題。

　　後來唯心論哲學興起，就是為了糾正唯物主義的過失，提升人類心靈在宇宙中的地位。萊布尼茲反對笛卡兒以唯物論、機械論來解釋自然界現象；相對的，他主張物質不是宇宙的真際，空間與運動只是表象，宇宙的統會乃來自於精神力。巴克萊（George Berkeley, 1685-1753）認為感覺所攝不能脫離意識而獨立，物質之初性如方位大小、運動、軟硬度等等，均非固定，都因意識而有別。休姆則破因果論，認為因果只是時序的先後；因果無必然關係，一因可以生眾果，一果或有眾因，因果各有多元性，沒有必然的連鎖；一切意象、心念，此生彼滅，各自獨立。到了康德，一方面重新確定因果論的基礎，解除了科學的危機，一方面主張知識根基以心性為本，時空格式、理解範疇皆「與心俱來、先天起用」。康德的唯心哲學，雖不否認物質、不違反科學，但是「科學上齊物的主力是物質本身所啟示的因果律與自然律，康德哲學裡齊物的主力則為心識內部至尊的律令 [……] 在科學的理論裡，人類尊嚴喪失殆盡；在康德哲學裡，人類地位，崇高無比」（頁128-132）。康德哲學以人類心智的律令來創建世界，征服了自然。到了黑格爾（方氏作「赫格爾」），更以精神世界震懾物質世界；社會意識、國家意識，均不如超越的精神境界、恆久的理想秩序，這種境界是「絕對的精神、宗教的園地，自滿自足，毫無瑕疵」（頁128-136）。方東美如此評斷：「近代精神派的哲學家酷似貪食餅乾的阿麗斯」，人類心智的地位固然因此變得尊嚴高大，不可一世，卻仍然與「宇宙內柔情妙理的花園」無緣。

　　方東美指出，無論科學的唯物論或哲學的唯心論，都是運用理智建設宇宙觀與人生觀，結果均不令人滿意。於是現代哲學家遂有「反理智主義」的趨勢，主張人生哲學，認為生命欲與生命力才是人生的真諦：「生命是思想的根身，思想是生命的符號」（頁138）。此派哲學家，包括叔本華、尼采、柏格森。

生物科學的啟發

　　方東美認為，十八世紀以前影響哲學最巨的是數學，「物質科學運用整齊一致的數量方法，化除宇宙的差別相」，使人類求平等爭自由都有理論根據，居功厥偉。這是一種「機械的宇宙觀」（頁147）。而生物科學的發展，從十八世紀興起到十九世紀達爾文演化論集其大成，凸顯了生命除了其物質根身以外，另有其綿延不絕的機制：「生命現象能否竟用物質科學的定律以解釋之，實是近代生物學上一個重要的問題」（頁153）。方指出，英國數學家霍布森（Ernest William Hobson, 1856-1933）的著作《自然科學的領域》（*The Domain of Natural Science*）[13]不得不承認生物學是「半屬物理，半屬心理」的科學（頁153-154）──亦即，生物學連結了自然科學與人文科學。

　　在談論生命時，方東美明顯受到張東蓀翻譯柏格森的影響，由「綿延」（頁152、155）、「生命現象，息息創造」（頁161）、

13　Ernest William Hobson, *The Domain of Natural Science*（Cambridge: University of Cambridge Press, 1923）. 原為1921至1922年在The University of Aberdeen 的The Gifford lectures。方東美即引用此書。

「創進不息」（頁164）等中文用語，可以得知。在引用柏格森的《創化論》時，方用的是英文翻譯本；引用尼采的《查拉圖斯特拉如是說》（*Also Sprach Zarathustra*）時，則直接用德文版本，顯然其德文閱讀能力高於法文能力。此外，在談論生命特性時，除了《創化論》的中譯語彙，方總是使用傳統中文用語，例如「萬物含情，以同種異形相禪」（頁157）。與梁漱溟、朱謙之及袁家驊的筆法類似，方大量使用儒家及佛學語彙。凡解析何謂「情」之時，傳統文學的引用亦不可或缺。

對方東美而言，物質科學重視宇宙人生「事理的脈絡」，哲學除了事理，還進一步重視宇宙人生的無窮「價值意味」：

> 詩人撫摹自然，寫象人生，離不了美化；倫理學家觀察人類行為，少不了善化。我們所謂情的蘊發即是指著這些美化、善化及其他價值化的態度與活動［……］近代哲學家受了科學的影響，頗有主張嚴守「道德的中立」者，無怪乎他們的哲學空疏不切人生了［……］其實我們於萬象中搜求事理，尋得事理後，仍須追求美的善的情趣，乃能滿足人性上根本的要求。我們從事哲學而得著境的認識，往往側重分析，局於一隅，偏於一理，不能寄精神於色相，所認識的宇宙只是一個冷酷的機構，結果人生的熱望都渙然冰釋，頓起意態消沈的悲感了。我們如欲窮求宇宙的義蘊，充實人生的內容，須知人性是活躍的、創造的，不為現實所拘，處處要找著一種美的善的價值世界，為精神之寄託。（頁16-17）

這段話充分說明，情與理並非互相違背、互不相容的兩極。

哲學家以科學精神追尋宇宙人生事理真相的脈絡，也就是追尋對境的認識——追求真，進而追尋宇宙人生美與善的價值；唯有哲學才能融真善美與一爐。人類的創造，無論理論、實踐，無論美化或善化，目的都在「把現實世界擡舉到理想的價值世界來，纔顯出它的高貴性」（頁17）。方東美引用 Friedrich Albert Lange（1828-1875）、桑塔亞那（George Santayana, 1868-1952）以及懷特海，說明「價值一詞所指者便是事情內在的真相。價值的因素簡直充滿了詩的宇宙觀」（頁17）[14]。這充分說明了全書起首所說：「十七世紀以前，知識分工的需要尚未顯著，哲學簡直統攝一切知識系統而為之宗主」（頁1-2）。但是近代自文藝復興以來，知識系統漸次分化，科學逐漸興盛，哲學便勢微了。方又指出，「現今一般科學家因受十九世紀知識分工的影響，科學裡有哲學，獨自囿於一隅，不知哲學中有科學，何所見之不廣也」（頁5）。

　　方東美對生物學——尤其是演化論——評價甚高，認為傳統物質科學側重宇宙萬物數量的「平等相」，是數量化的科學；生物科學則表彰宇宙萬物價值的「差別相」，是價值化的科學（頁163）；亦即，生物學結合了科學與哲學：「演化原理大放光明，已將宇宙與人生融成一片了」（頁159）。也就是說，演化論的原理指向物質與生命的融合，這基本上是言之成理的。但另一方面，方認為「演化的歷程就是生命向上的發展，生命的自由創造」；人生哲學積極而進取，其根本精神就是「奮鬥」、「自

14 方所引用為 F. A. Lange, *History of Materialism*，G. Santayana, *Scepticism and Animal Faith*，以及 A. N. Whitehead, *Science and the Modern World*。

由」、「進步」（頁164）。這種說法，當然不是生物學或達爾文演化論的說法，而是尼采、柏格森、倭伊鏗從人生哲學角度所詮釋的演化概念。

在方東美筆下，由於生物科學的演化通例影響，各派人生哲學紛紛興起，其中尼采的哲學「簡直是生命的讚美歌」（頁167）。他認為尼采對生命力的推崇，表現在他對現代音樂、希臘悲劇、希臘雕刻的酷愛上，因為這類藝術活動都彰顯自由創造的精神、實現無窮的可能。現代音樂宏壯的聲調表達心跳的律動，希臘悲劇的雄奇文字表現生命的高致，希臘雕刻的造型藝術描摹純美。叔本華主張「生命欲」（Wille zum Leben），尼采主張「權力欲」（Wille zur Macht），事實上，兩者是相通的，正如方東美指出「生命欲即是權力欲。權力之擴大即是生命之拓展」（頁167）。亦即，尼采此處的Macht就是生命的能量，本書第五章已論及。方東美引用《查拉圖斯特拉如是說》，說明尼采「超人」的意涵：

> 生命與日俱進，力求超脫［……］向前的生命，上進的生命是超人的業力［……］現實人類，卑微偏曲，苔鄙懦弱。我教你做個超人，你已深下功夫，顛倒他，踰越他，努力做個超人麼？［……］同胞，快把你們的精神，你們的德業貫注於人間世！用你們的威權，重新估定一切價值！努力做個健者！努力做個創造者！（頁168-169）

現代哲學家受到達爾文演化論啟發的，不只是尼采，最著名的還有柏格森，本書第二章已論及。

何謂「情」？

> 哲學思想，自理論看，起於境的認識；
> 自實踐看，起於情的蘊發。（頁11）

　　方東美固然重視生物學，卻對生物學淪為物質科學頗不以為然，認為生物與物質最大的差異，在於「物質推移轉變，不限目的，只是機械動作；生物含情創進，知所抉擇，多數活動，妙有自由」（頁153）。言下之意，相對於無生物的物質本性，「情」乃生物所特有。何謂情？究竟如何定義之？方如此注解：「廣義的情，除卻冷酷的理智活動以外，都是情」（頁15）。如果科學以理智活動為主，情的活動就屬於哲學及文學討論的範疇了。方認為科學家眼光「銳利而冷靜」，哲學家的心情「強烈而溫存」，因此哲學家接近於文藝家。難怪在《科學哲學與人生》全書中，古今中外詩詞、戲劇的引文、藝術的指涉，俯拾皆是。方如此說明哲學之所由生：「哲學思想，自理論看，起於境的認識；自實踐看，起於情的蘊發」（頁11）。

　　〈緒論〉之首就引用了清代文人史震林（1692-1778）《西青散記》卷四中的華夫人語：「自古以來，有有法之天下，有有情之天下」；「何自有情因色有，何緣造色為情生。如環情色成千古，豔豔熒熒畫不成！」（頁23、1）。「法」、「色」、「情」，本是佛學術語，由華夫人用來就有文學意味。「法」是萬有的總名。所謂「色」，廣義而言即外在環境的形形色色，五官之所感得；狹義而言，是眼之所見。「情」是《禮記》的「感物而動，性之欲也」，也是佛家所謂「情所緣起」。方東美說：「我們所

謂情，乃是指著人生的欲望，人生的衝動，人生的要求」（頁23），這顯然又是人生觀派如梁漱溟、朱謙之、袁家驊等，來自尼采 *Wille zur Macht*、柏格森 élan vital 一脈相承的觀點。觸景生情，情之所生是因外在環境之色，色之所造是為情而生。「如環情色成千古」一句，說明千古以來情色環環相生，如想以繪畫描摹之，則只能描摹色相，不能捕捉其情。科學家若入了花園，只注意花的品種類別，只見花的實物；文學家則「情感蘊藉，意興纏綿」，物我感通，「物亦具我之情，我亦具物之情」（頁15）。

方東美總是透過文學來論情，第五章把人性的研究分成「文學的心理學」與「科學的心理學」，專事對心理學的批判。第二章已論及柏格森對心理學的反感：心理學將「我」分為諸種心態貫串起來，「猶如珠環。以絲串珠」，使得活活潑潑的心變成靜止。方東美也認為心理學以科學方法解剖、分析人類心性，將全整、活躍的人性「化為無肉無骨的邏輯學說，抽象玄邈的科學系統」，只是「冒牌的心理學」（頁174-177）。文學則截然不同：

> 文學家對於他的對象，一舉一動都移情同感（Einfühlung）[15]；文學家描寫人性，不迴顧，不旁觀，只用想像的自由，把全副心神直接投向別人的生命裡面去，與之融會交感，合而為一。（頁177-178）

所謂移情同感，就是文學家運用想像，與所觀察的對象融合為一，亦即「文學家本身，運用直覺，親加體驗，始能形容盡

---

15 原文誤植為 Einfuhlung。

致」（頁175）；這也就是人生觀派一貫的主張：透過直覺達到主
客合一的境界，本書前幾章均曾反覆論及。對方東美而言，要了
解人性，研習文學是最佳途徑。問題在「近代人生之分析不是人
生經驗的現象學（原文提供英文 phenomenology），而是心理歷
程的物理學」（頁181）。對方氏而言，將心理學視為物質科學，
如同將生物學視為物質科學，都犯了同樣的錯誤；這正是柏格森
的看法。心理學把人的心性與物質等量齊觀，認為「每個人只
是自動機而已」，於是「心理生活與物質現象同受機械定律的約
束，同受數量方法的支配」（頁180）。

笛卡兒的心物二元論與松果腺

　　方東美所謂的「自動機」，指的是笛卡兒的理論，認為人的
身體是自動機（automaton），只是由骨骼、筋肉、神經等所組
成，受大腦控制。這是心物二元論的典型比喻（trope），後來的
哲學家及心理學家凡討論心物二元論，都會回歸到笛卡兒這個
比喻；本書第五章曾論及斯賓諾莎對此心物二元論的批判。然
而，對笛卡兒而言，情感（passions）究竟是屬於心、還是屬於
物呢？晚近比較文學學者特拉達（Rei Terada）的笛卡兒心物二
元論研究，超越了一般心理學家的理解。她指出：

　　　　笛卡兒區隔了情感（passion）與理性（reason），又將情
　　感與統一的心智相連，然後基於心智統領情感的能力，把主
　　體性交給了心智。對笛卡兒而言，靈魂與身體唯一的區別，
　　是思維的功能。思想分主動和被動兩種。被動的思想便是

情感。雖然笛卡兒將情感歸為思想，情感也就因此屬於靈魂，但情感只是位於思想和靈魂之中，而非思想和靈魂的組成部分［……］情感是一種極其特殊的思想，以至於幾乎無法被涵蓋在「思想」的範疇中［……］對他［笛卡兒］而言，在解剖學上，松果腺（pineal gland）是情感的對等物。松果腺位於「大腦最深處」，卻不僅僅是大腦的一部分，而是象徵著大腦中可能存在的一個自治區，一個大腦中的梵蒂岡城［……］靈魂專事思想，情感卻被它束諸高閣（kicked upstairs within the thinking soul），既是受限的也是危險的［……］晚近女性主義研究特別強調這個觀點，顯示男權主義視角下的心智範型既包含又放任情感，而驅動情感和情緒的，是非主體性的動能。（頁8-9）[16]

在此，特拉達把松果腺喻為大腦中的「一個自治區，一個大腦中的梵蒂岡城」，意味著對笛卡兒而言，位於松果腺中的情感，既是心智的一部分，受到心智的限制；但卻又獨立於心智，不受心智掌控，所以是危險的。值得玩味的是，笛卡兒把松果腺定義為身心之間的連接點，沒有它，身心就是功能各異且彼此分離的實體。因此，笛卡兒雖然主張心物二元論，但不得不承認，位於松果腺的情感是連結身心的關鍵。《笛卡兒全集》卷11的後半卷，就是《靈魂的情感》（Les passions de l'âme, circa 1647）。整卷最後，附了十餘幅手繪大腦解剖圖的摺頁，展示他想像中

---

16 Cf. Rei Terada, *Feeling in Theory: Emotion after the "Death of Subject"* (Cambridge, Mass.: Harvard University Press, 2001).

松果腺的位置，及其與大腦及外界刺激的交互作用（圖6.1、6.2）[17]。

情動力與唯情

　　此外，上述引文還透露一個重要概念：驅動情感的，是「非主體性的動能」（nonsubjective engines）。情動力的非主體性，是情動力理論的關鍵。有關這點，我們必須參考德勒茲的斯賓諾莎研究，尤其是第十四章〈身體有什麼能量？〉（Qu'est-ce que

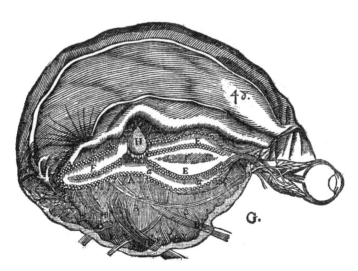

圖6.1　笛卡兒著名的松果腺示意圖，為其著作《靈魂的情感》（約1647年）卷後所附手繪大腦解剖圖。大腦中間的H，就是松果腺。

---

17 René Descartes, *Les passions de l'âme* [Passions of the Soul, 1647], *Oeuvres de Descartes* (Paris: Léopold Cerf, 1897-1913), 11: 291-497.

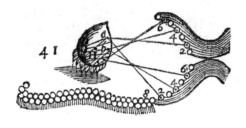

Fig. 32.

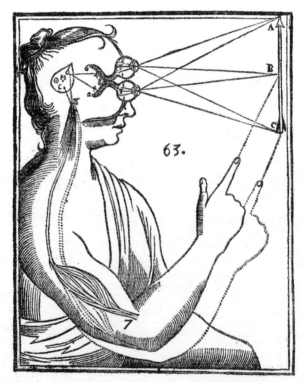

Fig. 33.

圖6.2 外界的刺激由眼睛進入大腦，再折射傳輸到松果腺，
引起情緒反應。

peut un corps?）[18]。斯賓諾莎認為神是唯一的「實質」（substance），乃絕對無限的存在；自然中的眾生萬物都是「形體」（modes），是有限的單一存在，每一個形體都體現了一個獨特的「特質」（essence），所有的特質加起來就是神的實質[19]。德勒茲指出，斯賓諾莎的「自然主義」（naturalisme），是對笛卡兒的反動。笛卡兒主張神的實質創生萬物，以神為創造者，是在大自然之外尋找實質存在（l'être, 頁207）；他以數學及機械論的思維去除了自

---

18 德勒茲第十四章的標題，龔重林譯為〈身體能做什麼？〉，與英譯本的翻譯 "What Can a Body Do?" 類似。見德勒茲著，龔重林譯，《斯賓諾莎與表現問題》（北京：商務印書館，2013），頁215-235; Gilles Deleuze, *Expressionism in Philosophy: Spinoza*, pp. 217-234；Gilles Deleuze, *Spinoza et le problème de l'expression*（Paris: Les Éditions de Minuit, 1968), pp. 197-203。但筆者認為，此處 "peut" 是pourvoir的第三人稱單數動詞，與全書中的關鍵詞 "puissance"（force；能量）相呼應，因此譯為「能量」較好。據此，筆者寧可將本書的第十四章譯為〈身體有什麼能量？〉。所謂能量，指的是身體感受（to be affected）與回應（to affect）情動力的能量。西方哲學自亞里士多德、伽利略起，就關注物理學上的「力」、「能量」、「運動」的問題，到牛頓時發表了運動定律（Laws of Motion）；斯賓諾莎對物理學及數學相當熟悉。德勒茲顯然也從十九世紀中期熱力學的能量（energy, force, or power）概念得到靈感。龔重林將mode譯為「樣態」，筆者則譯為「形體」，與書名的「體現」呼應。請參考下一個注解。

19 本書的書名，筆者寧可譯為《斯賓諾莎與體現的問題》，或《斯賓諾莎與形體化的問題》，因為l'epression的動詞exprimer有「體現」或「身體化」（to embody）的意思。例如導言中斯賓諾莎的一句話："Par Dieu j'entends un être absolument infini, c'est-à-dire une substance consistant en une infinité d'attributs, don't chacun exprime une essence éternell et infini"（頁9；筆者譯：就我的理解，神是絕對無限的存在，也就是由無限屬性組合成的實質，其中每一個屬性都體現了一種永恆無限的特質）。

然的自身價值，否認自然中個別物體的潛能、內在能量及任何
內在的存在。相對的，斯賓諾莎則主張，神的實質必須透過無
數的形體來體現；這種主張恢復了大自然自有的能量（restaurer
les droits d'une Nature douée de forces ou de puissance, 頁207），
以「內在超越」對抗「外在超越」（參考本書第五章）。斯賓諾
莎顯然認同伽利略的物理學理論，賦予形體個別的特質，修正
了笛卡兒著名的渦旋理論[20]。對斯賓諾莎而言，自然中每個形體
與生俱有的特質，就是欲力（conatus），也就是不同程度的能量
（degrée de puissance），我們不妨將之理解為「生命力」。所謂
「欲力」或「生命力」，意指每一種特質的生存功能（Il désigne
la function existentielle de l'essence），正是形體維持存在的努力
（頁209）[21]。本書所關注的柏格森「生之動力」，與斯賓諾莎先行

---

20 Cf. Edwin Arthur Burtt, *The Metaphysical Foundations of Modern Physical Science: A Historical and Critical essay* (London: Routledge, [1924] 2002), chapter 4, pp. 96-116；中文翻譯請參考愛德溫・阿瑟・伯特著，張卜天譯，《近代物理科學的形而上學基礎》（成都：四川教育出版社，1994），第四章，頁91-110。笛卡兒設計的物理學只需要純粹數學原理，他認為上帝的實質創生了廣延的萬物（extended things），萬物的世界是一個巨大的機器，上帝啟動了這個巨大機器的運轉。所有物體都沒有自發性、主動力，嚴格按照廣延和運動的規律性、精確性和必然性持續運動，各個物體的運動彼此傳遞乃透過直接的碰撞。笛卡兒以高度思辨的「渦旋理論」（the laws of vortical motion, p. 103; or Catesian vortex），結合機械論與數學觀，保住了可見物體的純幾何特徵。伽利略則認為某些運動關乎引力（force or attraction, p. 103）、加速度（acceleration, momentum, p. 104）等問題；運動的數學處理，除了幾何性質，還必須注意物體的特質（ultimate qualities）。開普勒則認為天文物體有「主動力」（active powers, p. 103）。

21 原文為：“Le *conatus* chez Spinoza n'est donc que l'effort de persévérer dans

的欲力或生命力理論，是一脈相承的。

斯賓諾莎認為，欲力或生命力的動態特色（les caractères dynamiques），與其機械特色（les caractères mécaniques）相輔相成。所謂機械特色，就是所有形體固定不變的物質組成，意指笛卡兒的人體「自動機」概念（automaton，請參考前文）。但靜態的機械特色不足以說明形體，形體的特性是透過情動（affections）與其他形體產生動態相互作用。正是由於生命力的動態作用，形體才能敏銳地感受各式各樣的外來能量（être affecté d'un grand nombre de façons, 頁210）。情動分成主動與被動兩種，主動的、有行動力的情動是完整的理念，為生存所必須；被動的情動雖然是不完整的理念（idées iadéquates），但它累積了我們的感受力，同樣也是維持生存所不可或缺。欲力或生命力是否發展為欲望（désir），有賴於我們實際感受到的情動或情感（déterminé par une affection ou un sentiment）的力道；一旦情感成為欲望，意識（conscience）必然伴隨而來。因此情感與理念產生連結（liaison）的必要條件，就是先要有欲望與情感的連結（頁210-211）；我們的欲望，是因熱烈的情感（passions）而生的。總而言之，當我們感受到的「被動的情動」（les affections passives）凝聚到一定程度，就會醞釀為理念，繼而成為主動的行動力（notre puissance d'agir, 即「主動的情動力」）；因此主動的情動奠基於被動的情動，兩者都是生存所必須的。我們接受到外來情動

---

l'existence"。法文 "n'est...que" 意指 "is nothing...but"（只是，正是），是肯定式。龔重林譯為否定式：「因此，欲力在斯賓諾莎那裡，並不是維持存在的努力」（頁230），英譯也是否定式："Thus *conatus* is not in Spinoza the effort to persevere in existence"（頁230）。

力時，究竟保留或放棄，究竟哪些情感才會轉為行動力，完全是選擇性的；至於如何選擇，就取決於我們的本性或特質（notre nature ou notre essence, 頁211）了。

由於斯賓諾莎的啟發，德勒茲進一步連結情動力與流變的關係。在《千高原》中，德勒茲與瓜達里指出：「情動力就是流變」（Les affects sont des devenirs, 頁314）[22]。德勒茲對身體的定義，是從動物行為學（éthologie, 頁314; ethology, 頁257）的角度出發；不談動物身體的內部器官或其功能，而是談「無器官的身體」（un corps sans organes, or CsO, 頁185-204; a body without organs, or BwO, 頁149-166）；也不談某個動物隸屬於哪個物種（Espéce）或屬（Genus），而是衡量其情動力（faire le compte de ses affects, 頁314）。這當然是對生物學的反動。德勒茲指出，斯賓諾莎由動物行為學發展出其倫理學。斯賓諾莎反神學的超越外在，反對「存在位階」（Chain of Being）理論：人因為有靈魂，最接近上帝，所以是所有生物的位階中最高等的。他認為所有的動物是屬於自然的，都是物質組成，是動靜快慢（de movement et de repos, de vitesse et de lenteur, 頁318）的物質組合。他由地理學的經緯來說明身體的情動力：身體是由經度（une longitude）與緯度（une latitude）所定義的物質，經度即快慢的速度，緯度即情動力能量的程度。因此身體沒有高低等之分，沒有任何一種動物比其他動物更接近上帝。所有的身體都是速度與情動力的

---

22 Gilles Deleuze et Félix Guattari, *Mille plateaux: capitalisme et schizophrénie 2*（Paris: Les Édition de Minuit, 1980）; Gilles Deleuze and Félix Guattari, *A Thousand Plateaux: Capitalism and Schizophrenia*, trans. Brian Massumi（Minneapolis, MN.: The University of Minnesota Press, 1987）.

組合，在同一個「情動力配置的平臺」（法文 agencement; 英文 assemblage）中，每一個身體都是平等的、可以相互流變的。人可以流變為馬（devenir-cheval, 頁 314-318; becoming-horse）或任何其他動物，男人可以流變為女人，等等。

德勒茲引用高羅佩（Robert Hans van Gulik, 1910-1967）及李歐塔（Jean-François Lyotard, 1924-1998）的道家房中術研究[23]，說明情動力與「內在超越」的關係。女人的「本能或內在情動力」（force instinctive ou innée, 頁 194; the innate or instinctive force, 頁 157）就是「陰」，男人的內在情動力是「陽」，陰陽情動力的交換、調和，是生命的來源，能量的增長（augmentation des puissances, 頁 194; an augmentation of powers, 頁 157）。陰陽情動力的反覆流動及能量的持續增長，必須男人忍精。情動力交換是受欲望驅動的，這種欲望並非出自於「內在的匱乏」（manque intérieur [指拉岡（Jacques Lacan, 1901-1981）的理論]），也不是出自於延遲愉悅可生產的外在附加價值（produire une sorte de plus-value extériorisable [李歐塔的附加價值理論：能量累積到最後才洩精，可生下健康美麗聰明的後代，尤其是兒子]）。相反的，這種欲望是為了建構一個無器官的、充滿能量的身體，也就是建構「道」，一個內在超越的場域（Tao, un champ d'immanence, 頁 195）。這個內在超越場域既非匱乏，也不靠外在規範，更與外在超越無關[24]。當然，可以像儒家一樣，

---

23 Robert Hans van Gulik, *Sexual Life in Ancient China* (Leiden: Brill, 1961); Jean-François Lyotard, *Economie libidinale* (Paris: Édition Minuit, 1974), pp. 241-251.

24 原文如下："Il ne s'agit pas d'éprouver le désir comme manque intérieur, ni de retarder le plaisir pour produire une sorte de plus-value, mais au contraire de

將之解釋為是為了繁殖後代，但這只是從社會階層、生物、國家、家庭的外在角度來看。而從「道」的內在角度來看，這是打破任何階層的，完全是欲望本身「一致性的平面」（un plan de consistance propre au désir, 頁195）。德勒茲透過道家房中術，將「道」解釋成內在超越的場域，相當有趣。由此可知，書中不斷出現的「一致性的平面」，指的就是內在超越的場域（Le champ d'immanence ou plan de consistance, 頁195）。以下一段有助於我們的理解：

> 一致性的平面，就是全部無器官身體的組合，此即內在超越的純粹多重性。這多重性的一部分可以是中國的，另一部分是美國的、或中世紀的、或小變態的，都處於一個普遍去疆域化的運動中，每一部分都從心所欲，無論是出自任何自我的品味、出自任何政治或策略形構、或出自任何出身來源[25]。（頁195）

---

constituer un corps sans organs intensif, Tao, un champ d'immanence où le désir ne manque de rien, et dès lors ne se rapporte plus à aucun critère extérieur ou transcendant"（p. 195）.

25 原文如下："Le plan de consistance, ce serait l'ensemble de tous les CsO, *pure multiplicité d'immanence*, don't un morceau peut être chinois, un autre américain, un autre médiéval, un autre petit-pervers, mais dans un movement de déterritorialisation généralisée où chacun prend et fait ce qu'il peut, d'après ses goûts qu'il aurait réussi à abstraire d'un Moi, d'après une politique ou une stratégie qu'on aurait réussi à abstraire de telle ou telle formation, d'après tel procédé qui serait abstrait de son origine."（p. 195）

　　內在超越的場域，就是情動力配置的平臺，這個平臺只有身體情動力的互動，是去疆域化的場域，一切自我、政治、出身都化解、不重要了，這就是「內在超越的純粹多重性」（*pure multiplicité d'immance*）。

　　內在超越的場域不僅是身體去疆域化的場域，更是宇宙間各種形體相互流變的平臺。德勒茲回到斯賓諾莎的「形體」（mode）概念，指出，在內在超越的場域中，只有個別獨特的形體（un mode d'individuation），而所謂形體絕非個人、主體、物品或實質（très different de celui d'une persone, d'un sujet, d'une chose ou d'une substance，頁318）。此形體，又可稱為 *heccéité*，也就是決定每個形體獨特性的特質（essence）。春夏秋冬等季節、時時刻刻、每個特定的日子，都是形體，都有一種完美的獨特性，不假外求；它們也都不是主體或物品。它們是具有特質的形體（*heccéités*），因為它們都取決於分子、粒子的運動或休止，都具有感受或回應情動力的能量（pouvoir d'affecter et d'être affecté, 頁318）。德勒茲以宗教想像與東西文明來說明，例如魔鬼學主導的故事中，魔鬼的藝術在控制情動力流動與在空間中自由移動之時，風、雨、冰雹、大氣的烏煙瘴氣都扮演了重要角色；此外，東方文明不重視主體觀（subjectivité）與超越現世的實質論（substantialité），更關注宇宙萬物的內在獨特性，因此日本的俳句以素描的方式來點出自然所指示的符號（頁319）。他又用文學作品來闡釋，例如夏綠蒂・布朗特（Charlotte Brontë, 1816-1855）的小說中暴風雨場景的重要性，勞倫斯（D. H. Lawrence, 1885-1930）與福克納（William Faulkner, 1897-1962）小說中描寫的每個時刻。人和動物可以流變為氣候、季節、時

刻，例如維吉妮亞‧吳爾芙（Virginia Woolf, 1882-1941）的名句："The thin dog is running in the road, this dog is the road"（頁321），就是狗流變為道路了。這不就接近於中國傳統哲學中，天地萬物的相互感應？此即朱謙之〈唯情哲學發端〉的宣示：「天地間翻來覆去，都只有動，靜是包括在動中的。若謂靜不能流行，則何以謂之『靜而生陰』。看生這一字，可見靜就是動〔……〕這一感一應之理，便可見一動一靜之妙，只此一動一靜之妙，便括盡了天下事物」；「情不是別有一個東西，即存於一感一應之中」（參考第五章）。

我們在第五章已經以情動力來說明唯情論的特質，此處不妨概括重申其特性，作為本書關於唯情論與情動力討論的小結：1. 唯情強調的也是情動力，所謂情動力是身體與宇宙萬物相互感應的動能，意味從超越本體到內在本體的過渡，也是從理性主義到情感主義的過渡；2. 情動力是一種動能，其感受或行動的能量取決於持續醞釀中的能量相互關係，而能量的相互關係永遠變化、永不休止；3. 情動力生於已發未發之際，是具有無限可能的身體潛能，亦即自然（物質）的潛能；4. 情動力是隸屬於自然的，自然的法則就是能量的相互關係，因此情動力是非主體性的動能。

以下我們回到方東美的《科學哲學與人生》。

「生命悲劇之二重奏」

《科學哲學與人生》最後一章起首，引用英國劇作家蕭伯納（George Bernard Shaw, 1856-1950）在《人與超人》（*Man and Superman*, 1902）一劇中的名言：「生命中有兩種悲劇：一種是

不能從心所欲，另一種是從心所欲」〔There are two tragedies in life. One is to lose your heart's desire. The other is to gain it〕，為全書做總結。方東美指出，古典希臘悲劇表達「從心所欲」的痛苦，近代歐洲悲劇則反映「不能從心所欲」的悲哀。如此重視「意欲」在生命中的地位，當然是呼應叔本華、尼采的哲學。本書第三章曾分析梁漱溟以「意欲向前」、「意欲的調和」、「意欲反身向後要求」來區分西方、中國及印度文化的區別，也就是梁氏所說的文化三條路。方氏此處是以古典希臘悲劇及西方現代悲劇來解析西方「意欲向前」的兩個可能結果：「從心所欲」或「不能從心所欲」。

　　方東美以〈大地歌辭〉為例，說明古典希臘悲劇的精神（頁207-209）。所謂〈大地歌辭〉（"The Demeter Ode"或"The Song of Demeter"），是希臘悲劇詩人歐黎披第士（Euripides）的劇本 Helen 中一首頌歌，描寫大地之母德穆鐸（Demeter）從冥間拯救女兒婆賽芬（Persephone）的故事[26]。英國著名作家及藝評家佩特（Walter Pater, 1839-1894）根據此頌歌改寫為"The Myth of Demeter and Persephone"。方氏引用佩特所描述的神話[27]，並指出，〈大地歌辭〉於西元前七、六世紀之交即流傳於希臘（頁209）。神話中德穆鐸是五穀女神，象徵豐饒富庶。婆賽芬被亡

26　Cf. L. A. Swift, "How to Make a Goddess Angry: Making Sense of The Demeter Ode in Euripides' Helen." 網址：http://oro.open.ac.uk/33490/1/helen%20 paper%20cp%20final%20version.pdf（accessed on June 4, 2018）.

27　Walter Pater, *Greek Studies: A Series of Essays*（London: MacMillan and Co., 1895）, pp. 79-155. 方東美的注11寫為頁81-151，可能其引用版本與筆者查到的不同。

父藹德諾（Aideneus）劫入地府後，思念慈母，悲號哀泣。德穆鐸聞女哀聲肝膽欲裂，遍地尋女不得，於是遷怒人類，使百穀不茁，生靈塗炭。天父素慈（即宙斯，Zeus）、聖母瑞婭（Rhea）憐憫人間浩劫，介入協調，終使婆賽芬回返人世，與母重逢，並與母返回天上。從此大地復甦，百穀復生，聖母並囑咐婆賽芬每年三分之二的時間陪伴母親，三分之一的時間入冥府探問父親。方氏盛讚古典希臘悲劇，主因是其「驚嘆生命之危機」（頁227）、「以神奇的幻想象徵宇宙中各種互相聯繫的生命」（頁224）、「著眼生命之美化」（頁207、227）、「變無入有，故能從心所欲」（頁227）。總而言之，希臘悲劇的智慧充分表現於「人與自然的和諧」：

> 其物本主義的宇宙論，不期而合於人本主義的人生觀。人格形成小天地，宇宙透露大生機。盡己則盡物，物中有我；明天以見性，性外無天。人資萬物之性以為道，道法天地；物冒人類之性而成德，德貫生靈。（頁225）

方氏對古典希臘悲劇的讚美，顯然有傳統中國「天人合一」的影子。「明天以見性，性外無天」、「道法天地」、「德貫生靈」等用語，恍若引自儒家經典。「其物本主義的宇宙論，不期而合於人本主義的人生觀」，乃物我不分的宇宙觀與人生觀，正是五四人生觀派一貫的主張。其1980年的《中國人生哲學》重申物我合一的主張：「幾乎所有的中國哲學都把宇宙看作普遍生命的流行，其中物質條件與精神現象融會貫通，渾然一體，毫無隔絕，一切至善至美的價值理想，盡可以隨生命的流行而充分實

現」（頁124）[28]。值得注意的是，根據《科學哲學與人生》書中的注解，方氏對希臘悲劇的解析乃大量參考尼采的《早期希臘哲學》（*Early Greek Philosophy*）[29]。叔本華的《作為意志與概念的世界》（*The World as Will and Idea*）[30]也是其靈感來源。有關希臘悲劇的滌情效果（catharsis），方則引用亞里士多德的《詩學》（*Poetics*）：「百感觸發之後，可得一潔淨澄清之效果，斯蓋以情絜情，使軌於正」（頁196）。「潔淨澄清之效果」是catharsis的直譯，「蓋以情絜情，使軌於正」，是其解析。方氏指出，「純正的希臘哲學」是蘇格拉底、柏拉圖以前的思想，也就是尼采所謂「希臘悲劇時代的哲學」，表現出「契合自然」、「天人無間」，「天與人都是普遍生命的流行」（頁223）。貫串古今中西的跨文化涵養，孕育了方氏的學術。

　　近代歐洲悲劇又是如何？相對於希臘悲劇「變無入有，故能從心所欲」，近代歐洲悲劇則「運有入無，故不能從心所欲」。而相對於希臘悲劇的「以情絜情」，近代歐洲悲劇則「馳情入幻」，是「虛無主義的悲劇」（The Tragedy of Nihilism, 原文提供），與近代歐洲哲學趨勢相同（頁227）。方東美以桑塔亞那在《冥府對話集》（*Dialogues in Limbo*, 1925）[31]的一則童話為例，說明近

---

28 方東美，《中國人生哲學》（臺北：黎明文化事業［1980］1982），第4版。

29 Friedrich Nietzsche, *Early Greek Philosophy and Other Essays*, trans. and ed. Maximilian A. Mügge（New York: The MacMillan Company, 1911）. 比對方東美引用的頁碼，其所引用應為此版本。

30 Arthur Schopenhauer, *The World as Will and Idea*, trans. R. B. Haldane, M.A. and J. Kemp, M.A.（London: Kegan Paul, Trench, Trübner & Co., 1909）.

31 George Santayana, *Dialogues in Limbo*（London: Constable and Co. LTD., 1925）, pp. 51-54.

代歐洲以理智戕害情感的虛無主義悲劇。話說曩昔整個世界是
個鳥語花香的花園，秀麗的幼童奧托羅谷斯（Autologos［意為
「天生智慧」］）日日嬉遊花園中，自得其樂。守園的女神化作老
嫗，晝伏夜出，夜夜以長柄鉤鐮修剪敗果枯枝，往往連鮮美的花
朵也剪去。幼童在花園中隨情所致，自行命名各色植物，玫瑰稱
佳麗、茉莉稱快樂、紫羅蘭為苦心、薊草為傷痛等。一位黑衣老
人為植物學家，告誡他不可「隨性施名」，因植物有自然科學的
屬性及分類，「花萼之朝開暮合，純是順應自然，何嘗有靈魂寄
寓其中呢！」（頁228）。幼童深感憂傷，含淚答道，若花園中花
木均無生意靈性，就與我自身無關，一切了無趣味，卻也不能不
恨你。老嫗聞之，入夜潛入幼童床前，以鉤鐮割取其頭顱，將其
屍埋入枯枝敗葉叢中。植物學家來園中不見幼童，傷心落淚，哀
嘆所學無傳人，逐漸形銷骨立，如枯枝敗葉般朽化長逝。幻化作
老嫗的女神兀自如常入園修剪花木，對此浩劫卻無動於衷（頁
228-229）。

　　方東美以這則童話比喻近代歐洲思想的虛無主義：科學家
以冷酷的理智否定了純真的深情與美感，使得哲學家不能包容
生命之情意，落入虛無主義的深淵。方氏根據尼采的說法，認
為希臘悲劇智慧結合了太陽神愛婆羅（即阿波羅，Apollo）的理
性與酒神大安理索斯（即戴歐尼修斯，Dionysus）的熱情（頁
222、234），因此其藝術觀、宇宙觀均表現出「情理和諧」、「物
我浹化」（頁234-235）。但到了文藝復興後期，藝術熱情失望
之餘，頹情縱生，虛無主義便侵入了。方氏以色爾曼（即塞萬
提斯，Cervantes）的小說《夢幻騎士》（方氏作「段葵素」；即
堂吉訶德，*Don Quixote*，1605和1615）及莎士比亞的戲劇為代

表，說明這種虛無感。《夢幻騎士》中，「懦夫可幻作武士，夜叉可虛擬美人，茅屋看成古堡，蒲管認為洞簫」等等，荒誕不經（頁238）。莎翁的《哈姆雷特》（方氏作「哈穆勒」，circa 1599-1602）則悲嘆：

> 至於人類的奇跡，不管他的理性如何高貴，他的才能如何無窮，他的容貌姿態如何軒豁而可敬，他的行動，他的瞭解如何通神入化，他縱然是世宙純美的典型，有情眾生的模範，自我看來，也等是塵埃。（頁239）[32]

比照原文，方氏的翻譯傳神動人。令人嘆服的是其西洋文學修養，堪比擬外文系專家，其連結文學哲學的功力，更有過之而無不及。讀完方氏精闢入理的跨學科分析，頓覺文學中隱藏的哲理不可小覷。現今學科分化如此壁壘分明，實際上限制了我們對時代精神及個人生命的整體理解。

方東美也從巴洛克（方作「巴鏤刻」，即baroque）、洛可可（方作「羅考課」，即rococo）藝術的分析，說明理智與藝術發展的關係。方引用美國歷史學家泰勒（Henry Osborn Taylor, 1856-1941）的《十六世紀思想及其表達》（*Thought and Expression in the 16th Century*, 1920）第二卷，認為近代科學的理智高漲之時，也是巴洛克藝術的高峰。書中描寫義大利文藝復興時期天

---

32 原文為：“What a piece of work is a man, how noble in reason, how infinite in faculties, in form and moving how express and admirable, in action how like an angel, in apprehension how like a god! The beauty of the world, the paragon of animals──and yet, to me, what is this quintessence of dust?”

才藝術家黎俄那多‧達文西（Leonardo Davinci, 1452-1519）對
數理科學的信仰：「沒有一種人類的研究配稱科學，除非它的
理境已有了數學的證明為之撐持（頁245）」[No human inquiry
can be called true science, unless it proceeds through mathematical
demonstrations]（p. 296）[33]。文藝復興時期的藝術充滿生意，形象
和諧，絢爛而仍歸自然，不矯揉做作。之後巴洛克文化亦以理智
為核心，然而其藝術特點是「以奇譎穠豔的外貌掩飾其內心之
空虛」，而巴洛克的科學亦與其殊途同歸（頁257-258）。十八世
紀末期的啟蒙運動（方作「啟明運動」）就是巴洛克理智的尾聲
了，把科學的齊物論應用在解說人性的平等及生活自由上（頁
247）。方氏認為十七、八世紀的歐洲人「害了抽象理智主義的
心病」，哲學上由笛卡兒、萊布尼茲的唯理主義趨於洛克（John
Locke, 1632-1704）的感覺經驗主義，與巴洛克藝術訴諸於「感
覺的饜足以逃避空虛」是同調的（頁258-259）。讀者若熟悉德
勒茲的學說，當能想起其1988年的著作《縐褶：萊布尼茲與巴
洛克》（Le Pli: Leibnz et le baroque）[34]。雖同樣重視巴洛克藝術與
哲學、物質與精神的相互關係，德勒茲的論點略有區別，也更為
具象及複雜。方東美強調巴洛克藝術害了理智主義的心病，以感
覺的饜足逃避虛無；德勒茲則認為巴洛克藝術的縐褶（the fold）
有兩個層次：下層是物質（以大理石模仿布料）縐褶，上層是歌

---

33 Henry Osborn Taylor, *Thought and Expression in the 16th Century* (New York:
The MacMillan Company, 1920), v. 2.

34 Gilles Deleuze, *Le Pli: Leibniz et le baroque* (Paris: Les Editions de Minuit,
1988); *The Fold: Leibniz and the Baroque*, trans. Tom Conley (Minneapolis and
London: University of Minnesota Press, 1993).

頌上帝榮光的靈魂縐褶（亦即精神縐褶），物質與精神兩個層次既分隔又相連。有趣的是，上層是一個沒有窗戶的黑房間，屋頂裝飾著被縐褶或繩索區隔的畫作。這些縐褶代表一種內涵的知識，一旦物質祈求知識，這些縐褶就會開啟行動；物質透過下層的許多小開口（some little openings）在縐褶、繩索下端啟動震波（頁3-4）[35]。也就是說，只有物質才能啟動精神。德勒茲以整本書來解析巴洛克與萊布尼茲的單子論（monadism），以修正笛卡兒的心物二元論，可見在歐洲傳統中哲學與藝術發展的息息相關，更可見笛卡兒的心物二元論一直是西方哲學史上必須對應的問題。

　　方東美全書的結尾，以歌德的劇作《浮士德》（1772-1775及1806-1831）「追虛攝幻的奇情」來說明「近代歐洲人虛無主義的悲劇」。浮士德為了追求一切科學知識及滿足無盡的意欲，把靈魂賣給了魔鬼Mephistopheles。魔鬼自稱在其否定（人生）的邏輯之下（Ich bin der Geist, der stets verneint!），邪惡毀滅為常態，生亦即死，了無意義：

> 萬物芸芸，其生也忽焉！
> 萬象歷歷，其亡也寂焉！
> 成也毀而生者熄，
> 勢固宜然，孰謂非理之至極耶？
> 莫謂我惡，莫謂我危，
> 生而不有，毀以滅之，

35　Gilles Deleuze, *The Fold: Leibniz and the Baroque*.

真乃吾之本職焉！（頁265-266）[36]

人生哲學與五四及其後──吳稚暉、李石岑及無名氏等

　　人生哲學在五四時期影響深遠，並非僅及人生觀派。1923
年科學與人生觀論戰爆發之前，許多五四知識分子都曾撰文談論
倭伊鏗及柏格森。例如論戰時隸屬科學派的陳獨秀與李大釗，
均於1915年發表文章論及倭伊鏗及柏格森的人生哲學。李大
釗於當年八月在陳獨秀主編的《甲寅》上發表了〈厭世心與自
覺心〉，一文，認為柏格森主張的「自由意志之理」（Theory of
free will）及《創造進化論》，說明了社會進化的普遍法則，可以
啟發中華民族青年「奮進」、「努力」的自覺，擺脫厭世自殺的
悲觀情緒[37]。陳獨秀於當年九月《新青年》的發刊詞〈敬告青年〉

36　Johann Wolfgang von Goethe, Faust. https://www.german-grammar.de/exercises/
　　table_of_content/classical_literature/faust/verses/verse19.htm（accessed on June 8,
　　2018）.

　　Ich bin der Geist, der stets verneint!（I am the Spirit that denies!）

　　Und das mit Recht; denn alles, was entsteht,（And rightly too; for all that doth
　　begin）

　　Ist wert, daß es zu Grunde geht;（Should rightly to destruction run;）

　　Drum besser wär's, daß nichts entstünde.（'Twere better then that nothing were
　　begun.）

　　So ist den alles, was ihr Sünde,（Thus everything that you call Sin,）

　　Zerstörung, kurz, das Böse nennt,（Destruciton—in a word, as Evil represent—）

　　Min eigentliches Element.（That is my own, real element.）

37　李大釗，〈厭世心與自覺心〉，《李大釗文集》上（北京：人民出版社，
　　1984），頁145-152。原刊於《甲寅》1卷8號（1915年8月10日）。

中，認為柏格森是「進步的而非保守的」，與中國名言「人生如
逆水行舟，不進則退」相呼應，是打倒封建制度餘孽的象徵：
「自宇宙之根本大法言之，森羅萬象，無日不在演進之途，萬無
保守現狀之理［……］此法蘭西當代大哲柏格森之《創造進化論》
（*L'évolution Créatrice*）所以風靡一世也」（頁3）[38]。又提及倭伊
鏗與柏格森均揭櫫人生哲學的大旗，對抗毀滅生活的歐洲大戰，
是「實利的而非虛文的」：「當代大哲，若德意志之倭根［倭伊
鏗］（R. Eucken），若法蘭西之柏格森，雖不以現時物質文明為
美備，咸揭櫫生活（英文曰Life，德文曰Leben，法文曰La vie）
問題，為立言之的。生活神聖，正以此次戰爭，血染其鮮明之旗
幟。歐人空想虛文之夢，勢將覺悟無遺」（頁5）。[39]

柏格森在五四前後是各路人馬都閱讀的哲學家，無論新儒家
如梁漱溟、馮友蘭、方東美、牟宗三、唐君毅，還是左派的李大
釗、陳獨秀、瞿秋白，都從柏格森哲學上得到啟發[40]。自由主義

---

38 陳獨秀，〈敬告青年〉，《青年雜誌》1卷1號（1915年9月15日），頁1-6。
《青年雜誌》1916年9月1日改名為《新青年》。

39 參考董德福，〈柏格森哲學與「五四」進步思潮〉，《社會科學》1966年第5
期，頁34-36。董德福亦注意到柏格森與「五四進步思潮」的連結，認為陳獨
秀與李大釗「推崇柏格森哲學，意在重建新型的人生觀和歷史進化觀」，但
又認為「柏、倭兩氏的人生哲學仍是龜縮在心靈裡面的囈語，並未深入到現
實層面，實質是西方的玄學」（頁34）。

40 有關瞿秋白受到人生哲學的影響，可參考張歷君，〈心聲與電影——論瞿秋
白早期生命哲學中的修辭〉，收入陳平原主編，《現代中國》11輯（北京：北
京大學出版社，2008），頁198-209。有關柏格森在五四時期的傳播，參考吳
先伍，《現代性的追求與批評：柏格森與中國近代哲學》（合肥：安徽人民出
版社，2005），頁27-42。

者胡適1924年出版的《五十年來之世界哲學》也論及柏格森，
指出其反理智主義的主張，認為科學與論理不能讓我們知道「實
在」的真相，只有直覺才能；「生活的衝動」是「不斷的生活，
不息的創造」。胡認為柏格森批評機械論的見解獨到，但認為其
提倡的是「盲目的衝動」，殊不知「近代科學思想早已承認『直
覺』在思考上的重要位置」，因此「柏格森的反理智主義近於
『無的放矢』」（頁45-46）[41]。

　　如前所述，無政府主義者也是人生哲學的信奉者，包括吳稚
暉與李石岑[42]。吳稚暉在1923年論戰期間寫了兩篇文章，都收在
科學與人生觀的論文集中。這兩篇意見看來似乎南轅北轍，讓人
不知他究竟站在哪一邊？第一篇〈箴洋八股化之理學〉，大罵張
君勱對科學的攻擊，認為科學及物質文明是必要的（頁443）[43]。
吳稚暉指出：「精神與物質是雙方並進，互相促成，什麼戰爭不
戰爭，竟會歸咎到物質呢？」（頁444）。吳稚暉顯然偏向於方東
美的精神與物質並重、情理交融立場；基於此立場，他提醒朱謙
之及楊沒累，人的身體是物質，柏拉圖式的精神戀愛有違自然
（參考第五章）。除了不滿意張君勱將戰爭歸咎到物質文明，吳
稚暉此文主要在批判國故派。他不滿張要談程朱理學，在國故堆
中「玩物喪志」（頁446）。章太炎的考據，胡適作《中國哲學史
大綱》、梁啟超作《清代學術概論》、《中國歷史研究法》、《先

---

41 胡適，《五十年來之世界哲學》（上海：申報館，1924）。1923年2月出版為
　　〈申報五十週年紀念刊〉。

42 兩人傳記，參考許晚成編，《李石岑情變萬言書》（香港：龍文書店，
　　1964）；張文伯，《吳稚暉先生傳記》（臺北：文星書店，[1965] 1967）。

43 吳稚暉，〈箴洋八股化之理學〉；〈一個新信仰的宇宙觀及人生觀〉。

秦政治思想》，均「禍世殃民」（頁448），不知「要葬送多少青年」（頁449）。第二篇文章〈一個新信仰的宇宙觀及人生觀〉，則是站在人生觀派的立場。吳稚暉強調他的宇宙觀及人生觀不是哲學家的人生觀，而是「柴積上日黃中鄉下老頭兒信仰中的宇宙觀人生觀」，也就是一般老百姓的信仰；他的信仰是「一個新信仰，非同『虔城隍拜土地』宗教式的舊信仰」（頁495）。但由下文可知，吳稚暉的信仰絕非鄉下老百姓可以理解的，只有具備相當科學素養的人才能一窺究竟。

　　吳首先承認，他這篇文章從丁文江的角度來看，「的確是玄學鬼附在我身上說的。然而我敢說附在我身上的玄學鬼，他是受過科學神的洗禮的，這種玄學鬼一定到世界末日，可以存在，不受孔德排斥的」（頁497）。吳這種說法，是因為無政府主義者信仰科學，相信物質文明，而同時也相信人生觀派主張的人生價值。他批判張君勱為「無賴的玄學鬼」，因為張認為科學無法進入「不可知的」的領域，主張只有玄學才能獨占「不可知」。吳稚暉不相信不可知，也就是不相信超越現世的唯一的神；他信仰上的「一個」，是內在超越：「上帝神非即我，非即毛廁裡的石頭。不過有個我，便有個上帝神來鑑臨了我；褻瀆點又說有塊毛廁裡的石頭，便又有各上帝神去鑑臨了他；那就上帝神也已降尊得極咯。充其量，上帝神止是那『一個』裡面的貴族」（頁498）。但是他情願不談神，主張「一個就是我，就是你，就是毛廁裡的石頭，就是你所可愛的清風明月及一切物質文明精神文明，就是你所可憎的塵垢秕糠及一切蛇狼虎豹政客丘八！」（頁502）。因此，吳稚暉是信仰生命的，信仰生命所包含的物質、精神、一切善的與惡的、一切美的與醜的；所以說，他信仰的

「『一個』是活物」（頁502）。以上這些概念，與斯賓諾莎、朱謙之的泛神論是相類的（請參考第五章）。吳稚暉指出，人、蒼蠅、玫瑰樹、石頭，都是活物，都是若干「原質」構成的，地位都相等，沒有高下之分。唯一的區別是，庶物的本能勝於人，但無創作；人之偉大，在於創作的能力（頁504-505）；因此他顯然反對宗教上「存在位階」的說法，但認為人高於其他動物，是因為有創造力，因此是認同柏格森的人生哲學與創化論的。

生物有感覺，無生物是否有感覺呢？吳下列有關「質力交推」的說法，與第五章論及的斯賓諾莎本質論及情動力，有相通之處，來源都是綜合了笛卡兒及伽利略的物理學理論：

> 一個活物，變而為萬有，大之如星日，質力並存；小之如電子，質力俱完。故若欲將感覺的名詞，專屬於動植物，亦無不可。惟我還須作一甚可駭怪之詞，我以為動植物且本無感覺，皆只有其質力交推，有其輻射反應，如是而已。（頁510）

「質力交推」的物理學翻譯語彙，早見於嚴復譯《天演論》的〈自序〉：「大宇之內，質力相推，非質無以見力，非力無以見質」（頁4）[44]。吳稚暉相信科學，同時也相信人生價值，他的語氣詼諧，將哲學概念與物理學作對應：「譬之於物理學，孔老先生的『施之己而勿願，亦勿施於人』，耶老先生的『愛人如己』

---

44 赫胥黎（Thomas Henry Huxley）著，嚴復譯，王道還編輯校注，《天演論》（臺北：文景，2012），頁3-7。

便是牛頓的萬有引力說。這『各盡所能，各取所需』便是恩斯坦的相對原理」（頁506）。他對梁漱溟的評論，可看出尊重：「梁漱溟慧眼看孔子，而且在覺海茫茫之中，摑握住了直覺，替孔子的仁下了的解，我不能不相對承認」（頁506）。但他對張君勱是沒有好感的，主要因為後者引爆科學與人生觀論戰的文章〈人生觀〉，他認為這篇文章「不敢排斥空中樓閣的上帝，他意中定然有個『靈魂』」（頁513）。

　　吳稚暉對生命的肯定，由他對尼采及柏格森的評論可知：「尼采主張創造是出於權力意志，這是千對萬對〔……〕柏格森主張『宇宙是一個大生命，永遠的流動。生之衝動，故……』那更千對萬對」，但是他認為，尼柏兩人都承認人是萬物之靈，都「委蛇了上帝，所以有一些不澈底」（頁517）。吳主張：

> 「宇宙是一個大生命」，他的質，同時含有力〔……〕亦可稱其力曰權力。由於權力乃生意志。其意是欲「永遠的流動」，及至流動而為人，分得機械式之生命（質與力），本乎生命之權力，首造意志。從而接觸外物，則造感覺。迎拒感覺，則造情感。恐怕情感有誤，乃造思想而為理智。經理智再三審查，使特種情感，恰像自然的常如適當，或更反糾理智之蔽，是造直覺。（頁517-518）

　　上引文結合了西方傳統的機械論與尼采、柏格森的生命論：宇宙是個大生命，生命之意志是要永遠地流動，這是尼采與柏格森的生命論，而同時他強調生命的基礎是物質，因此質與力就是生命的機械根源；流動為人之後，先有意志，其次有感覺、情

感、理智、直覺。這引導出吳稚暉的宇宙觀主張：初始是混沌，破裂後，變成大千宇宙，也就成為無數的我，質力的若干量合成「某某子。合若干某某子，成為電子。合若干電子，成為原子。合若干原子，成為星辰日月，山川草木，鳥獸昆蟲魚鱉。你喜歡叫他是綿延創化也好，你滑稽些稱他是心境所幻也得。終之他是至今沒有變好，並且似乎還沒有一樣東西，值得他愜意，留了永久不變。這是我的宇宙觀」（頁523）。吳稚暉直接點出宇宙可稱為「綿延創化」、永遠變化，彷彿柏格森上身；他更指出，這個大千宇宙的目的，是朝向「真美善」（頁524）。顯然，他固然信仰科學，也信仰「真美善」的人生價值。

　　吳稚暉的人生觀如何呢？他以「喫飯，生小孩，招呼朋友」三句「粗俗話」來交代，頭兩句就是「飲食男女」、或「食色」。至於招呼朋友，就是孟子的四端之心：惻隱、辭讓、是非、羞惡，是凡人皆有的「良心」，也是「人性本善的善性」。兩方面加起來，就是「慾性」與「理性」（頁538-539），也就是常人的特性。主張四端之心，跟梁漱溟對「仁」的解釋是契合的，至於「喫飯生小孩」，就是生物學的生存與繁殖了。此處又是生物學與柏格森的結合。他說：

> 生小孩的事，決連不上什麼神工鬼斧。生小孩是止是宇宙變動的綿延。狹言之，又止是宇宙萬有各個自己的綿延。例如人爸爸，人媽媽，生個人小孩，便是人在六百萬年中，綿延六十萬次，如是而已。宇宙萬有各個的綿延，並不用絕對相同的一種方式。（頁562-563）

　　男女之愛，對吳稚暉而言，就是性慾，就是生理。對吳稚暉而言，人生觀最重要的是與「他生觀」並存，換言之，就是儒家的仁人愛物：「竭吾人類招呼他生物之能力，冀日泯其親疏，斯之為正當。否則倘異日超人者見疏吾人，與今日吾人之見疏牛羊相等，烹人以充超人之食［……］所以招呼朋友，決不可遺他生物者，仍所以重人生觀也」（頁652）。這裡談的，除了儒家的「仁」觀，就是俄國無政府主義者克魯泡特金（Peter Kropotkin, 1842-1921）《互助論》（1902）的人文精神了：在演化的生存競爭中，人類必須以互助的精神來幫助所有的物種生存[45]。

　　另一位無政府主義者李石岑，於1925年出版《人生哲學》一書，原是1923年在山東教育廳的演講稿。李指出：「本來人生哲學這個名稱，在英文為Philosophy of Life，在德文為Lebensphilosophie」，並列舉中外提倡人生哲學的學者，包括英國的杜威、中國的梁啟超及梁漱溟、美國的詹姆士・李（James Wideman Lee, 1849-1919）及其日譯者高橋五郎（1856-1935）、德國的弗爾克特（即伏爾愷脫，Volkelt）、倭伊鏗等，尤其讚美倭伊鏗的大力提倡，使人生哲學「見重於著作界」[46]。在「現代哲學之人生觀」一節中，除了柏格森與倭伊鏗之外，李石岑特別提到「實用主義者的人生觀」、尼采及托爾斯泰的人生觀。李認為實用主義者包括皮耳士（Charles Sanders Peirce, 1839-1914）、詹姆士、席勒和杜威，主張宇宙間沒有絕對不變的真理，並主張

45　Peter Kropotkin, *Mutual Aid: A Factor or Evolution* (London: W. Weinemann, 1902).

46　李石岑，〈自序〉，《人生哲學》（臺北：地平線出版社，［1925］1972），頁1-7。

「真理的建設，是由於實際的人生」；實用主義者最大的貢獻是關於「真理進化」的主張、奮鬥的人生觀、創造的人生觀（頁148-166）。這符合本書第五章的杜威分析。巴金於1928年翻譯了俄國無政府主義領導人克魯泡特金未完成的俄文著作 *Ethics: Origin and Development*（1921），中譯本書名為《人生哲學：其起源及其發展》[47]。無政府主義者對人生哲學的提倡不遺餘力。

　　五四時期以人生哲學為名的著作，不可勝數。除了李石岑、梁漱溟，馮友蘭（1895-1990）、杜亞泉（1873-1933）等都出版過《人生哲學》。杜亞泉一直被視為保守主義者，於1908至1920年主編《東方雜誌》十二年，主張東西文化調和論，1918至1920年間與《新青年》主張全盤西化的陳獨秀等大打筆仗[48]。方

---

[47] 看英譯本，並未使用 "philosophy of life"，多半使用 "morality" 或 "ethics"，例如 "the possibility of developing an Ethics based on the natural sciences"，或 "Darwin's theory of the origin of moral sentiment in man"。然而兩位英譯者的序指出："The Russian writer removes ethics from the sphere of the speculative and metaphysical, and brings human conduct and ethical teaching back to its natural environment: the ethical practices of men in their everyday concerns […] a subject of special and academic study becomes closely linked to whatever is significant in the life and thought of all men." 由英譯序此段文字看來，克魯泡特金將倫理學從思辨與形上學的桎梏中解放出來，回歸到日常生活的實踐，將學院的特定研究轉變成與人的生活與想法息息相關。因此巴金以「人生哲學」來翻譯書名是有道理的，也說明其對人生哲學的信仰。Cf. Prince Peter Kropotkin, *Ethics: Origin and Development*, trans. Louis S. Friedland and Joseph R. Piroshnikoff (New York: Tudor Publishing Co., 1924), pp. iii-iv. 中譯本參考巴金（李芾甘），《人生哲學：其起源及其發展》（臺北：帕米爾書店 [1973] 1987，再版）；根據版本為《人生哲學：其起源及其發展》（上海：自由書店，1928）。

[48] 杜亞泉，《人生哲學》（上海：商務印書館，1929）。有關杜亞泉的研究，請參考劉紀蕙，〈「心的治理」與生理化倫理主體——以《東方雜誌》杜亞泉之

東美生前的講稿，1980年由門人整理為《中國人生哲學》；梁漱溟身後，則有《我的人生哲學》出版。人生哲學對五四一代及其後代的影響，遠比一般理解的為深遠。

尤有甚者，二十一世紀以來中國大陸儒學復興，儒家學術作為人生哲學也應勢變身重現為「生活儒學」。黃玉順指出自五四以來，馬克思主義、自由主義、文化保守主義形成「三足鼎立」的局面，一直相互鬥爭，但到了新世紀儒家復興，儒學竟成為這三派都認同的「共同的傳統」（頁2-3）[49]。黃氏主張生活儒學，對梁漱溟的《東西文化及其哲學》提出「生存論」的思考（頁8）[50]。所謂梁漱溟的「生存論」，黃氏指出就是雅斯貝爾斯（Karl Jaspers, 1883-1969）的「生存哲學」（existentialism，頁338）。Existentialism事實上就是我們熟知的「存在主義」哲學，最著名的存在主義哲學家是沙特（Jean-Paul Satre, 1905-1980），1960、70年代曾在臺灣大為風行。黃氏此處所謂梁漱溟的「生存論」，在五四脈絡下從未出現。如同本書第三章指出，梁漱溟最關心的問題是「生活」，認為要觀察文化就必須從生活說起，而這種對生活的關懷是在倭伊鏗與柏格森的人生哲學（philosophy of life）脈絡下產生的。梁以唯識佛家的概念演繹之，將生活定義為「一問一答」之「無已的相續」。黃玉順認為，「如果生活即『事的相續』、『連續的湧出不已』，那麼，『為什麼這樣連續的湧出不已呢？因為我們問之不已——追尋不已。問是思的事情，問之不已即思之

論述為例〉，《中國文哲研究集刊》29期（2006年9月），頁85-121。

49 黃玉順，《儒學與生活：「生活儒學」論稿》（成都：四川大學出版社，2009）。

50 黃玉順，《面向生活本身的儒學：黃玉順「生活儒學」自選集》（成都：四川大學出版社，2006）。

不已』」（頁352）。但筆者則認為梁漱溟「一問一答」的「問」，並非「思」，亦即，並非理智活動。『一問一答」指的是意欲「不斷詢問，不斷追尋」的直覺活動，也就是生生不息，亦即朱謙之所說的一感一應的宇宙流行變化，強調的是宇宙萬物相互感應的動態關係，也就是德勒茲所說的「情動力」概念；這說明了人生觀派的反理智主義立場。此即方東美在《科學哲學與人生》所說的，「生命是思想的根身，思想是生命的符號」（頁138）。

文學上最能充分反映五四科學與人生觀論戰之精髓的，應是作家無名氏（1917-2002）。他沉寂多年、於1980年代重新浮出地表。其本名卜寧，又名卜乃夫，曾在北京大學旁聽，自學成功，以1943年的《北極風情畫》一舉成名，1944年的《塔裡的女人》亦風靡一時。1945至1960年潛心寫作《無名書》六卷，為時十六年。前二卷《野獸·野獸·野獸》、《海艷》在大陸易幟前問世，第三卷《金色的蛇夜》上冊寫完時，杭滬已是紅旗飄揚，無名氏前往上海祕密出版。1950年寫完第三卷下冊，無法出版。次年全大陸查封其作品，1956年鳴放運動開始，才冒著生命危險，由母親為其守門把風，祕密寫作第四卷《死的巖層》、第五卷《開花在星雲以外》、第六卷《創世紀大菩提》。文革期間遭受迫害，書稿被沒收，幸而1978年平反後發還。1979年元旦起，《無名書》的手抄稿分批輾轉寄到香港其兄處，後於1980年初陸續出版，大為轟動。1982年赴港，次年以「反共義士」身分赴臺，最後一卷《創世紀大菩提》於臺北出版，無名氏也終老於斯[51]。

---

51 無名氏，〈告讀者〉，《無名書：創世紀大菩提》上（臺北：文史哲，1988），

　　無名氏於晚近重獲盛名，有賴移居香港的司馬長風在《中國新文學史》（1975-1978）下卷的大力鼓吹[52]。陳思和認為「從郁達夫到無名氏，體現了西方浪漫主義在中國由盛到衰的過程」，並將《無名書》與法國浪漫派夏朵勃利昂（François-René de Chateaubriand, 1768-1848）的《阿達拉》（*Atala*, 1801）及歌德的《浮士德》連結起來，指出「正因為無名氏擺脫了啟蒙的敘事立場，所以他超越現實層面以後直接進入了抽象的文化層面」（頁7）。[53]。尉天驄認為《無名書》充滿人生哲理與宗教情操，在亂世中追求生命最終的平衡、和諧與自由，而平衡的主軸「就是不含任何功利的單純的愛」（頁55）[54]。鄔紅梅則指出，《無名書》中展現的「生命衝動」是柏格森人生哲學的核心概念，「這種非理

頁3-6；李偉，〈無名氏——卜乃夫傳奇〉，《文史春秋》1996年第5期，36-39；歐陽芬，〈傳奇作家無名氏〉（2007），《新浪博客》，網址：http://blog.sina.com.cn/ouyangfeng（2018年7月3日閱覽）。

52 厲向君，〈略論無名氏與《無名書初稿》〉，《齊魯學刊》2001年第5期，頁142-144。作者指出，司馬長風曾於1978年在《明報》上宣稱：「自新文學運動誕生以來，《無名書初稿》是最偉大的小說作品，這由於它表現了前所未有的獨創性」（頁142）。有關司馬長風對《無名書》的分析，見司馬長風，《中國新文學史》卷下（臺北：駱駝出版社，[1975-1978] 1987），頁100-108。司馬長風認為《無名書》「在獨創性上，雖有輝煌成就」（頁107），但顯著的缺點是「文字和描寫的奢侈」、「主題過於廣大，而且情節和人物都嫌蘊育不足」（頁107-108）。司馬長風並指出，《無名書》原來計畫共七卷，但卷5《開花在星雲以外》全稿在印刷廠排版時，共軍攻陷上海，遂未及出版而不知所終（頁103）。

53 陳思和，〈試論《無名書》〉，《當代作家評論》1998年第6期，頁4-16。

54 尉天驄，〈探求‧反思‧自由——讀《無名書》〉，收入無名氏，《無名書：野獸‧野獸‧野獸》上（臺北：文史哲出版社，2002），頁13-56。

性主義哲學，強調宇宙間的生命意志、感性、直觀，取代了以理性和概念為核心的理性主義哲學」[55]。上述學者的論點，包括「擺脫了啟蒙的敘事立場」、「追求生命最終的平衡、和諧與自由」、以柏格森的「生命衝動」取代了理性主義哲學，連起來看正是五四時期人生觀派的主張。

《無名書》在每一卷的前面，都有一段獻詞：「獻給這一時代為真理而受苦難，而不屈，而掙扎，而戰鬥，而終將獲勝的各民族純潔靈魂！」1982年12月20日在《聯合報》發表的〈略論人類未來理想與信仰〉中，無名氏寫道：「你得澈底理解各種信仰的精華或核心意義。這不只指理智理解，更重要的是感情的體驗」（頁8-9）[56]，充分表達人生觀派的立場。其皇皇巨著《無名書》六卷本，以史詩式的小說藝術形式演繹了人生哲學。全書的歷史背景是現代中國的革命動盪年代，從北伐、國共分裂到抗戰勝利。男主角印蒂高中畢業前一個月突然失蹤，留書給父親說，他必須走遍天涯海角去找尋「生命中最可貴的『東西』，甚至比生命本身還要重要的『東西』」（上，頁76）[57]。此時年輕的印蒂只是在精神危機中憑著「盲目的感覺」出外尋找，但並不清楚自己要尋找什麼；在閱讀過程中我們逐漸明白，他在尋找生命的真理。從十八歲左右離家，投身革命的驚濤駭浪，繼而追求愛慾的

---

55 郎紅梅，〈從《無名書》看無名氏的生死觀〉，《河南科技大學學報》29卷2期（2011年4月），頁45-48。

56 陸達誠，〈談《創世紀大菩提》序曲〉，收入無名氏，《無名書：創世紀大菩提》上冊，頁7-12。

57 無名氏，《無名書：野獸・野獸・野獸》上、下冊（臺北：文史哲出版社，2002）。

歡樂，在《金色的蛇夜》中墜入靈魂墮落的虛無深淵，有如浮士德；於是開始思考神與宗教的意義。到《開花在星雲以外》開卷時，四十一歲的印蒂登上五千仞的華山修行，逐漸體悟儒釋道在禪修中融合為一體的世界觀，關注的不再僅是自己民族的命運，而是全人類的福祉。最後《創世紀大菩提》中，八年對日抗戰終於結束，印蒂歷盡千山萬水，前往四川尋找闊別十四年的情人瞿縈，回到了追尋真理之旅的起點也是終點——愛與新生命串連起來的「生命整體的智慧」。印蒂對新婚妻子瞿縈訴說：

> 我們不倚賴上帝、阿拉、佛，和別的任何神祇，也不憑仗任何強制性的一元論，也不完全藉助於社會現實的強迫性的壓力，我們所皈依的，是生命整體的智慧，與由此而產生的高超的生命境界，以及東西文化（包括將來科學的發展）毫無牴觸的新的文化的整體［……］。
>
> 我之再尋找你，和你共同創造我們的第一個生命——海地，正基於上述這種哲學觀念，以及我過去的靈魂空間背景。五千仞上，我獲得的，是偉大自然的迴聲，可這不夠，我還必須綜合人間的迴聲——你、我們未來的孩子。今後，我更要找尋並設法獲得更多的迴聲——人類。只有穿過你和他，在靈魂和肉體上，我才能有血有肉的健全的走向他們——人類。起點是我，中程是大自然宇宙、你和他，終點卻是他們。而真正最後的永恆終點仍是整個星際空間。（上，頁141）

印蒂最終信仰的不是任何超越現世的神祇，亦非斯賓諾莎或

朱謙之信仰的內在於自然的泛神宗教，而是內在於生命本身的整體的智慧。如同人生觀派，印蒂由我出發，探詢我與眾多非我——大自然、宇宙、有情眾生、他人——的關係，最後把關懷眼界放到全人類，甚至「整個星際空間」。印蒂說明他的理想：「我想建立的，以及我想和大家共同探討軔創的，是一種星球哲學或星球主義。它也是一種整體生命觀照，和綜合的人生哲學感覺，把國家或民族感覺，化成世界感覺，而且要變成星球感覺」（上，頁139）。印蒂認為東方哲學，尤其是中國古典玄學，最精華的部分就是這種「高貴的素質」（上，頁139）。這種人生觀與宇宙觀，正是唯情論的主張，讀者可回顧本書第四章袁家驊《唯情哲學》的說法：「我和本體，人生和宇宙，也血脈相連，不能分開」（頁257）；也不要忘記朱謙之《一個唯情論者的宇宙觀及人生觀》所主張的儒家思想的「進化」：從宋儒的宇宙觀、明儒的人生觀、清儒的政治哲學，到當前儒家思想的「綜合時代」，亦即「全生命的哲學時代」（頁469-470）。

印蒂這種人生哲學伴隨著倫理觀：「宇宙、萬象、生命、死亡、人類、愛情、一切一切，我都可以超脫，只有一樣，我不能，這就是倫理責任」（上，頁141）。婚後印蒂從事文化出版事業，編輯「歐美文化批判」、「中國傳統文化批判」、「蘇聯文化批判」及「明日中國文化建設」四套叢書計畫，並與瞿縈、藝術家、思想家、實業家朋友們按照「地球農場」的理想，創造新的社會實踐及人生追求。地球農場不僅是洞悉人世陰暗與嚴峻危險後的幸福追求，更是「人與人新關係」的實驗：「或多或少，無條件的對他人奉獻一點人力物力，以盡一個地球人的最低道德責任」（下，569）。印蒂主張所有知識分子應分出一部分精力「投

入現實生活，為人群做點事」。畫家賣畫籌開辦費，農場種植蓖麻子，養雞、兔、羊、蜂，農場籌備委員會主席由大家輪流擔任，每人輪流奉獻時間擔任農作，另招募年輕男女工人二十名（下，頁572-574）。工人每天上課兩小時，由知識分子規畫文學、藝術、經濟、歷史等課程及授課（下，頁610-614），收入穩定後地球農場的所有權由印蒂轉讓給工人們（下，頁621），農場中的一切事物由工人們自治管理，最後進行農場美化，實現美育的目標（下，頁730）。印蒂著手「星球哲學」的規畫和推廣，因為民族、國家、洲際、世界的觀念都過時了，而未來的世界政府將是地球政府（下，頁646-647），共同的目標之一是「探索建立未來人類的統一的綜合的新信仰」（下，頁697），也就是「結合求真求美求實踐行動效率的求善潮流」，追求「綜合的生命大平衡、大和諧的歷史新潮流」（下，頁718）。這種烏托邦規畫和實踐，猶如本書第四章指出，人生哲學是一種實踐哲學。《野獸・野獸・野獸》強調行動及實踐的必要，如下列一段直接提到「人生哲學」：

> 行動是思想的唯一見證者，至少，社會思想與人生哲學是如此［……］言語文字和思想是實踐的一半，行為是實踐的另一半［……］沒有行為的思想，只能算半個真理［……］生命本身就是一連串的動，一連串的行為。（下，頁308）

思想與實踐的配合，是人生觀派一貫的理想。蔡元培的〈美育的實施方法〉規畫了李石岑所說的「美的社會」藍圖，包括「胎兒的美育」到「社會美育」、公墳的美化等。《無名書》中印

蒂規畫的「地球農場」著眼在人類與地球的和諧共生，永續生存的概念更向前走了一步。這極可能是現代中國環保書寫的前驅，如今自然寫作在全球遍地開花，無名氏小說中發揮的環保概念值得關注。

《無名書》主旨是新的人生哲學的追求。《野獸‧野獸‧野獸》中印蒂歷經清黨的血腥大屠殺，朋友非死即逃，有的囚禁了，有的轉向另一個陣營。印蒂有如置身煉獄，徬徨無主，喃喃自言：「生命在哪裡呢？路在哪裡呢？」（下，頁300）。《創世紀大菩提》他找到了自己的路，既非極盡意欲能事的西方人的道路，亦非印度的禁絕意欲的道路：「目前世界精神大潮流中，有兩種主流。一種太偏於『我要』，一種太偏於『我不要』。前者是絕對的浪漫主義，後者是中世紀的僧侶思想」（下，頁438）。也就是說，不是梁漱溟《東西文化及其哲學》中所說的文化第一條路向（意欲向前）或第三條路向（意欲返身向後要求），而是中國人生哲學的路，是意欲調和的入世道路。《野獸‧野獸‧野獸》中柏格森的語彙及概念俯拾皆是，例如下列一段：

> 我們感受到無窮綿延和變化，但我們卻無法了解這綿延體。我們成天活在時間裡，整天談它、說它、利用它，甚至寫它，但我們卻一輩子從未見到嗅到或摸到它的真形真影。我們只有一片綿延意識，但這意識是人的精神結晶，神經系統產物，這結晶與產物都不能代表時間。時間既不是觀念，是一片物質體麼？［⋯⋯］近代科學大師說時空不只是一種主觀的知覺方式，也是物質世界的真實特性，並以1919年的一次日蝕證明。（上，頁68）

　　如本書第二章針對柏格森《創化論》的分析，柏格森認為，真正的時間是「綿延」和「變化」，而科學的時空觀是以物質為基礎的。柏格森主張精神與物質、主觀與客觀的合一，這也是人生觀派的主張。上述引文中直接提到「科學大師」的時空觀，批判科學唯物論的針對性十分明顯。對科學的批判，是《無名書》一貫的態度，卷六《創世紀大菩提》中印蒂說：「今天科學有點像『天方夜譚』那隻瓶子裡的妖魔，漁翁——人類，打開瓶子後，立刻發現，他可能帶給自己無窮危險」（下，頁435）。印蒂指出，科學一方面提升我們的物質享受及官能享樂，一方面含有可怕的成分：反覆的核爆彈有可能毀滅地球（下，頁436）。因此，在太偏於「我要」與「我不要」的世界精神潮流中，印蒂主張「建設一種又神話又科學的人生哲學與信仰」，發展新的「人類的倫理原則」，以「哲學的平衡、和諧」來適應科學所創造的未來「神話式的新現實」，安定人類的精神、保衛自己的幸福與「生命的綿延」（下，頁438）。而與印蒂的人生哲學最有共鳴的，是畫家藺素子，後者將「藝術境界與哲學境界〔……〕溶成一片」（下，頁415），以水墨畫表現出「東西文化精神相溶互化後的新畫面」（下，頁410）。《無名書》顯然承襲了五四人生觀派認為文學、哲學、藝術在精神上相通的看法；如本章前述方東美主張哲學家接近於文藝家，因為兩者皆以「情」感受人生花園之美。

　　寫作《無名書》之前，無名氏就持續思索理智與情感、直覺的關係。其1943年的散文寫道：

　　　直到現在止，人的「感覺」及「直覺」的特徵，還遠遠過於

「思辯」的特徵，而今日人生中令我們快樂的要素，多在感
覺範疇，少在思辯範疇。（頁1）

嚴格說來，理智的分析也應該屬感情的綿延之流，與直覺不
同的是：後者是動態，前者是靜態。凡關於感情及意志的，總有
人為的及強力的成分，至於智慧的直觀，（此既非一般直觀，亦
非淺薄的思辨），它似乎是佛家所謂第八識，即阿賴耶識，則是
一種極自然而非人力的純屬下意識的狀態（頁1）[58]。

無名氏不僅認為直覺、感情重於思辨，更認為理智是感情的
一部分；他強調直覺的動態與理智的靜態對比，與人生觀派的看
法是合拍的。在《科學哲學與人生》中，方東美批判笛卡兒「把
思想看作心之全體大用」，是極大的誤謬。要去妄就真，心就必
須「解脫思想，觸發他種作用」，也就是觸發情感與直覺的作用
（頁252）；情感與理智是不能二分的。今天我們談論五四的啟蒙
理性運動時，不要忘了人生觀派的唯情論所主張的情感啟蒙。

---

58 無名氏，《人生的奧義》（無名氏沉思錄）（臺南市：開山書店，1972）。

唯情論與與啟蒙理性

還原一個完整的「五四故事」

　　本書一方面重建人生觀運動的跨歐亞反啟蒙連結，一方面著眼於重新詮釋五四的文化遺產。唯情與理性的辯證是五四留給後代的遺澤，彌足珍貴，可惜在兩岸分化的歷史長河中被遺忘了。陳平原在2017年5月接受《東方歷史評論》訪談時表示，五四是一個「說出來的故事」：

> 在我們的想像中，1978年［大陸改革開放開始實施］就是1919年，都是思想解放，都講民主、科學、自由［……］關於五四的傳統，最初只是北大師生在說，後來國共兩黨紛爭，國民黨拋棄了，而共產黨則將其發揚光大。[1]

　　陳平原所謂的「我們」，是共產黨統治下以北京大學為首的知識界。陳認為從1928年國民政府定都南京後，有鑑於共黨擅長學潮，為了鞏固政權，對紀念五四的集會特別警惕，主動放棄了五四論述，是極大的錯誤。共黨則從1939年起在陝甘寧邊區將五四定為「青年節」，年年紀念，到陳那一代人念書時，人人都知道並且認同共黨所敘述的五四故事，雖然陳承認那是一個「簡化版的、不無偏見的敘述」。

　　到1949年國民政府遷移臺灣以後，開始爭取五四論述的主導權，但是把五四定調為「文藝節」。陳平原指出：

1　許知遠、莊秋水，〈訪談陳平原：整個20實際都是五四新文化的世紀〉（2017年5月3日），《東方歷史評論》微信公號：ohistory，網址：http://www.gooread.com/article/20121938330/（2017年10月22日閱覽）。

　　這樣就出現了一個有趣的現象，意識形態截然對立的海峽兩岸，都在紀念五四，一邊是思想啟蒙，一邊是文學藝術。相比之下，無論受眾規模還是思想境界，「文藝節」都不及「青年節」。海峽那邊，剝離了五四運動的政治、倫理、道德的內涵，只談文學藝術，這種論述方式，我以為是很不成功的。而海峽這邊，抓住了充滿理想與朝氣的年輕人，不管談啟蒙，說救亡，鬧革命，還是文化復興、思想解放等，都顯得「高端大氣」。這也是為什麼1978年，身處思想解放的風口，我們那一代青年學生會馬上擁抱「五四傳統」的緣故。

　　然而筆者認為，海峽兩岸的說法分開來看，均嫌偏頗；兩岸的「五四故事」合而為一，才能說明五四遺產的複雜真髓。大陸向「充滿理想與朝氣的年輕人」，灌輸啟蒙、救亡、革命的理性思維，卻只說了五四一半的故事——如同陳平原所說，是一個「簡化版的、不無偏見的敘述」。相對的，臺灣強調五四的文學藝術成就，而文學藝術無他，所發揚的正是陳世驤、王德威、陳國球相繼指陳的「抒情傳統」，其思想背景是本書所企圖還原的五四唯情論。文藝背後具有認識論的意義，只是需要理論化來彰顯。本書深究唯情論所體現的認識論意涵，指出五四唯情論的情感啟蒙如何針對啟蒙理性論述，深刻反思唯情論的道德、倫理、政治內涵，目的是還原一個完整的「五四故事」。

　　五四作為一個歷史事件，不斷重新被詮釋與被賦予新的意義，正說明它的複雜性與多義性。我們不妨再思考本書導論所引用的兩篇檢討五四的文章。余英時主張：

　　不能輕率地把文藝復興與啟蒙運動兩種概念，視為隨機援引來比附五四運動的兩種不同的特徵，必須嚴肅地視它們為兩種引導出各自的行動方針、且又不相容的方案。簡言之，文藝復興原本被視為一種文化與思想的方案，反之，啟蒙運動本質上是一種經偽裝的政治方案。學術自主性的概念是文藝復興的核心。追求知識與藝術，本身根本上就是目標，不能為其他更高的目標服務，不論它們是政治的、經濟的、宗教的或道德的［……］五四學生運動標示了中國學術界政治化的肇端［……］中國馬克思主義者所構思的啟蒙運動方案，最終則是革命導向的。由於全然強調愛國主義與國家的解放，新啟蒙運動的馬克思主義提倡者，只認可文化與思想為革命服務的意識形態功能。總的來說，學術自主性的理念與他們是無緣的。（頁 11-12）[2]

　　對余英時而言，中國新啟蒙運動標示著學術的政治化，而胡適主張的文藝復興追求知識與藝術，標榜的是學術自主。余英時認為在五四的詮釋上，左翼持續將五四轉向政治運動，自由派人士則持續在文化與思想領域，發展文藝復興方案。這正吻合陳平原所說的海峽兩岸對五四的詮釋傾向：大陸的青年節紀念革命啟蒙，與臺灣的文藝節紀念文學藝術。只是兩位學者訴說的五四故事雖不謀而合，對大陸與臺灣兩方的詮釋究竟孰高孰低的評價，則大不相同。筆者認為，人生觀派對文藝的倚重不只是標榜學術自主，也導向以情感啟蒙及唯情論建立新人生觀的政治倫理企

2　余英時，〈文藝復興乎？啟蒙運動乎？──一個史學家對五四運動的反思〉。

圖，這就是為什麼美育運動的領導人物均提出美好人生的烏托邦藍圖。李歐梵於1973年的《中國現代作家的浪漫一代》，清末民初從蘇曼殊到郁達夫等一脈相承的情的傳統，娓娓道來[3]。提倡浪漫主義的創造社，會從文學革命走向革命文學，也是順理成章。

同樣檢討五四的多重意義，張灝則指出，以啟蒙運動為源頭的理性主義，以及謳歌情感的浪漫主義，兩者並存而「互相糾纏、互相激盪」，良有以也（頁35）[4]。但是張灝又主張：

> 五四對科學理性的信心又超過啟蒙運動，因為西方啟蒙運動思想裡面尚有對科學理性主義一些批判性的認識。康德（Immanuel Kant）和休[姆]（David Hume）所代表的理性主義都承認科學理性無從替人類的價值建立一個理性的標準。借用韋伯（Max Weber）的名詞，歐洲啟蒙運動多多少少認識科學只能建立功效理性，而非價值理性，但五四則缺少這份批判的認識，相信科學既可建立功效理性，又可建立價值理性。它既是人類客觀知識的保證，又是價值觀和人生觀的絕對標準。（頁35）

張灝所說的「相信科學既可建立功效理性，又可建立價值理性」的五四人，應該是科學與人生觀論戰中的科學派人士。本書則指出，人生觀派的唯情論正是針對科學理性主義的「批判性認

3　Leo Ou-fan Lee, *The Romantic Generation of Modern Chinese Writers* (Cambridge, Mass.: Harvard University Press, 1973)；李歐梵，《中國現代作家的浪漫一代》（北京：新星出版社，2005）。

4　張灝，〈重訪五四：論五四思想的兩歧性〉。

識」。本書扭轉一向被視為「保守主義者」的人生觀派形象，提出對人生觀派的新詮釋，就教於方家。

　　本書重構人生觀論述跨越歐亞的故事，旨在說明：五四推崇理性的啟蒙論述高張之時，主張情感啟蒙及唯情論的反啟蒙論述也同時展開；兩者實為一體的兩面，互為表裡。五四的唯情論及情感啟蒙論述，是人生觀派學者系統性的努力：梁啟超、張東蓀、梁漱溟、蔡元培、張君勱、方東美等人，企圖透過唯情與理性的辯證連結歐亞反啟蒙論述。這種有意識的系統性努力，可從梁啟超及蔡元培主導的幾個文化事件及組織來觀察。梁啟超方面，包括1898至1911年其流亡日本期間，與留日學人及提倡「復興東洋倫理」的日本學者交往；1916年憲法研究會（即「研究系」）成立，以《時事新報》為喉舌，1918年發表了張東蓀的《創化論》，奠定人生觀派的論述基礎；《時事新報》又於1920年起大量刊登創造社作家的作品，間接促成創造社的成立；1918年率領子弟兵如張君勱赴歐拜訪倭伊鏗，事後張君勱留在耶拿跟倭氏學習哲學，兩人於1922年以德文合著《中國與歐洲的人生問題》一書；1920年起與蔡元培、林長民、張元濟等組織講學社，邀請東西方哲人如杜威、羅素、杜理舒、泰戈爾等來華演講；1921年梁漱溟出版《東西文化及其哲學》；1923年張君勱的文章〈人生觀〉導致科學與人生觀論戰的爆發等。蔡元培方面，包括1901年擔任南洋公學特班總教習，1902年協助創辦愛國女學、上海專科師範學校，培育了日後美育運動的無數推手；1912年擔任中華民國第一屆教育部長以來積極推動美育運動；1920年創辦《美育》雜誌，直至1924年袁家驊的《唯情哲學》與朱謙之的《一個唯情論者的宇宙觀及人生觀》出版。美育運動

是人生觀運動的一環，《美育》雜誌及相關出版品上發表的一系列美學理論，為人生觀運動奠定了情感啟蒙及唯情論的基礎。說到人生觀派的關係網絡，當然更不能忽略無政府主義者及其出版刊物——如《民鐸》、《民德》等——所扮演的角色。1910至1920年代梁啟超與蔡元培的一系列計畫與作為，在在顯示人生觀派長期醞釀反啟蒙運動，以情感啟蒙及唯情論來反制科學理性主義的主導。1923年科學與人生觀論戰的爆發，乃必然的結果。

本書追溯「人生觀」、「直覺」、「創造」等跨文化語彙由歐美進入日本、進而進入中國的歷程，還原了連結五四與歐亞反啟蒙論述的跨文化網絡。這也顯示，中國的現代化與跨文化語彙進入本土語言，是息息相關的。一個跨文化語彙的引進，也就是一個新概念的引進，此新概念又與傳統相應的概念連結，互相發明，促成了傳統概念的重新詮釋。甚且，此類跨文化語彙已經成為我們的日常語言。今天難以想像，若沒有這些跨文化語彙，我們如何可能表達自我、如何可能描述世界。我們熟悉的五四啟蒙論述強調的是為了救亡圖存必須「全盤西化」，本書提出的五四反啟蒙論述則顯示，在一片「打倒孔家店」的呼聲中，儒家傳統卻因與倭伊鏗、柏格森的互動而再生，1949年後移居港臺的新儒家亦延續此一命脈而興起。到了二十一世紀中國崛起，政治經濟力量叱吒風雲之餘，傳統儒家的軟實力也應運而生，以孔子學院現身，遍及全球，相關儒學著作也成為書市主力。2015年陳平原的文章〈作為一種「思想操練」的「五四」〉，指出大陸儒學復興之後，現代文學學者面對五四評價的進退兩難：「進入新世紀後，隨著『傳統』『國學』『儒家』地位的不斷攀升，『五四』話題變得有些尷尬，在某些學術領域甚至成了主要批判對

象」（頁22）[5]。黃萬盛亦認為這是個問題，「化解啟蒙—儒家的二元論或許是二十一世紀中國最大的文化工程」[6]。本書則主張，若擺脫五四僅是啟蒙理性的定見，以全新角度正視與之並行的情感啟蒙及唯情論，「五四」話題會更趨複雜有趣。2019年正逢五四的一百週年，北京大學年年紀念五四，據說這次決定不再舉辦大型研討會；相對的，中央研究院的人文所預備傾全力舉辦紀念活動，邀集各路人馬共襄盛舉，精采可期。

　　五四反理性主義的唯情論，連結了歐洲啟蒙時代以來的情感論述與傳統中國的情觀，顯現在現代中國文藝抒情傳統的發展上。五四運動當然並未徹底打倒傳統。改革開放後我們惋惜在大陸上中華傳統已喪失，根據余英時的分析，這是文化大革命反智的結果，當時不僅成千上萬的知識分子慘遭浩劫，中國傳統學術連帶所有西方學術也被徹底摧毀[7]。五四情感啟蒙及唯情論的重建，讓我們理解到五四時期現代與傳統、本土文化與外來文化互相滲透、互相發明的盤根錯節互動。

5　陳平原，〈作為一種「思想操練」的「五四」〉，《探索與爭鳴》（2015年7月），20-23；收入《作為一種思想操練的五四》（北京：北京大學出版社，2018），頁1-15。

6　黃萬盛，〈啟蒙的反思和儒學的復興——二十世紀中國反傳統運動的再認識〉，《開放時代》2007年第5期，頁51-70。文中主張「中國的啟蒙運動一開始就有顯明的功利性；啟蒙的根本目的並不是解決認知問題，實現國家的繁榮和民族的強大才是啟蒙的真正目的，認知真理只是導向這個目標的手段。這個區別是中國啟蒙在根本上不同於西方。」但本書認為，五四的反啟蒙正是解決認知問題，與西方沒有根本的不同。

7　余英時，〈反智論與中國政治傳統——論儒、道、法三家政治思想的分野與匯流〉，《歷史與思想》（臺北：聯經出版，[1976] 1995），頁1-46。

　　本書的研究案例說明跨文化研究作為一個方法論的意義。所謂跨文化，不僅跨越中國與西方，也跨越現代與傳統；亦即，跨語際也跨歷史分期。與其說跨文化是一個新的學術領域，不如說它是一個新的研究方法，可以打開不同學術領域的現有格局。進一步而言，跨文化是自我面對他者文化的倫理態度，目的在打破自我中心主義。要真正理解自我，就必須理解自我與他者的互動如何在關鍵時期促成自我的創造性轉化。跨文化是一種弔詭，一方面任何文化對異文化都充滿好奇與欲望，無法阻擋外來文化的入侵，一方面又想像並維護傳統的「純粹」，兩種傾向不斷互相拉扯、互相攻訐。五四以來儒家思想的蛻變發展，充分展現這兩種傾向的並存較勁。之後新儒家興起，梁漱溟、熊十力、馮友蘭、張君勱等提倡儒家哲學的思辨，主張儒家哲學亦可發展出民主與科學；有別於人生觀派對非理性的強調，新儒家如牟宗三則主張中國的理性表現不同於西方，中國是「理性的運用表現」，西方是「理性的結構表現」[8]。新儒家與五四傳統的斷裂與連續，值得深究[9]。

巴金：追求真情的五四人

　　最後我分析巴金的《隨想錄》，作為本書的總結。《隨想錄》充分顯示出巴金是一個追隨真情的五四人。直接的證據是他在

8　參考牟宗三，《歷史哲學》（香港：人生出版社，1970）；牟宗三，《政道與治道》（臺北：臺灣學生書局，1987）。

9　參考楊儒賓，《1949禮讚》（臺北：聯經出版，2015）。

〈五四運動六十週年〉這篇文章中的陳述：

> 今年是五四運動的六十週年［……］今天我仍然像在六十
> 年前那樣懷著強烈的感情反對封建專制的流毒［……］我們
> 是五四運動的產兒，是被五四運動的年輕英雄們所喚醒，所
> 教育的一代人」。（頁64）[10]

這句話很值得我們深入思考。它不僅清楚地表白巴金自覺是
喝五四奶水長大的，更透露出五四運動六十年之後，他回顧過去
時，用什麼方式來詮釋、理解五四傳統的複雜性。正如本書所指
出，這個複雜性表現在當年知識界進行的情感與理性辯證。此認
識論辯證是五四帶給我們最珍貴的遺產，今天我們應該從這個角
度來重新認識五四傳統。

巴金的文章中所說的「反對封建專制的流毒」，是五四啟蒙
理性的理想，也是共產主義新啟蒙理性的理想[11]——我們不要忘
了，毛澤東也是五四人，繼承了五四的烏托邦思維。要注意的
是，巴金這句話等於是一個五四人呼應又批判另一個五四人，顯
示出五四精神的複雜性。巴金說他自己「懷著強烈的感情反對封
建專制的流毒」，等於告訴我們：啟蒙理性的理想如要實現，完
全依賴信仰者「強烈的感情」支持；反之，也只有真情才能戳破
啟蒙理性泯滅人性的荒謬。文化大革命要破除四舊、主張無產階

---

10 巴金，〈五四運動六十週年〉，《隨想錄》第1集（北京：人民文學出版社，
　　1980），頁64-67。

11 參考許紀霖，《當代中國的啟蒙與反啟蒙》（北京：北京大學出版社，2011）。

級專政，在這種共產黨新啟蒙運動、新理性運動的領導下，全中國老百姓懷著強烈的感情與信仰，對毛澤東唱小調情歌，集體義無反顧地徹底追求社會主義的理想。這一場共產主義新理性運動，為了一個虛幻的烏托邦理想，泯滅了真情，實行違背人倫的階級鬥爭，造成全中國的十年浩劫。

　　我們姑且不提文革的政治鬥爭動機。政治人物的政治計算無庸置疑，他們擅長以高蹈的口號修辭來策動民眾，達到政治目的，而民眾卻是本著一腔熱情，義無反顧地追隨口號所代表的理想。如果說文革是新啟蒙理性的產物，那麼，《隨想錄》就是五四運動的六十年後，巴金透過個人情感的梳理、獨立的思考、講真話，對文革的集體理性運動的批判。這本著作，是個人的真情對集體啟蒙理性主義的反撲。今天我們檢討文革，更應該重新檢討五四傳統。

　　終其一生，巴金信奉無政府主義的理想；無政府主義既信奉科學理性，也信仰情感至上，主張個人的絕對自由，不受任何體制的規範[12]。巴金是隸屬於五四的真情之人，如同「創造社」等浪漫派文人謳歌情感，也是真情之人。徐志摩1928的文章最能透露情感的反啟蒙理性主義本質：

　　　哈代[Tomas Hardy]的死應分結束歷史上一個重要的時
　　　期。這時期的起點是盧[梭]的思想與他的人格，在他的言
　　　行裡，現代「自我解放」與「自我意識」實現了它們正式的

---

12 彭小妍，〈階級鬥爭與女性意識的覺醒：巴金《激流三部曲》中的無政府主義烏托邦理念〉，《中國文哲研究集刊》（1992年3月）2期，頁353-382。

誕生。從懺悔錄到法國革命，從法國革命到浪漫運動，從浪
漫運動到尼采（與道施滔奮夫斯基［Dostoevsky］），從尼采
到哈代──在這一百七十年間我們看到人類衝動性的情感，
脫離了理性的挾持，火燄似的迸竄這在這光炎裡激射出種種
的運動與主義。（頁86）[13]

　　從盧梭對自我的謳歌，從法國革命到浪漫主義、尼采、哈
代，徐認為他見證到一百七十年來人類一脈相承的精神：「人類
衝動性的情感，脫離了理性的挾持」。雖然徐也許並不理解1924
年朱謙之、袁家驊等的唯情論的認識論層面，至少體會到情感與
啟蒙理性的辯證關係。巴金的《隨想錄》給我們的啟發，是五四
承先啟後、跨越歐亞的情感與理性的永恆辯證。它告訴我們，理
性與真情必須相輔相成，不能偏廢。荒廢理性，則流於感情用
事；泯滅真情，就淪入烏托邦理性的機械論。文化大革命的走
偏，在於挪用了五四的烏托邦精神，卻對五四的情感啟蒙及唯情
論視而不見──中外古今的歷史教訓及眾多小說、電影都告訴我
們，所有的烏托邦最後不免都走向理性、極權的幻滅。我們在討
論五四的啟蒙理性之時，不要忘了五四的唯情論。

13　徐志摩，〈湯麥士哈代〉（1928），收入《徐志摩全集》（香港：商務印書館，
　　1983），第3卷，頁80-106。

參考書目

中日文文獻

丁子江，《羅素與中西思想對話》，臺北：秀威資訊科技有限公司，2016。

人生哲學研究會編，《近代人の人生觀》，東京：越三堂，1925。

上山春平，〈絶対無の探究〉，收入上山春平編，《西田幾多郎》，東京：中央公論社，1970，頁7-85。

上山春平編，《西田幾多郎》，東京：中央公論社，1970。

下村寅太郎，〈後記〉，收入西田幾多郎，《西田幾多郎全集》卷1，東京：岩波書店，[1947]1978，頁461-470。

久松真一，〈我尊會有翼文稿・不成文會有翼生草稿について〉，收入西田幾多郎，《西田幾多郎全集》卷16，東京：岩波書店，[1947]1978，頁675-677。

大瀨甚太郎，《教授法》，東京：金港堂，1891。

子安宣邦，《近代の超克とは何か》（何謂超越現代性？），東京：青土社，2008。

小原國芳（鰺坂國芳），《教育の根本問題としての宗教》（作為教育根本問題的宗教），東京：集成社，1919。

小原國芳，《母のための教育學》（給為人母的教育學），東京：イデア，1926。

川尻文彥，〈「哲學」在近代中國──以蔡元培的「哲學」為中心〉，收入孫江、劉建輝編，《亞洲概念史研究・第一輯》，頁66-83。

工藤貴正，《廚川白村現象在中國與臺灣》，臺北：秀威經典，2017。

中村哲夫，〈梁啟超と「近代の超克」論〉，收入狹間直樹編，《梁啟超：西洋近代思想受容と明治日本》，東京：みすず書房，1999，頁387-

413。

中村雄二郎，〈哲学における生命主義〉，收入鈴木貞美編，《大正生命主義と現代》，東京：河出書房新社，1995，頁2-25。

元青，《杜威與中國》，北京：人民出版社，2001。

巴金（李芾甘），《人生哲學：其起源及其發展》（1928），臺北：帕米爾書店［1973］1987，再版。根據版本為上海：自由書店，1928。

巴金，〈五四運動六十週年〉，《隨想錄》，北京：人民文學出版社，1980，第1集，頁64-67。

方東美，《科學哲學與人生》，上海：商務印書館，［1927］1936。

方東美，〈自序〉，《科學哲學與人生》，上海：商務印書館，［1927］1936，頁1-2。

方東美著，馮滬祥譯，《中國人的人生觀》；原收入方東美，《中國人生哲學》，臺北：黎明文化事業公司，1980，頁75-255。原書為Thomé H. Fang, *The Chinese View of Life: The Philosophy of Comprehensive Harmony*, Hong Kong: Union Press, 1957.

方東美，《生生之德》，臺北：黎明文化事業公司，［1979］1980，第3版。

方東美，《中國人生哲學》，臺北：黎明文化事業公司［1980］1982，第4版。

王汎森，〈「煩悶」的本質是什麼——主義與中國近代私人領域的政治化〉，《思想史1》（2013年9月），頁86-136。

王汝華，《現代儒家三聖：梁漱溟、熊十力、馬一浮論宋明儒學》，臺北：新銳文創，2002。

王汝華，〈孔學的現代重光——由梁漱溟「新孔學的五個向度入探」〉，《逢甲人文學報》19期（2009年12月），頁51-88。

王昌煥編撰，《梁啟超 張東蓀》，北京：人民日報出版社，1999。

王星拱，《科學方法論》，北京：北京大學出版部，1920。

王國維，〈論教育之宗旨〉（1903），《王國維哲學美學論文輯佚》，上海：華東師範大學出版社，1993，頁251-253。

王國維，〈孔子之美育主義〉（1904），《王國維哲學美學論文輯佚》，上海：華東師範大學出版社，1993，頁254-257。

王道還，〈《天演論》中的熱力學〉，《科學文化評論》10卷5期（2013），

頁32-54。

王福堂、孫宏開，〈袁家驊先生學術年表〉，收入王福堂、孫宏開編選，《袁家驊文選》，北京：北京大學出版社，2010，頁198-201。

王德威，《現代抒情傳統四論》，臺北：國立臺灣大學出版中心，2011。

司馬長風，《唯情論者的獨語》，臺北：遠行出版社，1976。

司馬長風，《中國新文學史》，臺北：駱駝出版社，[1975-1978] 1987。

左玉河編著，《張東蓀年譜》，北京：群言出版社，2013。

左其福，〈湯顯祖的「唯情」文學觀〉，湘潭：湘潭大學碩士論文，2001。

〈本志宣言〉，《美育》1期（1920年4月20日），頁1-2。

玄奘釋，季羨林編，《大唐西域記》，北京：中華書局，2000。

甘陽，《儒家與啓蒙：哲學會通視野下的當前中國思想》，北京：生活・讀書・新知三聯書店，2011。

田漢、宗白華、郭沫若，《三葉集》，上海：上海書店，1982。根據上海：亞東圖書館，[1920] 1923，3版。

白石喜之助，《基督教の宇宙觀及び人生觀》，東京：教文館，1913。

印順，〈自序〉，《唯識學探源》，臺北：正聞出版社，1984，第3版，頁1-5。

安倍能成譯，〈凡例〉，收入倭伊鏗（Rudolf Eucken）著，安倍能成譯，《大思想家の人生觀》，東京：東亞堂書房，[1912] 1913，第5版，頁1-2。

安倍能成、高橋健二譯，《シラー美的教育論》（席勒美的教育論），東京：岩波書店，1938，頁1-170。

成仿吾、郭沫若，〈從文學革命到革命文學〉，上海：創造社出版部，1928。

有田和臣，〈生命主義哲　から生命主義文芸論への階梯──生命主義者としての西田幾多郎、その小林秀雄に与えた影響の一側面──〉（從生命主義哲學到生命主義文藝論的過程──生命主義者西田幾多郎及其對小林秀雄影響之一面），《京都語文》18期（2011年11月26日），頁153-173。

朱建成，〈顧綏昌〉，收入莊毅主編，《中華人民共和國享受政府特殊津貼專家、學者、技術人員名錄 1992年卷第2分冊》，北京：中國國際廣播出版社，1996，頁131-133。

朱壽桐，《情緒：創造社的詩學宇宙》，上海：文藝出版社，1991。

朱謙之，〈通訊代序〉，原載《民鐸雜誌》3卷3期（1922年3月1日），頁1-3；後收入《周易哲學》（1923）；收入朱謙之著，黃夏年編，《朱謙之文集》卷3，福州：福建教育出版社，2002，頁99-100。按，《民鐸雜誌》每一篇文章均單獨編頁碼。

朱謙之，〈發端〉，原載《民鐸雜誌》3卷3期（1922年3月1日），頁1-11；收入朱謙之著，黃夏年編，《朱謙之文集》卷1，福州：福建教育出版社，2002，頁101-106。按，《民鐸雜誌》每一篇文章均單獨編頁碼。

朱謙之，〈虛無主義者的再生〉，原載《民鐸》4卷4期（1923年6月）；後收入《荷心》（1923）；收入朱謙之著，黃夏年編，《朱謙之文集》卷1，福州：福建教育出版社，2002，頁5-15。

朱謙之，《周易哲學》（1923）；後收入朱謙之著，黃夏年編，《朱謙之文集》卷3，福州：福建教育出版社，2002，頁99-150。

朱謙之、楊沒累，《荷心》（1923），上海：新中國叢書社，1924；後收入朱謙之著，黃夏年編，《朱謙之文集》卷1，福州：福建教育出版社），2002，頁1-38。

朱謙之，《一個唯情論者的宇宙觀及人生觀》（1924）；後收入朱謙之著，黃夏年編，《朱謙之文集》卷1，福州：福建教育出版社，2002，頁455-512。

朱謙之，《大同共產主義》（1927）；後收入朱謙之著，黃夏年編，《朱謙之文集》卷1，福州：福建教育出版社，2002，頁513-569。

朱謙之，《文化哲學》（1934），收入朱謙之著，黃夏年編，《朱謙之文集》卷6，福州：福建教育出版社，2002，頁235-409。

朱謙之，《中國思想對於歐洲文化之影響》（1940），臺北：眾文圖書公司，1977年重刊。

朱謙之，《奮鬥二十年》（1946）；後收入朱謙之著，黃夏年編，《朱謙之文集》卷1，福州：福建教育出版社，2002，頁65-86。

朱謙之著，黃夏年編，《朱謙之文集》，福州：福建教育出版社，2002，共9卷。

牟宗三，《周易的自然哲學與道德函義》（1936），臺北：文津出版社，

1988。

牟宗三，《從周易方面研究中國之玄學及道德哲學》，北京：大公報社，
　　1936。

牟宗三，〈理性之運用表現與架構表現〉，《民主評論》6卷19期（1955年
　　10月5日）；後收入《政道與治道》，臺北：臺灣學生書局，1987，頁
　　44-62。

牟宗三，《歷史哲學》，香港：人生出版社，1970。

牟宗三，《五十自述》（1959），臺北：鵝湖出版社，1989。

老志均，《魯迅的歐化文字：中文歐化的省思》，臺北：師大書苑，2005。

西田幾多郎，《書簡集一》（1887-1937），《西田幾多郎全集》卷18，東
　　京：岩波書店，［1947］1978。

西田幾多郎，〈答賓戲〉（1889-1890），《西田幾多郎全集》卷16，東京：
　　岩波書店，［1947］1978，頁607-609。

西田幾多郎，〈病中述懷〉（1889-1890），《西田幾多郎全集》卷16，東
　　京：岩波書店，［1947］1978，頁627-628。

西田幾多郎，〈日記〉（1897-1945），《西田幾多郎全集》卷17，東京：岩
　　波書店，［1947]1978。

西田幾多郎，《善の研究》（1911），《西田幾多郎全集》卷1，東京：岩波
　　書店，［1947］1978，頁1-200。

西田幾多郎，〈現代の哲學〉（1916），《西田幾多郎全集》卷1，東京：岩
　　波書店，［1947］1978，頁334-368。

西田幾多郎著，魏肇基譯，《善之研究》，上海：開明書店，1929。

西田幾多郎，〈フランス哲學についての感想〉（有關法國哲學的感想，
　　1936），《西田幾多郎全集》卷12，東京：岩波書店，［1947］1978，
　　頁126-130。

西田幾多郎，〈絕對矛盾的自己同一〉（1939），《西田幾多郎全集》卷9，
　　東京：岩波書店，［1947］1978，頁147-222。

西田幾多郎，〈生命〉（1944），《西田幾多郎全集》卷11，東京：岩波書
　　店，［1947］1978，頁289-370。

西田幾多郎，〈場所的論理と宗教的世界觀〉（1945），《西田幾多郎全集》
　　卷11，東京：岩波書店，［1947］1978，頁371-464。

西田幾多郎，〈數學の哲學的基礎附け〉（1945），《西田幾多郎全集》卷11，東京：岩波書店，[1947] 1978，頁242-243。

西田幾多郎，〈純粹經驗に關する斷章〉（有關純粹經驗之片段；未發表遺稿），《西田幾多郎全集》卷16，東京：岩波書店，[1947] 1978，頁267-572。

何乏筆，〈內在超越重探──韋伯論「基督工夫」與資本主義精神的創造轉化〉，收入劉述先、林月惠編，《當代儒家與西方文化（宗教篇）》，臺北：中央研究院中國文哲研究所，2005，頁91-124。

何乏筆主編，《跨文化漩渦中的莊子》，臺北：國立臺灣大學人文社會高等研院東亞儒學研究中心，2017。

何石彬，《《阿毗達磨俱舍論》研究：以緣起、有情與解脫為中心》，北京：宗教文化出版社，2009。

余秉頤，《認識新儒家：以價值觀為核心的文化哲學》，臺北：臺灣學生書局，2011。

余英時，〈反智論與中國政治傳統〉，《中國思想傳統的現代詮釋》，臺北：聯經出版，1987，頁1-46。

余英時，〈追憶牟宗三先生〉，《中國時報‧人間副刊》（1995年4月20日），39版。

余英時，〈文藝復興乎？啟蒙運動乎？──一個史學家對五四運動的反思〉，收入余英時等，《五四新論：既非文藝復興‧亦非啟蒙運動》，臺北：中央研究院、聯經出版，1999，頁1-31。

余英時，〈結局：內向超越〉，《論天人之際：中國古代思想起源試探》，臺北：聯經出版，2014，頁219-252。

吳先伍，《現代性的追求與批評：柏格森與中國近代哲學》，合肥：安徽人民出版社，2005。

吳汝鈞，《京都學派哲學七講》，臺北：文津出版社，1998。

吳稚暉，〈箴洋八股化之理學〉（1923），收入汪孟鄒編，《科學與人生觀之論戰》，香港：香港中文大學近代史料出版組，1973，頁443-453。原出版為《科學與人生觀》，上海：亞東圖書館，[1923] 1924），再版，下冊，頁1-11。此版本每篇文章均各自編頁碼。

吳稚暉，〈一個新信仰的宇宙觀及人生觀〉（1923），收入汪孟鄒編，《科

學與人生觀之論戰》，香港：香港中文大學近代史料出版組，1973，頁489-653。原出版為《科學與人生觀》，上海：亞東圖書館，[1923] 1924），再版，下冊，頁1-166。此版本每篇文章均各自編頁碼。

吳夢非，〈美育是什麼？〉，《美育》1期（1920年4月20日），頁3-7。

吳夢非，〈美育是什麼？（續）〉，《美育》2期（1920年5月31日），頁1-10。

吳夢非，〈對於我國辦學者的一個疑問〉，《美育》4期（1920年7月），頁1-7。

呂澂，〈藝術和美育〉（1925），收入李石岑等，《美育之原理》，上海：商務印書館，1925，頁15-33。

呂澂，〈附錄：論美育書〉（1925），收入李石岑等，《美育之原理》，上海：商務印書館，1925，頁83-90。

李大釗，〈厭世心與自覺心〉，《甲寅》1卷8期（1915年8月10日）；後收入《李大釗文集》上，北京：人民出版社，1984，頁145-152。

李大釗（守常），〈青年厭世自殺問題〉，《新潮》2卷2期（1919年12月），頁351-356。

李大釗，〈東西文明之根本異點〉（1920），《守常文集》，上海：上海書店，1989，頁37-48。原載《言志季刊》，1920年第3冊。

李永強，〈梁啟超與講學社〉，《荷澤學院學刊》28卷6期（2006年12月），頁97-100。

李石岑，〈美育之原理〉，原載《教育雜誌》，14卷1期（1922年1月20日），頁1-8；後收入李石岑等，《美育之原理》，上海：商務印書館，1925，頁1-13。

李石岑等，《美育之原理》，上海：商務印書館，1925。

李石岑，〈附錄：論美育書〉（1925），收入李石岑等，《美育之原理》，上海：商務印書館，1925，頁90-92。

李石岑，〈自序〉，《人生哲學》（1925），臺北：地平線出版社，1972，重印，頁1-7。原為1923年於山東教育廳的演講稿。

李明輝，《當代儒學之自我轉化》，臺北：中央研究院中國文哲研究所，1994。

李偉，〈無名氏——卜乃夫傳奇〉，《文史春秋》5期（1996），頁36-39。

李歐梵，〈林紓與哈葛德〉，收入彭小妍編，《文化翻譯與文本脈絡》，臺

北：中央研究院中國文哲研究所，2013，頁21-69。

李澤厚，《中國現代思想史論》（1987），臺北：三民書店，2009。

李澤厚、劉緒源，《該中國哲學登場了：李澤厚2010年談話錄》，上海：譯文出版社，2011。

李澤厚，《中國哲學如何登場：李澤厚2011年談話錄》，上海：譯文出版社，2011。

李澤厚、劉悅笛，〈關於「情本體」的中國哲學對話錄〉，《文史哲》3期（2014），頁18-29。

杜亞泉，《人生哲學》，上海：商務印書館，1929。

杜威（John Dewey）著，劉幸譯，《杜威家書：1919年所見中國與日本》（1920），北京：北京師範大學出版社，2016。

杜威著，胡適口譯，伏廬筆記，〈現代的三個哲學家〉，《晨報》，1920年3月8-27日；後收入《杜威五大講演》下，北京：晨報社，1920，頁1-56。

杜維明，〈超越而內在——儒家精神方向的特色〉，《儒學第三期發展的前景問題》，臺北：聯經出版，1989，頁165-211。

汪孟鄒編，《科學與人生觀之論戰》，香港：香港中文大學近代史料出版組，1973。

汪東林，《梁漱溟問答錄》，長沙：湖南人民出版社，1988。

沈從文，《阿麗思中國遊記》（1928），《沈從文全集》卷3，太原：北岳文藝出版社，頁76-109。

沈從文，《鳳子》（1932-1937），《沈從文全集》卷7，太原：北岳文藝出版社，頁81-166。

沈從文，〈八駿圖〉（1935），《沈從文全集》卷8，太原：北岳文藝出版社，頁197-225。

沈從文，〈美與愛〉（1940後），《沈從文全集》卷17，太原：北岳文藝出版社，頁359-362。

沈從文，〈虹橋〉（1946），《沈從文全集》卷10，太原：北岳文藝出版社，頁384-398。

沈從文全集編委會編，〈沈從文年表簡編〉，《沈從文全集》附卷，太原：北岳文藝出版社，頁11。

肖鷹,〈湯顯祖唯情文學觀的邏輯解析〉,《河北學刊》33卷4期（2013年7月）,頁71-75。

周玲蓀,〈新文化運動和美育〉,《美育》3期（1920年6月）,頁1-16。

林少陽,《鼎革以文:清季革命與章太炎「復古」的新文化運動》,上海:上海人民出版社,2018。

林安梧,〈梁漱溟及其文化三期重現說——梁著《東西文化及其哲學》的省察與試探〉,《鵝湖月刊》77期（1981年11月）,頁23-32。

林毓生,《中國傳統的創造性轉化》,北京:生活・讀書・新知三聯書店,［1988］1992。

林維杰、黃雅嫻編,《跨文化哲學中的當代儒學:工夫論與內在超越性》,臺北:中央研究院中國文哲研究所,2014。

林維杰、黃冠閔、林宗澤編,《跨文化哲學中的當代儒學:工夫、方法與政治》,臺北:中央研究院中國文哲研究所,2016。

牧野英二著,廖欽彬譯,〈日本的康德研究史與今日的課題〉,收入李明輝編,《康德哲學在東亞》,臺北:國立臺灣大學出版中心,2016,頁85-115。

牧野英二著,廖欽彬譯,〈日本康德研究的意義與課題（1946-2013）〉,收入李明輝編,《康德哲學在東亞》,臺北:國立臺灣大學出版中心,2016,頁117-185。

金子馬治、桂井當之助,〈ベルグソン小傳〉（柏格森小傳）,收入《創造的進化》,東京:早稻田大學出版社,1913,書前內頁。

侯健,《從文學革命到革命文學》,臺北:中外文學月刊社,1974。

姚治華,〈非認知與第三量〉,《國立政治大學哲學學報》17期（2007年1月）,頁89-114。

姚南強,《因明學說史綱要》,上海:上海三聯書店,2000。

施海濤,〈試論《中國新文學史》的對立性與唯情性〉,《學術探討》12卷6期（2012年6月）,頁100-103。

柏格森（Henri Bergson）著,金子馬治、桂井當之助譯,《創造的進化》（*L'évolution créatrice*）,東京:早稻田大學出版社,1913。

柏格森（Henri Bergson）著,張東蓀譯釋,《創化論》（*L'évolution créatrice*）（1918）,原載《時事新報》1918年1月1日起3個月;後收

入《創化論》，上海：商務印書館，1919。

約翰諾特（James Johonnot）著，高嶺秀夫譯，《教育新論》卷3，東京：東京茗溪會，1885。原著為James Johonnot, *Principles and Practice of Teaching*（New York: D. Appleton and Company, 1878）。

〈美育界紀聞〉，《美育》1期（1920年4月20日），頁78-81。

胡人椿，〈藝術教育概論〉，收入李石岑等，《美育之原理》，上海：商務印書館，1925，頁35-56。

胡適，〈實驗主義〉（1919），收入葛懋春、李興芝編，《胡適哲學思想資料選》上，上海：華東師範大學出版社，1981，頁45-90。

胡適，《五十年來之世界哲學》（1923），上海：申報館，1924。1923年2月出版為〈申報五十週年紀念刊〉。

胡適著，曹伯言編，《胡適日記1931-1937》，合肥：安徽教育出版社，2001。

倭伊鏗（Rudolf Eucken）著，安倍能成譯，《大思想家の人生觀》（*Die Lebesanschauungen der Grossen Denker: Eine Entwick-lungsgeschichte des Lebensproblems der Menschheit von Plato bis zur Gegenwart*），東京：東亞堂書房，[1912] 1913。

倭伊鏗，〈無題之序〉，安倍能成譯，《大思想家の人生觀》（*Die Lebesanschauungen der Grossen Denker: Eine Entwick-lungsgeschichte des Lebensproblems der Menschheit von Plato bis zur Gegenwart*），東京：東亞堂書房，[1912] 1913，無頁碼。

原隨園，《西洋概念史》，東京：門堂書店，1923。

夏目漱石，〈倫敦消息〉（1901），《夏目漱石全集》卷9，東京：筑摩書房，[1971] 1977，頁287-302。

夏咸淳，〈晚明尊情論者的文藝觀〉，《天府新論》3期（1994），頁51-56。

孫江、劉建輝主編，《亞洲概念史研究》，北京：生活・讀書・新知三聯書店，2013。共三輯。

孫智燊，〈學生時代的方東美先生〉，收入楊士毅編，《方東美先生紀念集》，臺北：正中書局，1982，頁155-175。

徐水生，〈道家思想與日本哲學的近代化──以西周、中江兆民、西田幾多郎為例〉，《鵝湖月刊》379期（2007），頁42-50。

徐志摩，〈湯麥士哈代〉（1928），《徐志摩全集》卷3，香港：商務印書館，1983，頁80-106。

徐改平，《從文學革命到革命文學：以文學觀念和核心領袖的關係變遷為中心》，北京：中國社會科學出版社，2013。

徐復觀，〈心的文化〉，《中國思想史論集》，臺北：臺灣學生書局，[1959] 1974，第3版重編，頁242-249。

海青，《「自殺時代」的來臨？二十世紀早期中國知識群體的激烈行為和價值選擇》，北京：中國人民大學出版社，2010。

真井覺深，《弘法大師の人生觀》，東京：六大新報社，1916。

袁家驊（袁家華），《唯情哲學》，上海：泰東書局，1924。

國際方東美哲學研討會執行委員會編，《方東美先生的哲學》，臺北：幼獅文化，1989。

尉天驄，〈探求・反思・自由———讀《無名書》〉，收入無名氏，《野獸・野獸・野獸》上，臺北：文史哲出版社，2002，頁13-56

張文伯，《吳稚暉先生傳記》，臺北：文星書店，[1965] 1967。

張君勱（君勱），〈倭伊鏗精神生活哲學大概〉，《改造》3卷7期（1921年3月），頁1-18。

張君勱，〈人生觀〉，《清華週刊》272期（1923年3月），頁3-10。。

張君勱，〈人生觀論戰之回顧———四十年來西方哲學界之思想家〉（1963），收入程文熙編，《中西印哲學文集》下，臺北：臺灣學生書局，1971，頁1041-1087。

張東蓀，〈譯言〉（1919），收入柏格森（Henri Bergson）著，張東蓀譯釋，《創化論》（L'évolution créatrice）（1918），原載《時事新報》1918年1月1日起3個月；後收入《創化論》，上海：商務印書館，1919，頁1-8。

張東蓀，〈新創化論〉，《東方雜誌》25卷1期（1928年1月），頁97-114。

張東蓀，〈理智與條理〉（1946），收入張耀南編，《知識與文化：張東蓀文化論著輯要》，北京：中國廣播電視出版社，1995，頁351-394。

張淑玲，《方東美的生命觀與西方創化思想》，臺北：花木蘭文化出版社，2011。

張歷君，〈心聲與電影———論瞿秋白早期生命哲學中的修辭〉，收入陳平原

編，《現代中國》11輯（2008），頁198-209。

張競生，《美的人生觀》，上海：北新書局，[1925] 1927，第5版）。原為1924年北京大學哲學課程講義，1925年5月由北京大學出版。

張競生，《美的社會組織法》，北京：北新書局，[1925] 1926）。原於1925年9月4日至25日連載於《京報副刊》，後於1925年12月由北京大學出版社出版。

張灝，〈重訪五四：論五四思想的兩歧性〉，收入余英時等，《五四新論：既非文藝復興‧亦非啟蒙運動》，臺北：中央研究院、聯經出版，1999，頁33-65。

梁啟超，〈歐遊心影錄〉，《晨報》，1920年3月6日—8月17日，頁8。

梁啟超，〈歷史現象是否為進化的〉（1923），《飲冰室合集》卷5之40，北京：中華書局，1989，頁5-6。

梁啟超，〈東南大學課畢告別辭〉（1923），《飲冰室合集》卷5之40，北京：中華書局，1989，頁7-15。

梁啟超，〈人生觀與科學——對於張丁論戰的批評（其一）〉，《晨報副刊》，1923年5月29日，1-2版。

梁啟超，〈亡友夏穗卿先生〉，《東方雜誌》21卷9期（1924），頁1-5。

梁煥鼎編撰，《桂林梁先生遺著》，臺北：華文書局，1968。

梁實秋，〈論魯迅先生的「硬譯」〉（1929），收入黎照編，《魯迅梁實秋論戰實錄》，北京：華齡出版社，1997，頁190-225。

梁漱溟，〈究元決疑論〉，《東方雜誌》13卷5期（1916年5月10日），頁6-10；13卷6期（6月10日），頁5-9；13卷7期（7月10日），頁8-12。

梁漱溟，《東西文化及其哲學》，上海：商務印書館，[1921] 1922，第5版。

梁漱溟，〈東西文化及其哲學自序〉，《東西文化及其哲學》，上海：商務印書館，[1921] 1922，第5版，頁1-5。

梁漱溟，〈紀念蔡元培先生〉（1942），《憶往談舊錄》，北京：金城出版社，2006，頁95-102。

梁漱溟，《梁漱溟全集》，濟南：山東人民出版社，1993。

許紀霖，《啓蒙如何起死回生》，北京：北京大學出版社，2011。

許紀霖，《當代中國的啓蒙與反啓蒙》，北京：社會科學文獻出版社，2011。

許晚成編，《李石岑情變萬言書》，香港：龍文書店，1964。

郭廷以，《近代中國史綱》，香港：香港中文大學出版社，[1979] 1986，第3版。

郭沫若，《女神之再生》，《民鐸》2卷5期（1921年2月15日），頁1-14；後改題《女神》，上海：泰東書局，1921，再版。

郭沫若，〈創造者〉，《創造季刊》，1卷1期（1922年5月1日），頁1-4。

陳世驤（Chen Shih-hsiang），〈中國的抒情傳統〉（On Chinese Lyrical Tradition: Opening Address to Panel on Comparative Literature），收入楊銘塗譯，《陳世驤文存》，臺北：志文出版社，[1972] 1975，第2版，頁31-37。

陳平原，〈作為一種「思想操練」的「五四」〉，《探索與爭鳴》7期（2015），頁20-23；後收入《作為一種思想操練的五四》，北京：北京大學出版社，2018，頁1-15。

陳來，〈論李澤厚的情本體哲學〉，《復旦學報》3期（2014），頁1-10。

陳思和，〈試論《無名書》〉，《當代作家評論》6期（1998年），頁4-16。

陳星，《李叔同身邊的文化名人》，北京：中華書局，2005。

陳相因，〈「自我」的符碼與戲碼──論瞿秋白筆下「多餘的人」與〈多餘的話〉〉，《中國文哲研究集刊》44期（2014年3月），頁79-142。

陳國球，〈詩意與唯情的政治──司馬長風文學史論的追求與幻滅〉，《感傷的旅程：在香港讀文學》，臺北：臺灣學生書局，[1983] 2003，頁95-170。

陳國球，《結構中國文學傳統》，武漢：華中師範大學出版社，2011。

陳寅恪，〈王觀堂先生輓詞〉（1927），《陳寅恪集・詩集》，北京：生活・讀書・新知三聯書店，2001，頁12-17。

陳瑋芬、廖欽彬編，《跨文化哲學中的當代儒學：與京都學派哲學的對話》，臺北：中央研究院中國文哲研究所，2015。

陳獨秀，〈敬告青年〉，《青年雜誌》1卷1期（1915年9月15日），頁1-6。

陳獨秀，〈吾人最後之覺悟〉，《新青年》1卷6期（1916年2月15日），頁1-4。

陳獨秀，〈憲法與孔教〉，《新青年》2卷3期（1916年11月1日），頁1-5。

陶英惠，《典型在夙昔：追懷中央研究院六位已故院長》，臺北：秀威資訊，2007。

陶英惠，〈蔡元培與北京大學〉，《民國教育學術史論集》，臺北：秀威資訊科技，2008，頁33-103。

陸達誠，〈談《創世紀大菩提》序曲〉，《無名書：創世紀大菩提》上，臺北：文史哲出版社，1999，頁7-12。

勞思光，《文化哲學講演錄》，香港：中文大學出版社，2002。

彭小妍，〈階級鬥爭與女性意識的覺醒：巴金《激流三部曲》中的無政府主義烏托邦理念〉，《中國文哲研究集刊》2期（1992年3月），頁353-382。

彭小妍，〈性啟蒙與自我的解放：「性博士」張競生與五四的色慾小說〉，《超越寫實》，臺北：聯經出版，1993，頁117-137。

彭小妍，〈張競生的性美學烏托邦：情感教育與女性治國〉，收入李豐楙編，《文學、文化與世變：第三屆國際漢學會議論文集》，臺北：中央研究院中國文哲研究所，2002，頁561-588。

彭小妍，《浪蕩子美學與跨文化現代性：一九三〇年代上海、東京及巴黎的浪蕩子、漫遊者與譯者》，臺北：聯經出版，2012。

彭小妍編，《文化翻譯與文本脈絡》，臺北：中央研究院中國文哲研究所，2013。

彭小妍，〈中元祭與法國紅酒：跨文化批判與流動的主體性〉，收入彭小妍編，《跨文化情境：差異與動態融合——臺灣現當代文學文化研究》，臺北：中央研究院中國文哲研究所，2013，頁199-232。

彭小妍，〈「唯情哲學」與科學理性〉，收入彭小妍編，《跨文化實踐：現代華文文學文化》，臺北：中央研究院中國文哲研究所，2013，頁245-264。

彭小妍，〈以美為尊：張競生「新女性中心」論與達爾文「性擇」說〉，《中國文哲研究集刊》44期（2014年3月），頁57-77。

湯化龍，〈創化論序〉，收入柏格森（Henri Bergson）著，張東蓀譯釋，《創化論》（*L'évolution créatrice*），上海：商務印書館，1919，頁1-3。

無名氏，《無名書》（1945-1960），共6卷，臺北：文史哲出版社與九歌出版社，1998-2002）。卷1《野獸・野獸・野獸》（2002）；卷2《海艷》（2000）；卷3《金色的蛇夜》（九歌，1998）；卷4《死的巖層》（2001）；卷5《開花在星雲以外》（2002）；卷6《創世紀大菩提》（1999）。

無名氏，〈告讀者〉，收入《無名書：創世紀大菩提》上，臺北：文史哲出版社，1999，頁3-6。

無名氏，《人生的奧義》（無名氏沉思錄），臺南：開山書店，1972。

費南（Florent Villard），〈瞿秋白——翻譯理論與語言共同體：尋找一個中國讀者〉，收入彭小妍編，《文化翻譯與文本脈絡：晚明以降的中國、日本與西方》，臺北：中央研究院中國文哲研究所，2013，頁111-128。

閔建蜀，《傳統智慧中的真我》，香港：香港中文大學出版社，2013。

馮友蘭，《中國哲學簡史》，北京：北京大學出版社，1985。

黃文宏，〈西田幾多郎論「實在」與「經驗」〉，《臺灣東亞文明研究學刊》3卷2期（2006年12月），頁61-90。

黃玉順，《超越知識與價值的緊張：「科學與玄學論戰」的哲學問題》，成都：四川人民出版社，2002。

黃玉順，《面向生活本身的儒學：黃玉順「生活儒學」自選集》，成都：四川大學出版社，2006。

黃玉順，《儒學與生活：「生活儒學」論稿》，成都：四川大學出版社，2009。

黃冠閔編，《跨文化哲學中的當代儒學：政治哲學》，臺北：中央研究院中國文哲研究所，2014。

黃冠閔，〈寂寞的獨體與記憶共同體：牟宗三《五十自述》中的生命修辭〉，《臺大文史哲學報》87期（2017年8月），頁119-150。

黃建中，《比較倫理學》，臺北：臺灣商務印書館，［1961］1965，臺2版。

黃夏年，〈朱謙之先生的學術成就與風範〉，收入黃夏年編，《朱謙之選集》，長春：吉林人民出版社，2005，頁1-16。

黃興濤，《「她」字的文化史：女性新代詞的發明與認同研究》，福州：福建教育出版社，2009。

愛德溫‧阿瑟‧伯特（Edwin Arthur Burtt）著，張卜天譯，《近代物理科學的形而上學基礎》（*The Metaphysical Foundations of Modern Physical Science: A Historical and Critical essay*），成都：四川教育出版社，1994。

《新譯楞嚴經》卷1，臺北：三民書局，2003。

楊永乾，《張君勱傳：中華民國憲法之父》，臺北：唐山出版社，1993。

楊華麗，〈論「五四」新思潮〉中的「趙五貞自殺事件」〉，《中國現代文

學論叢》9卷1期（2014年6月23日），頁172-183。

楊儒賓，〈從體用論到相偶論〉，《清華人文學報》6期（2011年12月），
　　頁31-80。

楊儒賓，《1949禮讚》，臺北：聯經出版，2015。

楊儒賓，〈情歸何處——晚明情性思想的解讀〉，「東亞儒學與中國現代
　　性」國際學術研討會發表論文，新竹：國立清華大學人文社會學院，
　　2018年10月6-7日。

董德福，〈柏格森哲學與「五四」進步思潮〉，《社會科學》5期（1966），
　　頁34-36。

鄒紅梅，〈從《無名書》看無名氏的生死觀〉，《河南科技大學學報》29卷
　　2期（2011年4月），頁45-48。

鈴木重雄，《世界觀・國家觀・人生觀》，東京：第一公論社，1942。

熊呂茂，〈梁漱溟與中國現代化的兩難〉，《嶺南學刊：文化論叢》6期
　　（1999年），頁73-76。

蒙培元，《情感與理性》，北京：中國社會科學出版社，2002。

赫胥黎（Thomas Henry Huxley）著，嚴復譯，王道還編輯校注，《天演
　　論》，臺北：文景，2012。

齊衛平，〈五四時期中國社會轉型與自殺現象〉，《民國春秋》3期（1998），
　　頁49-51。

劉禾（Lydia H. Liu）著，宋偉杰等譯，《跨語際實踐：文學，民族文化與
　　被譯介的現代性（中國，1900-1937）》（*Translingual Practice:
　　Literature, National Culture, and Translated Modernity, 1900-1937*），北
　　京：北京：生活・讀書・新知三聯書店，2002。

劉放桐，〈杜威的哲學概念及他對傳統形而上學的批判〉，《天津社會科
　　學》6期（2011年），頁39-46。

劉紀蕙，〈「心的治理」與生理化倫理主體——以《東方雜誌》杜亞泉之論
　　述為例〉，《中國文哲研究集刊》29期（2006年9月），頁85-121。

劉述先，〈方東美先生哲學思想概述〉，收入羅義俊編，《評新儒家》，上
　　海：上海人民出版社，1989，頁458-490。

劉述先，〈現代新儒學發展軌跡〉，《儒家哲學的典範重構與詮釋》，臺
　　北：萬卷樓，2010，頁3-18。

厲向君，〈略論無名氏與《無名書初稿》〉，《齊魯學刊》5期（2001年），
　　頁142-144。

慧琳（唐），《一切經音義》，收入《大正新修大藏經》54冊，臺北：新文
　　豐，1983。

樋口勘次郎，《統合主義新教授法》，東京：同文館，1899。

樋口勘次郎，《教授法》，東京：早稻田大學出版社，1909。

蔡元培，〈內外時報：教育部總長對於新教育之意見〉，《東方雜誌》8卷10
　　期（1912年4月），頁7-11；後改題〈對於教育方針之意見〉（1912），
　　《蔡元培先生全集》，臺北：臺灣商務印書館，[1968] 1977，頁452-459。

蔡元培（蔡子民），〈世界觀與人生觀〉（1912），《民德雜誌》創刊號（1912
　　年冬季）；後載《教育週報》16期（1913），頁13-17；後收入《蔡元
　　培先生全集》，臺北：臺灣商務印書館，[1968] 1977，頁459-463。

蔡元培（蔡子民），〈以美育代宗教說〉（1917），《新青年》3卷6期
　　（1917年8月1日），頁1-5。原為1917年4月8日在神州學會的演講。

蔡元培，〈國立北京大學校旗圖說〉（1918），《蔡子民先生言行錄》，臺
　　北：文海出版社，1973；根據上海新潮社版影印，頁355-358。

蔡元培，〈文化運動不要忘了美育〉（1919），《晨報》，1919年12月1日，
　　頁1；後收入《蔡元培先生全集》，臺北：臺灣商務印書館，[1968]
　　1977），頁495-496。

蔡元培，〈美育實施的方法〉，《教育雜誌》14卷6期（1922年6月20日），
　　頁1-7。

蔡元培等，《美育實施的方法》，上海：商務印書館，1925。

蔣國保，《方東美與現代新儒家》，合肥：安徽人民出版社，2013。

蔣夢麟（蔣夢鏖），〈改變人生的態度〉，《新教育》1卷5期（1919年6
　　月），頁451-454。

蔣夢麟（夢麟），〈北大學生林德揚君的自殺——教育上生死關頭的大問
　　題〉，《新潮》2卷2期（1919年12月），頁349-350。

鄭伯奇，〈憶創造社〉（1959），《憶創造社及其他》，香港：三聯書店（香
　　港）有限公司，1982，頁1-43。本文曾於1959年在上海《文藝月報》
　　連載。

鄭學稼，《由文學革命到革文學的命》，香港：亞洲出版社，1953。

魯迅，〈摩羅詩力說〉（1908），《魯迅全集》卷1，北京：人民文學出版社，[1981] 1989年，頁63-115。

魯迅，〈「硬譯」與文學的階級性——附「新月」的態度〉（1930），收入黎照編，《魯迅梁實秋論戰實錄》，北京：華齡出版社，1997，頁190-225。

黎照編，《魯迅梁實秋論戰實錄》，北京：華齡出版社，1997。

戴晴，《張東蓀和他的時代：在如來佛掌中》，香港：中文大學出版社，2009。

《聯共（布）、共產國際與中國蘇維埃運動（1927-1931）》，北京：中央文獻出版社，2001。

謝鶯興編，《徐復觀教授年表初編》，臺中：東海大學圖書館，2017。

鍾彩鈞，《明代程朱理學的演變》，臺北：中央研究院中國文哲研究所，2018。

豐一吟，《我的父親豐子愷》，香港：香港中和出版有限公司，2014。

羅家倫（志希），〈是青年自殺還是社會殺青年——北大學生林德揚君的自殺，教育上轉變的大問題〉，《新潮》2卷2期（1919年12月），頁346-348。

羅素（Bertrand Russell）著、吳獻書譯，《科學之將來》（*Icarus; or, The Future of Science*, 1924），上海：商務印書館，1931。

藤原正，〈人生觀の基礎〉，收入北海道林業會編，《野幌林間大學演講集第一輯》，野幌：北海道林業會，1924，頁111-120。

蘇雪林，〈郁達夫及其作品〉（1932），《二三十年代作家與作品》，臺北：廣東出版社，[1979] 1980，再版，頁298-309。

顧兆熊，〈馬克思學說〉，《新青年》6卷5期（1919年5月），頁450-465。

顧有信（Joachim Kurtz）著，祈玲玲譯，〈一個哲學虛構概念的本土化——論康德"Things in Themselves"的中文譯法〉，收入孫江、劉建輝主編，《亞洲概念史研究·第1輯》，北京：生活·讀書·新知三聯書店，2013，頁47-65。

顧綏昌，〈唯情哲學序〉，收入袁家驊，《唯情哲學》，上海：泰東書局，1924，頁1-15。

顧綏昌，〈往事·回憶·願望〉，收入北京圖書館《文獻》叢刊編輯部、吉

林省圖書館學會會刊編輯部編，《中國當代社會科學家第6輯》，北京：書目文獻出版社，1983，頁304-317。

鷗外・鷗，〈股份ISM戀愛思潮——OGAI'ONIC-LOVE〉，《婦人畫報》28期（1935年5月），頁1-4。

西文文獻

Altman, Matthew C. and Cynthia D. Coe. *The Fractured Self in Freud and German Philosophy*. Hampshire, England: Palgrave and Macmillan, 2013.

Ansell-Pearson, Keith, Paul-Antoine Miquel and Michael Vaughan. "Responses to Evolution: Spencer's Evolutionism, Bergsonism, and Contemporary Biology." In *The New Century: Bersonism, Phenomenology and Responses to Modern Science*, ed. Keith Ansell-Person and Alan D. Schrift. Chicago: University of Chicago Press, 2010, pp. 347-379.

Ball, Terence. "Marx and Darwin: A Reconsideration," *Political Theory* 7:4（November 1979）: 469-483.

Bambach, Charles R. *Heidegger, Dilthey, and the Crisis of Historicism*. Ithaca: Cornell University Press, 1995.

Bergson, Henri. （1907）*L'évolution créatrice*. Paris: Presses Universitaires de France, [1941] 1998.

Bergson, Henri. *Creative Evolution*, trans. Arthur Mitchell. New York: H. Holt and Company, 1911.

Bergson, Henri. "Avant-propos." In *Le sens et la valeur de la vie, par Rudolph Eucken*, trans. Marie-Anna Hullet and Alfred Leicht. Paris: Librairie Félix Alcan, 1912, pp. i-iv. Traduit de l'allemand sur la 3e édition.

Berlin, Isaiah. "The Counter-Enlightenment." In *Against the Current: Essays in the History of Ideas*. Princeton and Oxford: Princeton University Press, [1955] 2013, 2nd edition, pp. 1-32.

Blackman, Lisa and John Cromby. "Affect and Feeling," *International Journal of Critical Psychology*, 21（2007）: 5-22.

Blyth, Alan. "From Individuality to Character: The Herbartian Sociology

Applied to Education," *British Journal of Educational Studies* 29: 1 (February 1981): 69-79.

Bolaños, Paolo. "Nietzsche, Spinoza, and the Ethological Conception of Ethics," *Minerva: An Internet Journal of Philosophy* 11 (2007). Internet publication, with no page numbers.

Brühlmeier, Arthur. *Head, Heart and Hand: Education in the Spirit of Pestalozzi*, trans. Mike Mitchell. Cambridge, U. K.: Lightening Source for Sophia Books, 2010.

Burtt, Edwin Arthur. *The Metaphysical Foundations of Modern Physical Science: A Historical and Critical essay*. London: Routledge, [1924] 2002.

Cai, Yuanpei. "Replacing Religion with Aesthetic Education," trans. Julia F. Andrews. In *Modern Chinese Literary Thought: Writings on Literature, 1893-1945*, ed. Kirk A. Denton. Stanford, Calif.: Stanford University Press, 1996, pp. 182-189.

Carter, Robert E. *The Nothingness beyond God: An Introduction to the Philosophy of Nishida Kitarō*. St. Paul, Minnesota: Paragon House, 1997.

Cavell, Stanley. *A Pitch of Philosophy: Autobiographical Exercises*. Cambridge, Mass.: The Jerusalem-Harvard Lectures, 1994.

Chen, Shih-hsiang. "On Chinese Lyrical Tradition: Opening Address to Panel on Comparative Literature," AAS Meeting, 1971. *Tamkang Review* 2:2 & 3:1 (Oct. 1971 & April 1972): 17-24.

Chiang, Howard. "Epistemic Modernity and the Emergence of Homosexuality in China," *Gender and History* 22: 3 (November 2010): 629-657.

Coleridge, S. T. *Collected Letters of Samuel Taylor Coleridge*, electronic edition. Charlottesville, Va.: InteLex Corporation, 2002, vol. 3.

Damásio, António. *Descartes' Error: Emotion, Reason, and the Human Brain*. New York: Avon Books, 1994.

Darnton, Robert. *The Business of Enlightenment: A Publishing History of the Encyclopédie 1775-1800*. Cambridge, Mass.: The Belknap Press of Harvard University Press, 1970.

David-Ménard, Monique. *Hysteria from Freud to Lacan: Body and Language in*

Psychoanalysis. Ithica: Cornell University Press, 1989.

Davis, Edward B. "Myth 13." In *Galileo Goes to Jail and Other Myths about Science and Religion*, ed. Ronald L. Numbers. Cambridge: Harvard University Press, 2009, pp. 115-122.

Deleuze, Gilles. *Le bergsonisme*. Paris: Presses Universitaires de France, 1966.

Deleuze, Gilles. *Spinoza et le problème de l'expression* (*Spinoza and the Problem of Expression*). Paris: Les Éditions de Minuit, 1968.

Deleuze, Gilles. *Logique du sens* (*The Logic of Sense*). Paris: Les Édition de Minuit, 1969.

Deleuze, Gilles and Félix Guattari. *Mille plateaux: capitalisme et schizophrénie 2*. Paris: Les Édition de Minuit, 1980.

Deleuze, Gilles and Félix Guattari. *A Thousand Plateaus: Capitalism and Schizophrenia* (*Mille plateaux: capitalisme et schizophrénie 2*), trans. Brian Massumi. Minneapolis. MN.: The University of Minnesota Press, 1987.

Deleuze, Gilles. *Bergsonism* (*Le bergsonisme*), trans. Hugh Tomlinson and Barbara Habberiam. New York: Zone Books, 1988.

Deleuze, Gilles. *Le pli: Leibniz et le baroque* (*The Fold: Leibniz and the Baroque*). Paris: Les Editions de Minuit, 1988.

Deleuze, Gilles. *Bergsonism*, trans. Hugh Tomlinson and Barbara Habberiam. New York: Zone Books, 1988.

Deleuze, Gilles. *Expressionism in Philosophy* (Spinoza et le problème de l'expression, 1968), trans. Martin Joughin. New York: Zone Books, 1990.

Deleuze, Gilles. "Spinoza Against Descartes." In *Expressionism in Philosophy: Spinoza* (Spinoza et le problème de l'expression), trans. Martin Joughin. New York: Zone Books, 1990, pp. 217-234.

Deleuze, Gilles. *The Fold: Leibniz and the Baroque*, trans. Tom Conley. Minneapolis and London: University of Minnesota Press, 1993.

Descartes, René. *Les passions de l'âme* (*Passions of the Soul*, 1647). In *Oeuvres de Descartes*. Paris: Léopold Cerf, 1897-1913, vol. 11, pp. 291-497.

Descartes, René. "La description du corps humain et de toutes ses fonctions," (Description of the Human Body and all its Functions, 1648) in *Oeuvres de Descartes*. Paris: Léopold Cerf, 1897-1913, vol. 11, pp. 223-90.

Descartes, René. *Oeuvres de Descartes（Complete Works of Descartes）*. Paris: Léopold Cerf, 1897-1913.

Dewey, John. "Philosophy and American National Life," (1904). In *The Middle Works, 1899-1924*. Carbondale and Edwardsville: Southern Illinois University Press, [1977] 1983. MW3: 73-78.

Dewey, John. "The Influence of Darwinism on Philosophy," (1907). In *The Middle Works, 1899-1924*. Carbondale and Edwardsville: Southern Illinois University Press, [1977] 1983. MW4: 3-30.

Dewey, John. *Letters from China and Japan*, ed. Alice Chipman Dewey and Evelyn Dewey. New York: E. P. Dutton, 1920.

Dewey, John. *Reconstruction in Philosophy*. New York: Henry Holt and Company, 1920.

Dewey, John. "Existence as Precarious and As Stable," (1925). In *The Later Works, 1925-1953*. Carbondale and Edwardsville: Southern Illinois University Press, 1981-1990. LW1: 42-68.

Dewey, John. "Preface." In *Nature and Experience* (1925). In *The Later Works, 1925-1953*. Carbondale and Edwardsville: Southern Illinois University Press, 1981-1990. LW1: 1-9

Dewey, John. "Body and Mind," (1928). In *The Later Works, 1925-1953*. Carbondale and Edwardsville: Southern Illinois University Press, 1981-1990. LW3: 25-40.

Durant, Will. *The Story of Philosophy: The Lives and Opinions of the Greater Philosophers* (1926). New York: Pocket Books, 1953.

Engler, Barbara. *Personality Theories: An Introduction*. Belmont, Calif.: Wadsworth Cengage Leaning, 2014.

Eucken, Rudolf. ([1890] 1922) *Die Lebesanschauungen der Grossen Denker: Eine Entwick-lungsgeschichte des Lebensproblems der Menschheit von Plato bis zur Gegenwart（The Philosophy of Life of the Great Thinkers: A History of the Development of the Problem of Human Life from Plato to the Present, 1890）*. In *Gesammelte Werke（Complete Works）*. Leipzig: Verlag von Veit & Co., 1907, 7th edn.

Eucken, Rudolf. （［1890］1922）*Die Lebesanschauungen der Grossen Denker: Eine Entwicklungsgeschichte des Lebensproblems der Menschheit von Plato bis zur Gegenwart*（*The Philosophy of Life of the Great Thinkers: A History of the Development of the Problem of Human Life from Plato to the Present*, 1890）. In *Gesammelte Werke*（*Complete Works*）. Hildesheim: Georg Olms Verlag AG, 2007, vol. 12.

Eucken, Rudolf. *The Problem of Human Life: As Viewed by the Great Thinkers From Plato to the Present Time*, trans. Williston S. Hough and W. R. Boyce Gibson. London: T. Fisher Unwin, ［1909］1910. Based on the 7th edition （1907）of the original.

Eucken, Rudolf and Carsun Chang. *Das Lebensproblem in China und in Europa*（*The Problem of Life in China and Europe*）. Leipzig: Quelle & Meyer, 1922.

Foerster, Freidrich Wilhelm. *Schule und Charakter*（*School and Character*）. Zürich: Schulthes & Co., ［1907］1914.

Gale, Richard M. "The Metaphysics of John Dewey," *Transactions of the Charles S. Peirce Society* 38: 4 （Fall 2002）: 477-518.

Garmo, Charles De. *Herbart and the Herbartians*. New York: Charles Scribner's Sons, 1895.

Gottlieb, Anthony. *The Dream of Enlightenment: The Rise of Modern Philosophy*. New York, N. Y.: Liveright Publishing Co., 2016.

Greenblatt, Stephen. "Cultural Mobility: An Introduction." In *Cultural Mobility: A Manifesto*, ed. Stephen Greenblat. Cambridge: Cambridge University Press, 2010, pp. 1-23.

Gregg, Malissa and Gregory J. Seigworth eds. *The Affect Theory Reader*. Durham and London: Duke University Press, 2010.

Grieder, Jerome B. *Hu Shih and the Chinese Renaissance*. Cambridge, Mass.: Harvard University Press, 1970.

Gulik, Robert Hans van. *Sexual Life in Ancient China*. Leiden: Brill, 1961.

Hadot, Pierre. *Philosophy as a Way of Life: Spiritual Exercises from Socrates to Foucault*, trans. Michael Chase. Malden, Mass.: Blackwell, 1995.

Haldane, John Burdon Sanderson. *Daedalus; or, Science and the Future.* London: E. P. Dutton and Co., 1924.

Haldane, John Scott. *The Philosophical Basis of Biology: Donnellan Lectures, University of Dublin, 1930.* London: Hodder and Stoughton Limited, 1931.

Heisig, James W. *Philosophers of Nothingness: An Esssay on the Kyoto School.* Honolulu: University of Hawai'i Press, 2001.

Hildebrand, David L. *Dewey: A Beginner's Guide.* Oxford, U. K.: Oneworld Publications, 2008.

Hobson, Earnest William. *The Domain of Natural Science.* Cambridge: University of Cambridge Press, 1923.

Hon, Tze-ki (韓子奇). "Constancy in Change: A Comparison of James Legge's and Richard Wilhelm's Interpretations of the *Yijing*." In *Monumenta Serica*, vol. 53. Taylor & Francis, Ltd. 2005, pp. 315-336.

Hume, David. *A Treatise of Human Nature.* Bristol: thoemmes Press [1739-1740] 2001.

Humphrey, Robert. *Stream of Consciousness in the Modern Novel.* Berkeley: University of California Press, 1954.

Jaroslav Průšek. *The Lyrical and the Epic: Studies of Modern Chinese Literature.* Bloomington: Indiana University Press, 1980.

Jasper, David. *The Sacred and Secular Canon in Romanticism: Preserving the Sacred Truths.* London and New York: St. Martin's Press, 1999.

Joan McDonald, *Rousseau and the French Revolution, 1762-1791.* London: Bloomsbury Collections, 2013.

Johonnot, James. *Principles and Practice of Teaching.* New York: D. Appleton and Company, 1878.

Kallen, Horace M. *William James and Henri Bergson: A Study in Contrasting Theories of Life.* Bristol, England: Thoemmes Press, 2001.

Keiji, Nishitani. *Nishida Kitarō*, trans. Yamamoto Seisaku and James W. Heisig. Berkeley and Los Angeles: University of California Press, 1991.

Kropotkin, Peter. *Mutual Aid: A Factor or Evolution.* London: W. Weinemann, 1902.

Kropotkin, Prince. *Ethics: Origin and Development*, trans. Louis S. Friedland and Joseph R. Piroshnikoff. New York: Tudor Publishing Co., 1924.

Kundera, Milan. *Immortality*, trans. Peter Kussi. New York: HarperCollins Publishers, [1990] 1991.

Kwok, D. W. Y. *Scientism in Chinese Thought, 1900-1950*. New Haven and London: Yale University Press, 1965.

Lacan, Jacques. *The Language of the Self: The Function of Language in Psychoanalysis*, trans. Anthony Wilden. Baltimore: Johns Hopkins University Press, 1981.

Lee, Leo Ou-fan. *The Romantic Generation of Modern Chinese Writers*. Cambridge, Mass.: Harvard University Press, 1973.

Lin, Anwu. "Liang Shuming and His Theory of the Reappearance of Three Cultural Periods: Analysis and Evaluation of Liang Shuming's Eastern and Western Cultures and Their Philosophies," *Contemporary Chinese Thought* 40: 3 (Spring 2009): 16-38.

Lin, Yu-sheng. *The Crisis of Chinese Consciousness: Radical Antitraditionalism in the May Foruth Era*. Madison: University of Wisconsin Press, 1979.

Liu, Lydia H. *Translingual Practice: Literature, National Culture, and Translated Modernity, 1900-1937*. Stanford, Calif.: Stanford University Press, 1995.

Lyotard, Jean-François. *Economie libidinale*. Paris: Édition Minuit, 1974.

Masini, Federico. *The Formation of Modern Chinese Lexicon and Its Evolution Toward a National Language: The Period from 1840 to 1898*. Berkeley: University of California, Project on Linguistic Analysis, 1993.

McDonald, Joan. *Rousseau and the French Revolution, 1762-1791*. London: Bloomsbury Collections, 2013.

McMahon, Darrin M. "The Counter-Enlightenment and the Low Life of Literature in Pre-Revolutionary France," *Past & Present* 159 (May 1998): 77-122.

Meyer, Paul H. "The French Revolution and the Legacy of the Philosophes," *The French Review* 30:6 (May 1957): 429-434.

Miller, Brook. *Self-Consciousness in Modern British Fiction*. New York: Palgrave MacMillan, 2013.

Mornet, Daniel. "Le Romantisme avant les romantiques," [Romanticism Before the Romanticists]. In *Le Romantisme et les lettres* [*Romanticism and Literature*], ed. Société des amis de l'Université de Paris. Paris: Édition Montaigne, 1929, pp. 43-68.

Nazar, Hina. *Enlightened Sentiments: Judgment and Autonomy in the Age of Sensibility*. New York: Fordham University Press, 2012.

Nehamas, Alexander. *The Art of Living: Socratic Reflections from Plato to Foucault*. Berkeley, Calif. : University of California Press, 1998.

Nietzsche, Friedrich. *Early Greek Philosophy and Other Essays*, trans. and ed. Maximilian A Mügge. New York: The MacMillan Company, 1911.

Novallis, Julian Schmidt. *Heinrich von Ofterdinggen*. Leipzig: Brockhaus, 1876.

Novallis, Julian Schmidt. "Preface." In *Heinrich von Ofterdingen*. Leipzig: Brockhaus, 1876, pp. v-xxiii.

Pagden, Anthony. *The Enlightenment and Why It still Matters*. Oxford: Oxford University Press, 2013.

Paolucci, Paul. *Marx's Scientific Dialectics: A Methodological Treatise for a New Century*. Leiden and Boston: Brill, 2007.

Pater, Walter. *Greek Studies: A Series of Essays*. London: MacMillan and Co., 1895.

Peng, Hsiao-yen. "Miao Romances." In *Antithesis Overcome: Shen Cong wen's Avant-gardism and Primitism*. Taipei: Institute of Chinese Literature and Philosophy, Academia Sinica, 1994, pp. 125-145.

Peng, Hsiao-yen. "Sex Histories: Zhang Jingsheng's Sexual Revolution." In *Critical Studies: Feminism/Femininity in Chinese Literature*, ed. Peng-hsiang Chen & Whitney Crothers Dilley. Amsterdam: Editions Rodopi B.V., 2002, pp. 159-177.

Peng, Hsiao-yen. *Dandyism and Transcultural Modernity: The Dandy, the Flâneur, and the Translator in 1930s Shanghai, Tokyo, and Paris*. London and New York: Routledge, 2010.

Peng, Hsiao-yen. "Food and Sex: Zhang Jingsheng's Regimen Theory and Thermodynamics." International Conference on "Cultural Exchange and Imagination: Multiple Perspectives of Chinese Literature and Philosophy"

(December 8-9, 2016).

Pestalozzi, Johann Heinrich. *Lienhard und Gertrud: ein Buch für das Volk* (*Leonard and Gertrude: A Book for the People*). Zürich: Bei Heinrich Gessner, [1781] 1804.

Popp, Jerome A. *Evolution's First Philosopher: John Dewey and the Continuity of Nature*. Albany: State University of New York Press, 2007.

Rorty, Richard. *Consequences of Pragmatism*. Minneapolis: University of Minnesota Press, 1982.

Rorty, Richard. "Dewey's Metaphysics." In *Consequences of Pragmatism*. Minneapolis: University of Minnesota Press, 1982, 72-89.

Rousseau, Jean-Jacques. *Discours sur les sciences et les arts*. Paris: Le Livre de Poche, [1750] 2004.

Russell, Bertrand. *Proposed Roads to Freedom*. New York: Henry Holt and Company, 1919.

Russell, Bertrand. *The Problem of China*. London: G. Allen & Unwin Ltd., 1922.

Russell, Bertrand. *Icarus: or, The Future of Science*. New York: E. P. Dutton & Co., 1924.

Roussell, Bertrand. *Why I Am Not A Christian and Other Essays on Religion and Related Subjects*, ed. Paul Edwards. London: George Allen & Unwin, 1957. Originally a talk given on March 6, 1927 at Battersea Town Hall.

Santayana, George. *Dialogues in Limbo*. London: Constable and Co. Ltd., 1925.

Schiller, Friedrich. *On the Aesthetic Education of Men: in a Series of Letters* (Über die äesthetische Erziehung des Menschen, 1794), trans. and ed. Elizabeth M. Wilkinson and L. A. Willoughby, parallel text in English and German. Oxford: Clarendon Press, [1967] 1982.

Schopenhauer, Arthur. *The World as Will and Idea*, trans. R. B. Haldane, M.A. and J. Kemp. M.A. London: Kegan Paul, Trench, Trübner & Co., 1909.

Spengler, Oswald. *Der Untergang des Abendlandes* (*The Decline of the West*). Wien und Leipzig: Wilhelm Braumüler, 1918.

Spengler, Oswald. *Der Untergang des Abend-landes: Umrisse einer*

Morphologie der Weltgeschichte (*The Decline of the West: Outlines of the Morphology of World History*). München: Beck, 1922-1923.

Stcherbatsky, Th. *Buddhist Logic* (New York: Dover Publication, Inc., 1962).

Taylor, Henry Osborn. *Thought and Expression in the 16th Century*. New York: The MacMillan Company, 1920.

Terada, Rei. *Feeling in Theory: Emotion after the "Death of Subject,"* Cambridge, Mass.: Harvard University Press, 2001.

Thom, Martin. "The Unconscious Structured as a Language." In *The Talking Cure: Essays in Psychoanalysis and Language*, ed. MacCabe Colin. London: Macmillan, 1981, pp. 1-44.

Trevor-Roper, Hugh. *History and the Enlightenment*. New Haven and London: Yale University Press, 2010.

Turner, Frank M. *European Intllectual History from Rousseau to Nietzsche*. New Haven, C. T.: Yale University Press, 2014.

Umberto, Bresciani. *Reinventing Confucianism: The New Confucian Movement*. Taipei: Taipei Ricci Institute, 2001.

Valéry, Paul. "La crise de l'esprit" (1919). In *Oeuvres*. Paris: Gallimard, 1957, 1: 988-1000. 原發表於 *The Athenaeum*, 11 April and 2 May 1919.

Valéry, Paul. "The Crisis of the Mind" (La crise de l'esprit). In *The Outlook for Intelligence*, trans. Denise Folliot and Jackson Mathews. New Jersey: Princeton University Press, 1962, pp. 23-36.

Vittinghoff, Natascha. "Unity vs. Uniformity: Liang Qichao and the Invention of a 'New Journalism' for China," *Late Imperial China* 23.1 (June 2002): 91-143.

Wang, Ban. "Use in Uselessness: How Western Aesthetics Made Chinese Literature More Political?." In *A Companion to Modern Chinese Literature*, ed. Yingjin Zhang. West Sussex, England: Wiley Blackwell, 2015, pp. 279-294.

Wang, David Der-wei. *The Lyrical in Epic Time: Modern Chinese Intellectuals and Artists Through the 1949 Crisis*. New York: Columbia University Press, 2015.

Wargo, Robert J. J. *The Logic of Nothingness*. Honolulu: University of Hawai'i

Press, 2005.

Williams, Raymond. *Marxism and Literature*. Oxford and New York: Oxford University Press, 1977.

Wu, Xiaoming. "'The Heart that Cannot Bear . . . the Other': Reading Menzi and the Goodness of Human Nature." In *From Skin to Heart: Perceptions of Emotion and Bodily Sensations in Traditiona Chinese Culture*, ed. P. Santangelo and U. Middendorf. Wiesbaden: Harrassowitz Verlag, 2006, pp. 165-182.

Yusa, Michiko. *Zen & Philosophy: An Intellectual Biography of Nishida Kitarō*. Honolulu, HI: University of Hawai'i Press, 2002.

網路資料

Baynes, Cary F, trans. "Introduction to the *I Ching* by Richard Wilhelm" （1950）. *HTML* Edition by Dan Baruth. https://www.iging.com/intro/introduc.htm. Accessed on October 30, 2018.

Goethe, Johann Wolfgang von. *Faust*. https://www.german-grammar.de/exercises/table_of_content/classical_literature/faust/verses/verse19.htm. Accessed on June 8, 2018.

Hoakley, "Changing Stories: Ovid's Metamorphoses on canvas, 40 Daedalus and Icarus" （August 28, 2017）. https://eclecticlight.co/2017/08/28/changing-stories-ovids-metamorphoses-on-canvas-40-daedalus-and-icarus/. Accessed on November 23, 2018.

Steven Nadler. "Baruch Spinoza." In *The Stanford Encyclopedia of Philosophy*, ed. P. Santangelo and U. Middendorf （Fall 2016 Edition）. URL=https://plato.stanford.edu/archives/fall2016/entries/spinoza/. Accessed on July 20, 2018.

Swift, L. A. "How to Make a Goddess Angry: Making Sense of The Demeter Ode in Euripides' Helen." http://oro.open.ac.uk/33490/1/helen%20paper%20cp%20final%20version.pdf. Accessed on June 4, 2018.

Tung Lin Kok Yuen Buddhist Door Website Team （2006-2013）. *Buddhistdoor*

Buddhist Dictionary. http://dictionary.buddhistdoor.com/en/word/65966/橫超. Accessed on March 29, 2013.

"yoga pratyaksha." In *Yogapedia*. https://www.yogapedia.com/definition/9386/yoga-pratyaksha. Accessed on June 23, 2018.

〈什麼是我執〉（2013年9月9日），《覺悟人生的家》。http://di-shui-chan-house.blogspot.hk/2013/09/blog-post_9331.html。2018年2月11日閱覽。

〈非量〉，《佛光大辭典》。https://www.fgs.org.tw/fgs_book/fgs_drser.aspx。2018年6月9日閱覽。

「集合論的中心難題是無限集合的概念」，〈集合論簡介〉。http://people.linux.org.tw/~cwhuang/pub/math/logic/set.html。2012年12月30日閱覽。

許知遠、莊秋水，〈訪談陳平原：整個20世紀都是五四新文化的世紀〉（2017年5月3日），《東方歷史評論》微信公號：ohistory。http://www.gooread.com/article/20121938330/。2017年10月22日閱覽。

後漢書應劭傳，〈奏上刪定律令〉。後漢書應劭傳：〈奏上刪定律令〉。https://ctext.org/hou-han-shu/zh?searchu=創造。2019年3月18日閱覽。

歐陽芬，〈傳奇作家無名氏〉（2007），《新浪博客》。http://blog.sina.com.cn/ouyangfeng。2018年7月3日閱覽。

索引

十劃

唯情與理性的辯證：五四的反啟蒙

2019年5月初版　　　　　　　　　　　　　　　　　定價：新臺幣620元
2019年7月初版第二刷
有著作權‧翻印必究
Printed in Taiwan.

著　　　者	彭	小	妍
叢書主編	沙	淑	芬
校　　　對	潘	貞	仁
封面設計	兒		日
編輯主任	陳	逸	華

出　版　者	聯經出版事業股份有限公司	總編輯	胡	金	倫
地　　　址	新北市汐止區大同路一段369號1樓	總經理	陳	芝	宇
編輯部地址	新北市汐止區大同路一段369號1樓	社　長	羅	國	俊
叢書主編電話	(02)86925588轉5310	發行人	林	載	爵
台北聯經書房	台北市新生南路三段94號				
電　　　話	(02)23620308				
台中分公司	台中市北區崇德路一段198號				
暨門市電話	(04)22312023				
台中電子信箱	e-mail：linking2@ms42.hinet.net				
郵政劃撥帳戶	第0100559-3號				
郵撥電話	(02)23620308				
印　刷　者	世和印製企業有限公司				
總　經　銷	聯合發行股份有限公司				
發　行　所	新北市新店區寶橋路235巷6弄6號2樓				
電　　　話	(02)29178022				

行政院新聞局出版事業登記證局版臺業字第0130號

國家圖書館出版品預行編目資料

唯情與理性的辯證：五四的反啟蒙/彭小妍著 . 初版 .
新北市 . 聯經 . 2019年5月（民108年）. 416面 . 14.8×21公分
ISBN　978-957-08-5302-5（精裝）
［2019年7月初版第二刷］

1.思想史　2.文集　3.中國

112.07　　　　　　　　　　　　　　　　　108005046